人間社文庫 ‖ 日本の古層④

日本原初考

諏訪信仰の発生と展開

古部族研究会 編

「土に聞きましょう」

田中　基

私たちが古部族研究会として諏訪の今井野菊さんを訪ねるその前には、藤森栄一さんの『銅鐸』がありました。

藤森さんの銅鐸論は、鉄鐸と縄文中期以来のミシャグジ神とそれを統括する神長官守矢氏の神使巡行を分析して、鉄鐸とは初期水稲儀礼を行った部族共同体の祭祀呪物だとし、そこから逆に銅鐸の祭祀を解いたもので、これは当時の私たちにとってかなり破天荒な事件でした。一九七三年十二月、藤森さんが亡くなられたのは、私たちが諏訪古来の神事や鉄鐸のことをどうしても知りたいと思い、三人揃って藤森さんを訪ねようとしていた矢先のことでした。そうして、藤森さんが著書のなかで書いていた一人でミシャグジを踏査されている女性、今井野菊さんを訪ねることになりました。当時のようすは、先に刊行された二冊に北村皆雄さんと野本三吉さんが書かれているとおりです。

このようにして、古部族研究会は今井野菊さんと出会い、その教えを受けながら日本原初考を刊行したのですが、じつをいうと当時の私は、本書『諏訪信仰の発生と展開』に収録された「穴巣始と外来魂」で初めて、ミシャグジとソソウ神とが実感として身体に迫ってくる状態に陥ることができたのでした。

いっぽうで私は、井戸尻考古館の武藤雄六さんたちが始めていた土器図像学と出会い、縄文中期土器図像の世界観を記紀神話とのかかわりで考察しており、その成果をのちに『縄文のメドゥーサ』として発表しました。ところが土器図像の解釈をしていくなかで、どうしても縄文人の大地観、生命観について考えざるを得なくなり、三木成夫さんの胎生学の思想、生命記憶の発想と同じものを縄文人はすでに探究していたと想定せざるを得なくなってきています。そして、その発想をもって折口信夫のまれびと観や他界観と習合させて、当時考察した諏訪の神事を改めて見たときに、その根底には縄文の大地観や生命観と同じものを見いだすことができると、今ならはっきり言うことができます。

例えば御室神事では「穴巣始と外来魂」で述べたように、諏訪の湖《うみ》の水底から姿を表しながら近づいてくるソソウ神である小蛇と、外来魂であるミシャグジを御笹につけて大地の胎内空間である御室の中に招じ入れ、小蛇に外来魂をつけることで五丈五尺の巨大な蛇へと成長させています。このソソウ神とは祖宗神のことですが、それは何十代か前の一族の始祖が神格化されたものという程度のスケールではなく、生命が水から生まれ、上陸してくる生命記憶として系統発生的な縄文の生命観にもとづいた神体を意味していたのです。そして、厳冬の御室入りから約三月ののちに大祝とともに御室からミアレして廻湛に出る六人の神使たちは、頭に真綿で包んだ立烏帽子をかぶり、赤袍の下から二丈五尺の赤い半尾《はんび》の裾を引き、手にした杖の先には鉄鐸をつけていました。それは御室という胎内空間から、頭にまだ胞衣《えな》をつけたまま生まれ、真紅の尻尾を引きずった半人半蛇の生々しい嬰児の姿であり、そして石垣島のマユンガナシのような、他界空間（ニライカナイ）から人間の世界を訪れる、やはり胞衣（笠）や胎盤（蓑）をまとった異人《まれびと》としての姿をあらわにしたものだったのです。

　御室神事は、現代の私たちが想定する農耕儀礼神事の範疇に収まるようなものではなく、沖縄の異人の祭りをも凌駕して、縄文人の生命記憶をその根底に持って、生命の系統発生的な変容を精緻に描きだし、湖が凍結した厳冬の諏訪の大地そのものを再生させるべく、とてつもなく、大地を流動するエネルギーである蛇体にむかって働きかけ、励起させ、懐胎し、出産させる春までの長期にわたる技法《テクネ》でした。

今になってやっと、今井野菊さんが常に言っておられた「土に聞きましょう」という言葉の奥深さにたどり着けた気がします。

今井野菊さんに最後にお会いしたとき、ぽつりと戦争の話をされました。戦時中の婦人団体の活動に熱心で多くの若者を戦地へ送ってしまったと後悔されていました。戦後、野菊さんの諏訪研究は徹底してミシャグジや洩矢神からの視点で掘り起こそうとするものでした。けっして建御名方からの信仰史を語らなかった。当時、東京からやってきていきなり目の前に現れた若造三人に、全身全霊を傾けて惜しみなく研究成果のすべてを伝えようとし、突然、第七十八代当主という重責を負うことになった守矢早苗さんを引き合わせてくれた野菊さんが、素顔を見せてくれた瞬間だったのかもしれません。

・本書は『日本原初考　諏訪信仰の発生と展開』（永井出版企画、一九七八年）を底本として使用し、誤字・脱字・誤用と思われる個所を正しました。また、読みやすさを考慮して漢字・かな遣い、句読点等を整理した箇所もあります。

・人名・地名・団体名などは掲載時のままとしました。

・本文中不適切と思われる表現がありますが、単行本刊行時の時代背景および著者の意図を尊重し、そのままとしました。

・文庫版刊行にあたって、巻末に故今井野菊氏へのインタビュー「御左口神祭政の森」（『季刊どるめん　7号』ＪＩＣＣ出版局、一九七五年）を上・中・下に分けて再録しました。

日本原初考

諏訪信仰の発生と展開　目次

■日本原初考■

諏訪信仰の発生と展開

諏訪信仰の性格とその変遷
――諏訪信仰通史――

金井典美

序章　はじめに

諏訪信仰とは、長野県（信濃国）諏訪湖畔に分立する諏訪神社上・下社を本社とし、日本ほとんど全土に分布する大小の諏訪神社分社（南方《みなかた》神社を含む）をはじめ、固定した社殿はなくとも、遊行する諏訪神人などの宗教活動を総称するものである。

その信仰圏の広さは、日本の神社のなかでも十指のうちに入るもようであり、その性格はかなり個性的であると同時に複雑なことで知られている。敗戦前は日本の神社は、官幣社、国幣社、県社、郷社、村社、無格社と六階級に分けられ、諏訪本社は最上位の官幣大社の扱いをうけていた。そして諏訪神社の分社は神社本庁・諏訪神社本社社務所などの調査によると、郷社以上が八十社、村社・無格社を加えると五、〇五一社に及んでいる。さらに他の神社の境内に末社として祀られているものを併せると、一万を超すともいわれ、海外でも南アメリカの日系人のあいだにまで勧請されていたとも聞く。

古代より今日まで、いつの時代をとっても、日本の文化・政治の中枢から遠く離れ、嶮しい山々にかこまれた草深い信濃国の一神社が、なぜこのような広い信仰圏を占めるに至ったのか、その性格と発展の跡を歴史的にたどりながら、考察してゆこう。

第二章　古代の諏訪信仰

信仰集団

神社の信仰というものは、信仰者集団の性格によって異なる相対的のものである。祭神が血縁集団の始祖とされている神社は、その集団（氏族）にとっては「氏神」であり、血縁関係は無いが、生まれた土地の神として祭る集団にとっては、その神社は「産土神《うぶすな》」となる。また他地域から移住してきたばかりの集団や、まったく他地域に住む人々が、ある土地の精霊的な神を祭る場合は「鎮守神」となる。

したがって氏神は人格神であり、産土神・鎮守神は自然神であるはずだが、この三つの神格は古来多分に混同されて、すべて守護神といった存在になっている。そしてさらにエスカレートして、他地域の人々からは、御霊神や機能神として認識されたり、信仰されたりしている場合も多い。

御霊神とは平安時代に中央政界で失脚して非業の最後を遂げたり、不遇に終った実在の人物の怨霊が、死後風水害や流行病などの天災の形で祟りをなすと信じられた霊のことである。

それに類した信仰は平安期以前からみとめられ、大和朝廷に征服されたり、帰服させられたりした氏族の族長の霊、あるいはその信ずる神々は、いわゆる「国《くに》つ神《かみ》」という名で大和朝廷から祭られた場合が多い（国社という）。大和朝廷からみれば御霊神である神も、その地域の住民やその子孫からみれば、氏神や産土神になるわけである。

一方自然神の鎮守神は、その土地の自然環境の相違によって、水神・海神・山神・火山神・風神などの一面を強く印象づけたり、また社会環境の相違や祭神の性格などから、農業神・漁労神・航海神・狩猟神・軍神などの、ある特定の利益をもたらす機能神的な信仰を集める結果になったりしている。

水神としての須波神

こうした一般的な傾向を、諏訪神社の場合を実際の史料によってたどってみると、古代の須波神は文献上まず信濃の須波の鎮守神として登場し、それは中央政府によって「蛇を象徴動物とする水神」として信ぜられた形跡が濃い。

『日本書紀』持統天皇の五年（ＡＤ六九一）の六月の条に、

京師《みやこ》及《およ》び郡国四十《くにぐによそところ》に、雨水《あめ》ふれり。戊子《つちのえねのひ》に詔《みことのり》して曰《のたま》はく、『此夏《このごろ》、陰雨《ながあめ》、節《とき》に過《たが》へり。懼《おそ》るらくは必《かなら》ず稼《なりはひ》を傷《やぶ》りてむ。夕《ゆふべ》まで惕《いた》みて朝《あした》に迄《いた》るまでに憂《うれ》へ懼《おそ》る。厥《そ》の愆《あやまり》を思《おも》ひ念《おも》ふ。其れ公卿《まへつきみ》、百寮人等《つかさつかさのひとども》をして、酒宍《みきしし》を禁《いさ》め斷《や》めて、心《こころ》を攝《おさ》め悔過《くゐくわ》せしめよ。京《みやこ》及び畿内《うちつくに》の諸寺《てらでら》の梵衆《のりのしども》、亦當《またまさ》に五日《いつか》、經《きょう》を誦《よ》め。庶《ねが》はくは補有《ししあ》らむことを』とのたまふ。四月《うづき》より、雨《あめ》ふりて、是《こ》の月《つき》に至《いた》れり。己未《つちのとひつじのひ》に、天下《あめのした》に大赦《おほきにつみゆるす》す。但《ただ》し盗賊《ぬすびと》のみは赦例《ゆるしのつら》に在《あ》らず

とあって、その年は天候がきわめて不順であったらしい。

こうした記事はほかにも『日本書紀』に珍らしくないのだが、この時はとくに著しかったのか、かなり深刻な表現をしている。そして七月にも広瀬大忌神と竜田風神とを祭っており、翌八月の条にはさらに、

「辛酉（二十三日）に、使者を遣して龍田風神、信濃の須波・水内等の神を祭らしむ」

という記事がみえ、これが諏訪神社の文献的初見なのである（古事記の神代巻に、タケミナカタノ神が須波まで逃げてきて、天孫勢力に降服した記述があるが、直接神社について記しているわけではない）。

公卿・百寮人の酒宍を断っての精進潔斎や、京畿仏寺の供養、広瀬・龍田の神々への奉幣を以ってしても、なお天候はおさまらなかったものか、広瀬の大忌神にかえて、信濃の須波・水内等の神に使者がつかわされた。

広瀬大忌神というのは、天武天皇の四年、「大忌神を広瀬の河曲《かわくま》に祭らしむ」とある神で、『延喜式』神名帳には「広瀬坐和加宇加之売命神社」とみえている。大和川・高田川・曾我川などの川の合流点付近に当っているので、(1)しばしば氾濫し、祟りやすい水神として朝廷から奉幣されていたのであろう。やはり龍田神社と対《つい》のように扱われた神社であった。持統天皇はこの台風シーズンに当り、これ以上その風水害をこうむることを極度におそれ、事前にはるばる遠方の信濃の神をまつって、誠意を示したのであろう。

ここで問題となるのは、「遣使者祭龍田風神信濃須波水内等神」という一条である。

この須波神の方が、諏訪湖畔の諏訪神社のことであるのはよいとしても、水内神というのが、信濃のいずれの神社のことかはっきりしない。北信水内郡の式内社・風間神社であろうという説もあったが、最近では水内郡の名神大社「健御名方富命彦神・別神社」のことであろうという説が有力となっている（日本古典文学大系『日本書紀』下巻　五一一頁　岩波書店　昭43年版）。

この神社はもと善光寺の境内にあったが、中世おとろえて、明治になって神仏分離のときに、東の城山に移され県社になった。

ここで私見を加えると、この社は善光寺が建立された際、地主神を祀る鎮守社として建てられたので、持統紀に奉幣された水内神ではあるまいと想像する。そして問題の紀の一条は「龍田の風神、信濃の須波の蛟《みずち》の神等を祭らしむ」の意ではなかったろうか。つまり龍田の風神と須波の蛟（水内）の神が対句となっていたのであろう。

『日本書紀』も原本は今に伝わらず、いずれも中世以後の写本であって、こうした誤りはいくらも起りうるし、原本自体がすでに誤って記述した可能性もあるはずである。

それが事実誤記であったか否かは暫らくおくとしても、諏訪神の蛇神（蛟神）としての性格は、古来顕著なものがあって、その上下社の祭神名をはじめて記した『続日本紀』承和九年（八四二）の記事にもあらわれている。

「五月丁未　奉授信濃国諏方郡无位勲八等、南方刀美神　従五位下　餘如故」

「冬十月　壬戌　信濃国无位健御名方富命前八坂刀賣神―中略―並従五位下」

とある南方刀美神が上社の主祭神タケミナカタノ命のことであり、八坂刀賣命が下社の主祭神ヤサカトメノ命のことであるのは明らかだが、この両神にかかるトミ・トメというのは蛟（己）を意味しているもののようである。

実際に蛇のことを、トミ・トベ・トウベなどと呼ぶ地域のあることを、富来隆氏が指摘されている（『卑弥呼』八十三頁　昭45　学生社）。

蛇は地と水の象徴動物として知られ、竜は蛇を中核として、自然現象の竜巻・雷光・噴火なども加わって形象された想像上の動物であった。

古代諏訪神の、中央部における水神としての認識は、平安末期に平康頼があらわしたといわれる、仏教説話集の『宝物集』（巻五）にも明記されている。

栢原天皇ノ御子、開成皇子。世ヲ捨テ佛法修行シ給ヒケリ。攝州ノ勝尾寺ニ迷ヒオハシテ。行ヒ給ヒケル程ニ。思ハサルニ如法經《にょほうきょう》ノ香水ヲ得給ヘリ。皇子心中ニ願ヲ發シテ。此料紙ヲ以テ。金字紺紙ノ大般若經ヲ一部書寫セント思スニ。一天聖主ノ皇子タリト云トモ。山林流浪ノ行人ト成テ。分米ノ砂金ニ乏故ニ。七日佛天ニ祈リ乞給フニ。東帯シタル人ノ。気高ク様コトナキカ。輪《マハリ》三寸長サ七寸ナル金ヲ輿ヘ給フ。皇子夢ノ内ニ歡喜ノ思ヲナシテ。如何ナル人ノ我ヲハ見テ。給ヒケルゾト申給ヒケレバ。

七言ノ偈ヲ結ビテゾ答ヘ給ヒケル。

得道来不レ動二法性一。自二八正道一垂二權跡一。

皆得レ解脱二苦衆生一。故號二八幡大菩薩一。

ト唱テカキ消スヤウニ失給ヒヌ。皇子夢睡サメテ見ニ。夢ニ見處ノ金矢ズシテアリ。皇子彌々随喜ノ涙ヲ落シテ。八幡大菩薩ノ合力シ給フ經也。只ノ水シテ書シ事浅シト覺メ。七日佛神ニ祈リ給ニ。浅猿ク怖気《オソロシゲ》ナル夜叉ノ。盆ニ水ノ入テ輿ヘケレバ。是モ如何ナル人ノ輿給フゾト。怖々問給ケレバ。我ハ是信濃国ノ鎮守諏訪明神也。汝ガ願ヲ満ンガ為ニ。白鷺池ノ水興ル也トゾ宣ヒケル。夢サメテ後。盆ノ水失ズニアリ。願ノ力ニヨル故ニ。金ヲ得水ヲ得テ。般若經六百巻ヲ書寫スル事畢ヌ。


（大日本仏教全書『宝物集』大正二年）

この説話は、室町時代のはじめ頃、諏訪氏の一族小坂円忠のあらわした『諏訪大明神絵詞』にも収録されているが、インドの仏教経典の写経に、日本の八幡神と諏訪神が加護するというところが興味深い。また気高き束帯の装束姿であらわれた八幡神と対照的に、諏訪神は浅猿《あさまし》く怖気《おそろしげ》なる夜叉《やしゃ》の姿にえがかれたというのも、当時の人々の認識のほどが示されていて面白いとおもう。蛇が一つには荒神とされるように、諏訪神も荒神的一面が古くから信じられていたのであろう。それには自然的にも、社会的にもそれなりの理由があった。

神の御渡

古代の諏訪押が蛇体をかりる水神と受けとられたもっとも大きな原因は、諏訪盆地が諏訪湖という大湖を抱いており、そこに、「御神渡《おみわたり》」とよばれる特異な自然現象の起ることにあったと想像される。それが湖水をうしはく竜蛇神の起すものと認識されていたからであろう。

御神渡というのは、冬の寒夜、湖面が全面結氷して何日かたつと、夜中とくにぐっと気温が下ったさいに、一大音響とともに氷に亀裂が入る。その部分水のしみ出た裂目はふたたび薄く結氷するが、翌朝さらに気温が下ると、亀裂の部分の氷は盛上り、湖面に白く長い竜蛇のような氷列ができ上る。

こうした現象は日本ではほかに同じ長野県の松原湖・木崎湖、秋田県の八郎潟（現在埋めたてられて起らなくなった）にもみられるとはいえ、諏訪湖のそれがもっとも大きく、諏訪地方が五世紀前後から東山道の通路に当っていたため、早くその不思議な神秘的現象が中央に知られたのであろう。

諏訪盆地の産土神は、こうした驚異の現象をおこす偉大な力をもつ荒神と信ぜられ、信濃全域の産土神の代表の如くみなされ、『宝物集』にもあるように、「信濃国の鎮守」と認められたのであろう。荒神もよく祀ることによって、守護神になるという信仰は、古代社会に於て一般的な思想であった。

『延喜式』神名帳記載の名神大社のなかでも、信濃では諏訪神社が一番位階が高く、後世一宮とよばれたのも、諏訪神社であった（名神大社はほかに穂高神社＝安曇郡　生島足島神社＝小県郡　武水別神社＝更級郡　健御名方富命彦神・別神社＝水内郡）。

信濃の産土神の神体は、いわば諏訪湖を中心とした信濃の大地そのものであったから、その高く険しい山坂の多い地形が、やはり顕著な荒神としての神格を、中央部の人々に強く印象づけていたのであろう。そのほか、現代の言葉でいえば、時として火を吐く活火山の浅間山や多くの休火山、国内ところどころの温泉地帯に地からガスを吹出す硫気孔などは、偉大なる地の霊力を感じさせずにおかない環境であった。

諏訪明神は巨大な蛇だという民話は、こうした自然環境から生まれた信仰だったのであろう。

むかし、日本中の神々がはじめて神無月（旧十月）に出雲にあつまった折、蛇体の諏訪明神はあまりに体が大きいので、すでに頭は出雲に到着しているのに、尾はまだ諏訪湖にあり、神々の集いの邪魔になったから、出雲の大神は、「お前だけはもう来るな」といった。それから神無月になっても、諏訪の神様だけは出雲に行かない

という趣の民話が、長野県や群馬県などで語られており、[2]一般的には荒神様だけが出雲に行かないと信じられているらしい。また武蔵野で聞かれる「巨大な蛇体のお諏訪様は涸れた井戸に入りきれなかったので、その姿を絵の神像としてきざんで、ようやく井戸に入れ雨乞いした」という話も、[3]民話のスタイルそれ自体は新しくとも、古代からの諏訪信仰の一面を伝えているのであろう。

蛇神の会合

諏訪湖の御神渡は、厳密にいうと、というよりも完全な姿で形成されると、一本の氷列が湖面にできるのでなく、方角を異にして、三筋走るのである（宮坂清通「諏訪湖の御神渡り」えとのす8号　昭52）。上社の方から下社の方角に向って走る一本は、俗に上社のタケミナカタが下社の妃神ヤサカトメに会うため、湖上を馬で行く駒の蹄の跡であるといい、他の二本については、『諏訪大明神絵詞』（権祝本）には、

……神幸ノ跡ハ広サ四五尺、南北ハ五十町アキテトヲレリ、其氷水底ニイラス、両方ニアカリテ山ノ如シ、又佐久ノ新開社は行程ニ二日斗リ也、彼明神ト郡内小坂《ヲサカ》ノ鎮守ノ明神ト二神湖中ニ御参会アリ、然ハ大小通路三ノ跡、辻《ツジ》ノ如クニシテ歴然タリ、誠ニ人力ノ及所ニアラス、又神幸畢テ浜神ノ鳴動数十里ニ及フ、其声ヲ聞テ諸人群集シテ是ヲ奔ス

（新編信濃史料叢書　第三巻　昭46）

と述べているが、この佐久の新開明神というのは、現長野県南佐久郡臼田町の新開神社のことで、主祭神はタケミナカタの御子神と伝える興萩命《こはぎのみこと》であり、当地方開拓の神という。千曲川（信濃川の一つの上流）の水源近い小集落であることから、千曲川の水神としての性格をもつもののようで、中世一遍上人がそのやや下流に当る佐久郡伴野庄、大井太郎の邸で、上流に紫雲の昇るのを見て霊感を得、はじめて念仏踊をおこなったといわれるように、このあたりは、千曲川の蛇神が紫雲に乗じて竜となって天に上る聖地とされていたらしい（一遍上人は諏訪氏の一族藤沢清親の所領藤沢に時宗の総本山遊行寺を建て、その鎮守社として諏訪神社を祀っている）。

同様に郡内の小坂の明神は、本地は観音で、ふつう小坂観音で通っているから、水神で

あることには変りがない（観音はインドの水の神）。元来この小坂の観音も、東筑摩郡山形村小坂の観音を諏訪湖畔に勧請したものらしく、そこは犀川の上流の聖地であった。

真言密教の祈禱寺で、伝承的に坂上田村麿の参詣を伝え、京都東山の清水寺に対して、この寺を西山清水寺と称したともいう[4]。

信濃川のもう一つの上流、犀川の竜神（犀竜）を祀る社に発したかとお

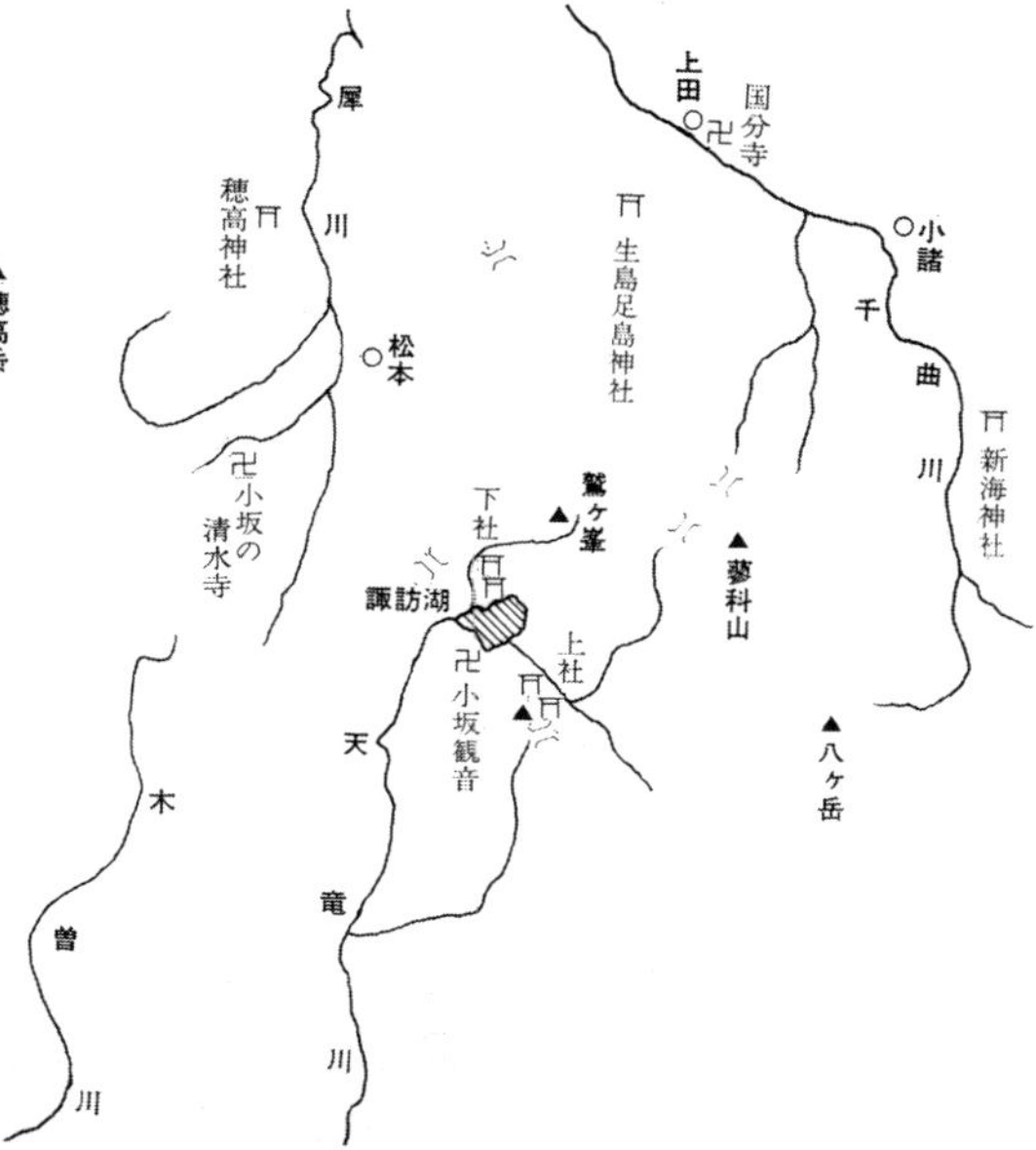

信濃の川と神社

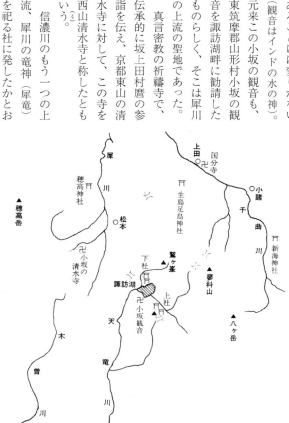

もわれ、けっきょく諏訪湖の御神渡の三つの氷列は、一つには天竜川・千曲川・犀川など、信濃の三つの大河の水神、およびその流域の土地神を表象すると信じられたのではなかろうか。

元来蛇は水の象徴であると同時に大地のシンボルでもあって、水を象徴するのは女体の蛇であり、山（土地）を表象する蛇は男体をとる傾向がうかがわれる。

したがって信濃のこの三つの蛇神たちが、地下を抜け通って、諏訪湖に会合することはいとたやすいと信じられたのである。（タケミナカタは天竜川の水神としての側面をもつ。諏訪湖はその水神が竜となって天にのぼる聖所と信じられていたのであろう。『諏訪大明神絵詞』に、しばしば竜のあらわれる話がみえている）

京都の須波神

こうした古代における中央律令政府の諏訪神社に対する認識は、京都に現存する諏訪神社の分社にも残っている。

京都市下京区下諏訪町の諏訪神社は、平安時代はじめ坂上田村麿の建立と伝承しているが、祭神を諏訪明神としながらも、健御名方命とは別神として、双方を合祀している（ほかに事代主命をまつる）。

また上賀茂神社の本殿前にある摂社・須波神社は、上賀茂神社では『延喜式』神名帳にみえる山城国愛宕《おたき》郡の須波神社であるといい、祭神はタケミナカタではなく、阿須波神・波比袛神・生井神・福井神・綱長井神の五神としている。

上賀茂神社摂社の須波神社

このうち阿須波神と波比袛神は『古事記』の大年神の系譜をひく、家の敷地の神とされ、他の三神はその名のとおり、水の神である。

とくに阿須波神については『万葉集』巻二〇にも、

庭中の阿須波の神に木柴さし吾は齋はむ帰り来までに

という上総の防人の歌がのっている。

これと須波神が同神であるか否かは問題だが、似た神格の感じられることは確かである。

これについては、後に改めて検討する。

氏神としての諏訪神社

諏訪神社本社を祀る諏訪氏は上下社おのおの祭祀氏族を異にしており、中世鎌倉幕府の編年体史書『吾妻鏡』には、両家とも諏訪という名で記されているが一般に上社一族は神《みわ》氏、下社一族は金刺氏と考えられてきた。

そのおのおのの出自について、文献的に諸説あり、(5)中世以後は神《みわ》氏はタケミナカタの神孫、金刺氏は神武天皇の皇子、神八井耳命の孫、科野国造の健五百建《たけいおたつの》命の後裔とされてきた（『先代旧事本紀』十国造本紀）。

金刺の姓は、欽明天皇の斯帰（敷）島の「金刺宮」に、科野（信濃）国造の子弟が舎人《とねり》となって上ったことに由来するといい、同じくその一族（共に阿蘇氏の系譜につらなる）が次の敏達《びだつ》天皇の「訳語田《おさだ》」宮に上って舎人《とねり》となったことから、他田《おさだ》を姓とする一系も生まれ、金刺・他田は信濃の名族として、信濃数カ所のほか、駿河・三河・伊豆などにもその一族が居住した。(6)

律令制施行後は、他田氏がいわゆる「律令国造(7)」となったものか、『万葉集』巻二十、天平勝宝七年における防人歌のなかに、「国造小県郡の他田舎人大島」と称する人物の歌がみえている。

また『三代実録』七の貞観五年（八六三）九月五日の条に、

右京人散位外従五位下多朝臣自然麻呂賜姓宿禰、信濃国諏訪郡人右近衛将監正六位上
金刺舎人貞長賜姓大朝臣、並是神八井耳命之苗裔也

と記されている金刺舎人貞長とは、下社系の人物とおもわれ、『諏方下社大祝武居祝系図略』（諏訪史料叢書二十八巻）では下社祝としている。

こうしてみると、諏訪の金刺氏にとって諏訪神社の下社は、厳密な意味では氏神でも産土神でもなく、鎮守神であったものが、時の進行とともに次第に産土神から氏神的存在に転じていったことになる。つまり伝承的に安曇族の出自とするヤサカトメも、諏訪の地母神（産土神）という一面がみとめられる。

坂上田村麿建立と伝える京都下京区の諏訪神社が、じっさいは京都の金刺舎人らの祭った社だったとすれば、その主祭神の諏訪明神をタケミナカタと区別していることもうなずける。そしてこの付近が山城国愛宕《おたぎ》郡八坂郷という地名であったことも注目すべきである。つまりヤサカトメとはここの産土神であったのかもしれない。諏訪神社下社の祭神ヤサカトメは、じっさいには京都から勧請された可能性も考えねばならない。

一方上社の大祝家、神氏は、中央政府との関係は古代においては文献的にあらわれず、正史の上では鎌倉時代になってはじめて、武家政権の記録に登場する（吾妻鏡その他）。平安期においては、祭神の位階は信濃でもっとも上社のタケミナカタが高くとも、社家の名は一向表面に出てこない。

一説に桓武天皇の皇子で、上社大祝の始祖という「御衣木有員《みそぎのありかず》」も、皇室系図には記されておらず、各種の神氏系図はじめ『諏訪大明神絵詞』などにみえるのみである。

これはおそらく、上社の大祝家神氏は、シャーマンとしての性格がきわめて強く、有名な「郡外不出」の掟《おきて》を原則として守っていたからであろう。つまり神氏の祖神と仰ぐタケミナカタが、父神オオクニヌシの天孫への国譲りに反対し、高天原の武神タケミカズチと戦って敗れ、科野の洲波の海まで逃げてきて降服し、「恐《かしこ》し、我をな殺したまひそ、此の地を除《お》きては、他《あだ》し処《ところ》に行かじ」と誓約して許されたという『古事記』の神話に由来すると伝えるタブーが、古くより実在したからとおもわれる。その理由は後世からの付会としても、神をまつる者が在任中神領を離れてはならぬという慣習は、伊勢神宮の大物忌や鹿島神宮の物忌の巫女など、ほかの古い神社にもあり、そうした家訓が諏訪の神氏においてかなり厳しく守られてきたのも事実であった。承久の変後、上社の大祝諏訪盛重（敦信）は、大祝職を孫の信時に譲ってから（子息の信重は承久の変に北条方に加わって京都に攻め上ったので、神職を譲られなかったらしい）鎌倉に上って、幕府に仕えている。そして鎌倉末期、北条氏と密接な関係があったばかりに、上社大祝の時継・頼継が諏訪を離れ、鎌倉で戦陣の中に討死するという異例事態を招いてから、大祝は十才以下の子供が就任し、長じては武将になるという慣行を再びとるようになった（さらに中世末には大祝家と領主家とが分離している）。

下社の大祝家にはこうした厳しい規制はなかったもようであるが、『諏訪大明神絵詞』には、木曾義仲に従って越中まで行った金刺盛澄が御射山《みさやま》祭を勤めるため、その陣中から引返した話をのせているので、それが事実とすれば重要な神事の執行は、下社の大祝にとっても代行の許されぬ重任だったのであろう。

タケミナカタ自体は、『古事記』では莫然とオオクニヌシの子供となっているが、『先代旧事本紀』四（地神本紀）では、大己貴神《おおなむちのかみ》（オオクニヌシの別名という）が、

次ニ娶リ二高志沼河姫《コシノヌナガワヒメ》ヲ一生ム二一リノ男《ヒコミコ》ヲ一　児建御名方《タケミナカタ》ノ神　坐二信濃国諏訪郡一

と記されている。

しかもこのヌナカワヒメは、『古事記』ではこれもオオクニヌシと同神とされる八千矛神が、高志でめとった姫であることを、長い歌謡とともに述べている(8)。その歌のなかで、八島国と高志国を対立させているところが注目され、父母が誰であれ、大和朝廷の草創期に北陸地方にいた族長が、山陰地方が大和に服属した後も反抗したといった史実があって、それがタケミナカタの神話に反映しているのかもしれない。

出雲からはるばる諏訪まで逃げてきたというのは、いかに神話でもしっくりしないが、北陸あたりから糸魚川あたりの水系を通って諏訪まで逃げてきたというなら、あり得そうな話である。そして高志はそれ以前出雲に服属した事実があって、ヤマタノオロチやヌナカワヒメの神話が成立したとも想像される。

異本阿蘇氏系図

しかし何分神話伝説による話であるから、推定の域を出ないが、昭和三十年田中卓氏の報告された阿蘇氏系図の一異本は、神氏・金刺氏の出自について、かなり具体的な歴史的問題を提出した。

それは井上頼国氏の編纂された『玉籠』四五に掲載された「阿蘇家家系」であり、従来知られていた若干の阿蘇系図にない記述がその中にみられることを、田中氏は指摘されたのであった。

その後さらに田中氏は、翌年（昭和三十一年）おこなわれた阿蘇・高千穂学術綜合調査に加わり、阿蘇家においても、同じ系統に属する三つの写本を確認されている。

今その系統の系図から、諏訪の神氏・金刺氏につながるとおもわれる重要な個所を抜粋する（神日本磐余彦天皇――神八井耳命から武五百建命を径て、大磐君――金弓君までは同じ）。

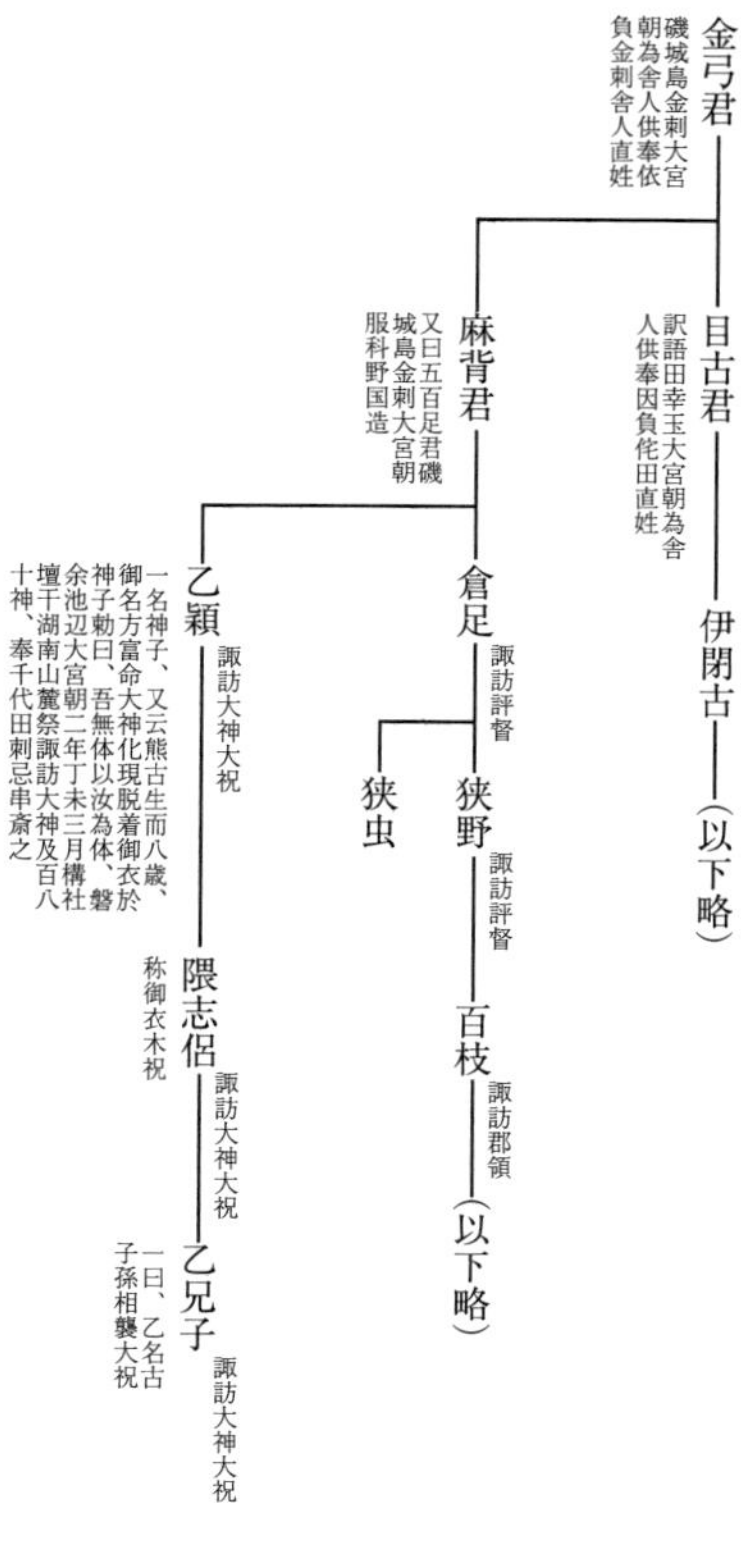

図：異本阿蘇氏系図より

田中氏がこの写本の信憑性を高く買われたのは、コホリという言葉に評の字が使われていたからで、「かように評督の名称を用ゐるということは、一般の後世に仮托せられた系図には容易に認めがたい点であって、——尤も江戸時代末には一部の學者は評に関する知識を有していたから、全く偽作できないわけではないが、そこまで疑う必要もなかろう——これは本書の内容が古伝を存するものとみる場合の一証とせられるであろう」と記されている（「古代阿蘇氏の一考察」『日本国家成立の研究』所収　昭49）。

また大化後、科野国造から諏訪評督（郡領）系と、諏訪大神大祝系との二流が分れたことも、新たな所見と指摘された。

この諏訪大神大祝というのは、下社大祝をいうのでなく、上社大祝をさすことは、乙頴や隈志侶の添書に御衣木祝《みそぎはふり》とあることで明らかである。まさにこの系図のこの部分が事実とすれば、従来まったく出自のあいまいだった上社大祝家神氏の実体がはっきりするのである。

御衣木祝《みそぎはふり》

さてこうして重要な問題をはらむ田中氏の論文は、昭和三十五年の報告書『高千穂・阿蘇』に掲載せられ、さらに四十九年の田中氏の大著『日本国家成立の研究』にも収録せられて、ようやく広く歴史家の眼につくようになった。

しかしながら、上社大祝家が下社の金刺氏と同じく科野国造の系譜につながるという文献が、従来まったく認められなかったかというと、そうではなかった。

上社大祝家・神氏の系図は、京都に伝わった前田家本神氏系図とは別に、諏訪史料叢書二十八巻に収録されている二本と、諏訪家譜ほか若干が伝えられ、とくに諏訪教育会所蔵の大祝本神氏系図には、中に漢文で書かれた次のような短い文章があり、そこに有員以前のことが、比較的詳しく述べられていた。

神氏系図序文（原文漢文）

神代ノ事ハ幽邈ニシテ記シ難シ。伝ニ曰ク、諏訪大明神ハ天照大神ノ御弟、健速須佐之男命ノ六世ノ孫、大名持命ノ第二子、御名方富命神是ナリ。尊神、父ノ大神ノ大造ノ功ヲ輔ケ、国土ヲ経営シ、終ニ天祖ノ命ヲ奉ジ、之ヲ皇孫ノ命ニ譲リ、永ク此国ニ鎮座ス。子伊豆早雄命十八世ノ孫、健国津見命ノ子、健隈照命、科野国造健甕富命ノ女ヲ妻ル。健甕富命ノ子、諸日別命、幼クシテ父ヲ亡フ。是ニ茨木国造許々意命、磯城島宮朝天皇ノ御宇、科野国造ヲ拜シテ許々意命、綏撫ノ道ヲ失フ。健隈照命之ヲ逐ヒ竟ニ襲フ。國造九世ノ孫、五百足、常時尊神ニ敬事ス。一日夢ニ神有リテ告グ。汝ノ妻兄弟部既ニ姙ル、身分娩必ズヤ男子ヲ擧ゲン。成長シテ吾將ニ之ニ憑ク有ラント欲ス。汝宜シク鍾愛スベシ。夢覺メテ後、之ヲ妻兄弟部ニ語ルニ、兄弟部モ亦、夢ヲ同ジグ恠ム。且ツ慎ム。後果シテ男子ヲ産ム。因リテ神子ト名ヅク。亦熊子ト云フ。

神子八歳ノ時、尊神化現、御衣ヲ神子ニ脱着セテ、吾ニ体無シ、汝ヲ以テ体ト爲スト神勅有リテ、御身ヲ隠ス。是則チ御衣着祝神氏有員ノ始祖ナリ。用明天皇ノ御宇二年、神子社壇ヲ湖南ノ山麓ニ構フ、其子神代、其子弟兄子、其子国積、其子猪麿、其子狭田野、其子高取、亦豊麿ト云フ、其子生足、亦繁魚ト云フ。其子豊足、亦清主ト玄フ。其子有員、亦武麿ト云フ。延暦二十年辛巳二月、坂上將軍田村麿、勅ヲ奉ジテ蝦夷ヲ征ス。有員幼クシテ之ニ随逐ス。神驗多般ナリ。士卒神兵ト称シ尊敬ス。（以下略）

しかしながらこの内容は、神氏系図のなかに記されていなかった故か、中央の学者はもちろん、諏訪の歴史家たちにもあまり重要視されていなかった。(9) ただ今井広亀氏が氏の好著『諏訪の歴史』（昭和四十三年版）のなかで、

諏訪上社が大和朝廷と連絡をもつようになったのは、下社よりずっと後のことで、伝

えによると桓武天皇の皇子に有員《ありかず》親王（熊子ともいう）があり、諏訪明神はこれに神衣をぬぎ着せて、我に躰なし、祝を以って躰とす、と神勅があった。有員はこの「みそぎ」をうけて諏訪明神の神格を与えられたのである。それで有員を御衣着祝という。彼はこれから大祝になり、神氏《みわ》と称した（五九頁）。

と通説的な有員の説明をしているなかに、熊子ともいうと註しているのは、前文章のなかにみえる神子《くまこ》（熊子）と、さらに後にあらわれる有員とを同一人物とも考えたからであろうか。

大和岩雄氏はこの大祝本神氏系図の序文をもう少し具体的にとらえ、「神子が有員であり、信濃国造によって有員という神子（神氏）がきめられたとある。上社大祝神氏も、信濃国造の影響下にあったことを示している」との見解を同氏の労作『古代信仰試論』のなかで発表されている（五〇六七頁）。

両氏とも有員と神子（熊子）を同一人物と考えられたのは、一つには「是則御衣着祝神氏有員之始祖也」の一條の誤読にあったのではなかろうか。神子（熊子）が有員の始祖になるというので、同一人物というのではなく、現にその前後の文章の意味からも、そう解するほかはない。全く両者は別人として記されている。

宮地直一氏は『諏訪家譜』（系譜部類下所収）及び『修補諏訪氏系図正篇』の神氏系図から次の略系を抜書され（『諏訪史』二巻前編一九六頁）、

乙穎（諏訪大神大祝（用明・天智間ノ人））
├ 赤兄（諏訪大神大祝）……
├ 鋤万呂（下社祝）── 子虫（下社祝）……
└ 弟兄子（諏訪大神大祝）……

「上下社とも洲羽国造家に入つた科野国造家の系統によつて、奉仕され来つたというのを主眼とする」という趣旨（大祝本神氏系図序文も同じ）に批判を加えて、「確実性の保し難きは系図や家伝の常とするところで、殊にかやうな古代の史実に関する場合に於ておやである ―中略― 上社の大祝家は一時その出自を皇胤にかけた場合もあるとはいえ、後々までも神氏の称を棄てないで、少くともその本流に於ては、金刺の系を混へた形跡を留めない」として否定されている（当時田中卓氏紹介の異本阿蘇氏系図は知られていなかった）。

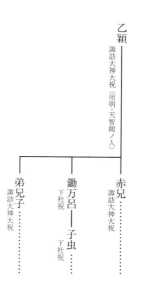

こうしたなかで、田中氏の新たな阿蘇氏系図の異本をとり上げて問題とされたのは、古部族研究会の北村皆雄氏であった。北村氏は田中氏の指摘された金刺氏による諏訪評督と諏訪大神大祝という双分制に注目しながらも、戦前の古い宮地氏の見解を引用して、やはり「この系図のこの部分は信用し難い」と慎重な態度をとっている（「古諏訪信仰と生島足島神社」『古諏訪の祭祀と氏族』所収　昭52）。

筆者もはじめ異本阿蘇氏系図のこの部分の記載については、大いに疑念を抱き、それは現在もなお完全に消去ってはいないが、後に今まで見逃していた大祝本神氏系図の序文を精読するに至って、ようやくこの金刺氏と神氏の同一出自を認める気に傾いたのであった。すなわちこの神氏系図の序文と異本阿蘇氏系図とは、重要な点で一致するところが少ないのである。たとえば神氏系図の序文の中の「健隈照命が科野国造健甕富命の女を妻り、その健隈照命が義弟に当る健諸日古命の養親になった」という趣は、阿蘇氏系図と全く一致し、さらに五百足の子神子（熊子・熊古）は、阿蘇氏系図では「麻背と乙頴」のことと添書されている。

その子の神代は隈子侶、乙兄子は弟兄子と表記の仕方が違うのみで、呼称まで同じになっている。

この乙顥を初の諏訪大神大祝として、

一名神子、又云フ、熊古、生レテ八歳ニシテ御名方富命大神化現シ、御衣ヲ神子ニ脱キ着セテ勅シテ日ハク、吾体無キヲ以テ、汝ヲ体ト爲スト。磐余ノ池辺ノ大宮ノ朝、二年丁未三月、湖南ノ山麓ニ社壇ヲ構へ、諏訪大神及ビ百八十神ヲ祭ル、千代田刺忌串ヲ奉ジテ之ヲ斎ル

（原文　漢文）

という添書は一般には有員の紹介として知られているが、問題の序文ではそれから九世の孫として有員が登場する。そして異本阿蘇氏系図では「御衣木祝《みそぎ》」という呼称は、次の隈志侶（神代）から添書されている一方、興味深いのは、序文の有員が、坂上田村麿の蝦夷征討に加わり、賊将高丸を討取り、その首を将軍に奉ったと記していることである。これは『諏訪大明神絵詞』における、流鏑馬の戦法を用いて高丸を射殺した諏訪明神の化現の騎士の話にほかならない。神長の守矢氏系図にも有員のことが記され、その実在はかなりの可能性が考えられるが、いずれにせよその人物像はきわめて神秘的にえがかれている。とくに神氏系図序文のそれは、そうした趣が強い。

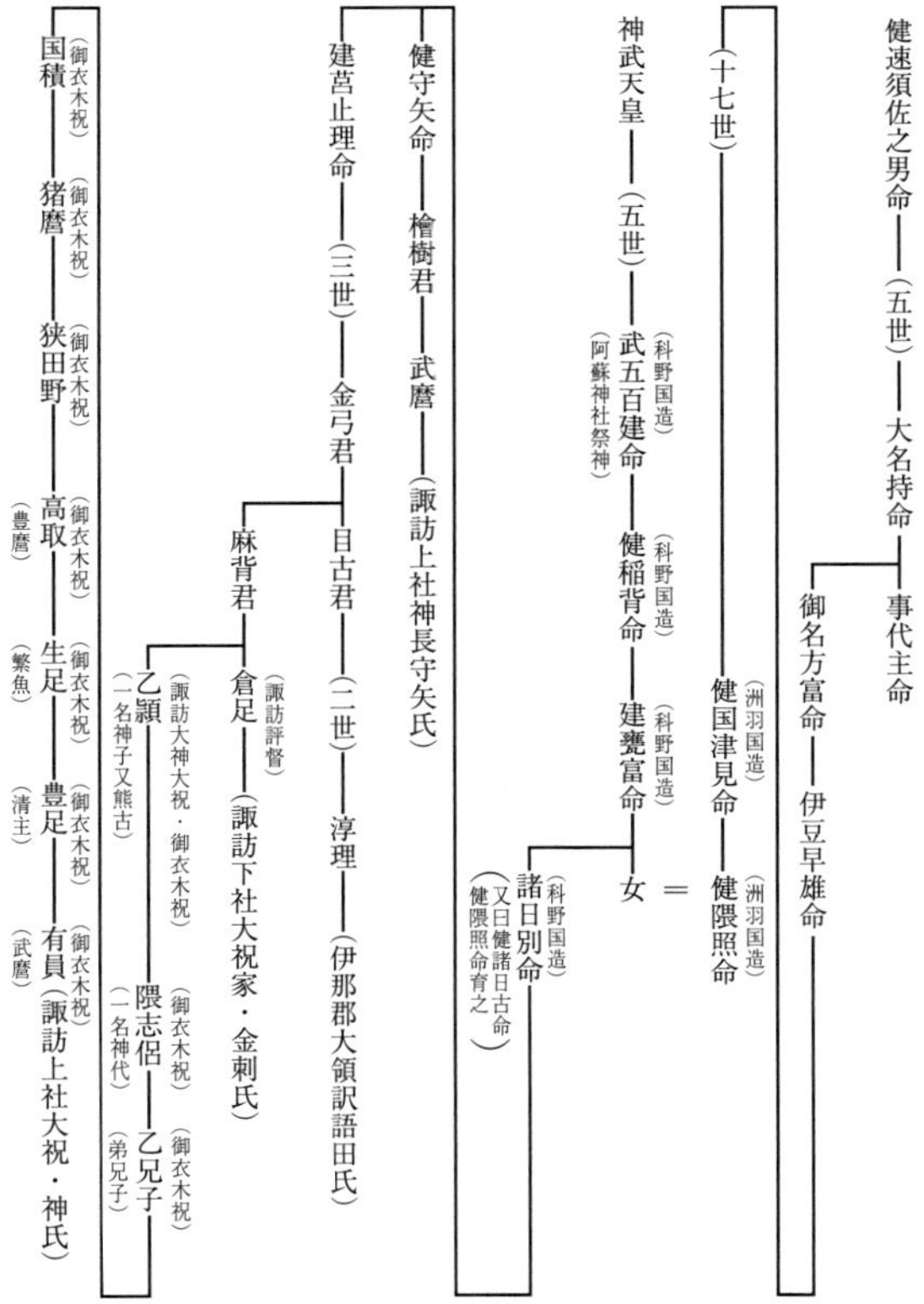

諏訪上社大祝家系図（異本阿蘇氏系図、大祝本神氏系図等により作成）

しかし歴史的に重要であり、史実性の高いのは、異本阿蘇氏系図において、麻背（五百足）の後に、子の倉足が諏訪評督に、乙頴（神子・熊古）が諏訪大神大祝（いわゆる神氏）に就任したということである。これは田中卓氏をのぞく現在の歴史家たちによって、ほとんど否定し去られていることではあるが、従来の諏訪史の通説に反するというだけでは、否定するわけにはゆかない。むしろ従来知られたどの史料よりも、これははるかに信頼できるものではあるまいか。それは全く別系統の系図とおもわれる神氏系図序文とも半ば以上一致しているからである。そして律令制成立当初の政状などを考えると、新たに中央から派遣された地方官として国司が赴任し、従来の国造家はなお国造の称号を許されたまま（律令国造）、その有力なる一流は、同じ律令官僚ではあるが、就身官の郡司（評督）と、その国最大の官社の神祇官たる大祝に任ぜられ、子孫はその地位を世襲して土着した、ということは充分あり得ることである（添書の年代は問題で検討の余地がある）。

阿蘇氏の系譜をひく、科野国造の後裔金刺氏の郡司・大祝の両家は時代の進行とともに、郡司であった方の金刺氏も、元来、鎮守神として祀っていた邸の祠を独立拡大させ、家はその社家のように（祭政一致）やや変質してきて、いつか（律令制の衰退によってか？）上神の神氏とおなじく「大祝」を称するに至ったのではあるまいか（一説に金刺白蟲の時という。太田亮『姓氏家系大辞典』）。

郡司という俗王と、大祝という聖王による双分的統治形態は、邪馬台国の「卑弥子と男弟」、大和朝廷の「天皇と出雲国造および伊勢の斎王」、沖縄の「琉球王家と聞得大王《きこえのおおきみ》」などにもみられる関係であり、律令制以前の各国の国造も、ほかに聖王としてのシャーマンとの双分政体をとっているところもあったのかもしれない。科野の場合は律令制出発後、諏訪においてそれが前代の遺風として残存したのであろうか。

さらに想像をめぐらすと、下社が神社として独立し、郡司が大祝を称するに至ったのは、平安初期坂上田村麿の蝦夷征討に、郡司金刺氏が大いに貢献した頃ではなかったろうか。つまりその時点で、有員は上社大祝家のみの始祖となったわけである。金刺乙頴（神子）は諏訪大神大祝の始祖であるが、金刺有員は諏訪上社のみの大祝家（神氏）の始祖ということになる。両者の混同はこんなところに始まったのであろうか。

青塚と双子塚

ここで視点をかえて、こうした傾向が、考古学的見地からどの程度たしかめられるか、うかがってみよう。

下社秋宮に接近した青塚古墳と、上社北西方二キロメートルの大熊にある双子塚古墳は、初代の諏訪評督（俗王）倉足と、諏訪大神大祝（聖王）乙頴の墳墓と比定するに、ふさわしい様相を示しているかにみえる。

　双方諏訪盆地に数少い前方後円墳で、年代は七世紀後半と考えられ、律令制の開始とほぼ一致するのである。

　とくに大熊の双子塚古墳からは、特定の身分を示す装身具であるらしい石帯が出土しており、陪塚もあって、被葬者の特殊な性格を物語っている。さらに大和の天皇陵の周辺に多く生活していた陵戸に当る人々が、明治まで事実墓守をして、付近に居住し、力者・笠縫などと呼ばれていたという[10]（築造年代に多少の問題はある）。

　大熊という地名自体が、大神《くま》の意とおもわれ、神氏発祥の地にふさわしい聖地を意味する名をもっている。

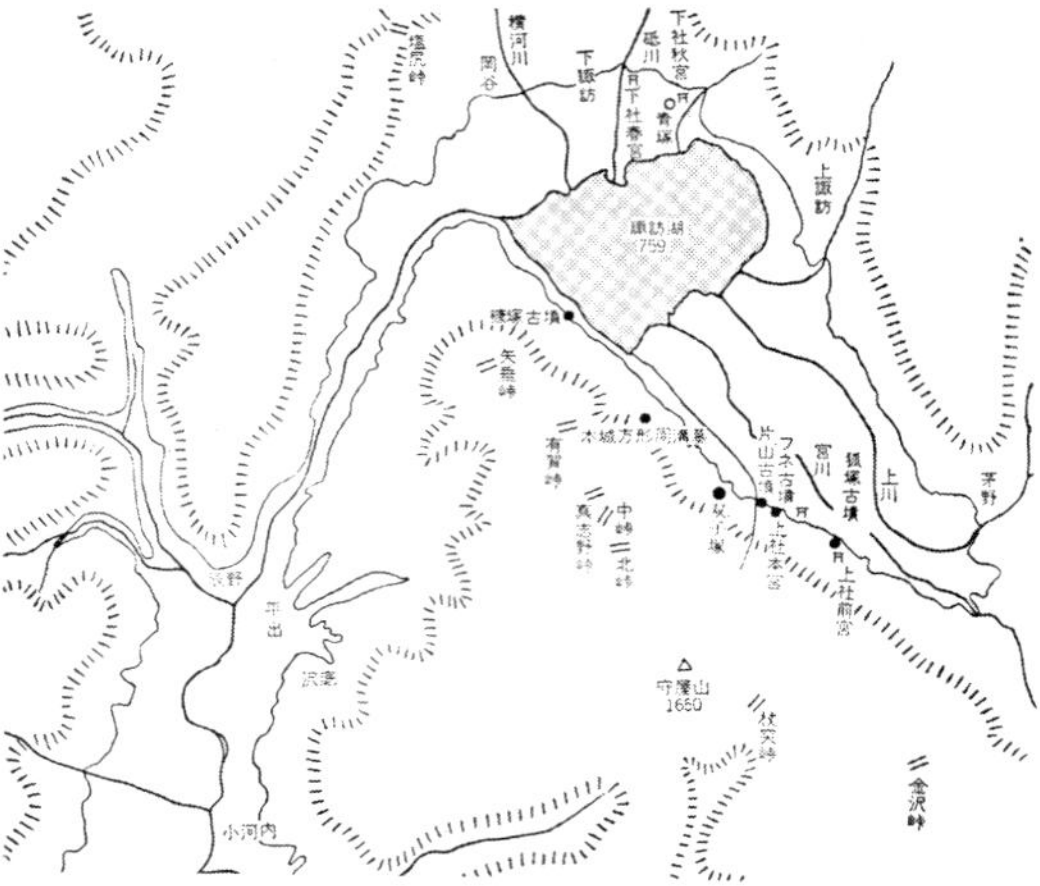

諏訪の古式古墳分布図

一方青塚古墳の方は、郡内唯一の埴輪を出土した古墳で、安政年間の『洲波事跡考』（勝田正履）に、[11]

今年丁巳初夏穢レシ事アリトテ土ヲウガチテ取捨ツルトテ、土中ヨリ埴人形四尺余ナル形ハ甲冑ヲ帯セシヤウナルヲ掘出シケルニ、心アル人ナクテ図モウツサズシテ、土中ニ埋メシト云フ云々……

という記述があり、武人姿の埴輪のあったことが注目され、双子塚との対照的な性格を示しているのである。

フネ古墳

しかしながら、諏訪盆地にはこの二古墳より古く、また上社本宮にごく接近して発見されたフネ古墳はじめ、片山・狐山・糠塚など、五世紀から六世紀に築造された古墳があり、その被葬者たちの氏族の実体が問題となる。

いずれも上社側の湖南の地に分布しており、大化以前から諏訪盆地にはかなり有力な氏族が居住していたことが知られ、その宗教的象徴としての施設も、なんらかの形をとって存在したであろうことが推定される。

フネ古墳の被葬者を、事実上の始祖とする氏族の氏神としての諏訪神の施設は、やはり守屋山を神体としたフネ古墳そのものであって、後世の社殿に当るものであったと筆者は考えたい。

四世紀のはじめ、瀬戸内海を中心に抱いて、西日本の各地に、車塚（吉備）、吉島《よしま》（播磨）、石塚山（堂前）、赤塚（豊後）、南原・棒井大塚山（山城）、箸墓・桜井茶臼山（大和）など、大陸文化の影響をうけた大きな高塚古墳が点々と築造された。以来一世紀の間につくられた四世紀型の古式古墳は、単なる墳墓ではなく、一般人民と隔絶した神性を帯びると信じられた族長の遺骸や所持品を神体として祀る、後の神社的性格をも併せ持つことが、すでに考古学者の間で認められている(12)。

それらの古墳はその地方の族長が、大和朝廷を中心に連合国家を形成し、死後とくに洗骨された後に朱で浄められて埋祭されたもので、多く生前にその族長が国見をしたかと想像させるような、領国の代表的平野に面した丘陵の頂に立地して築かれている。そしてその古墳の墓前において、その族長の後継者が、首長権の継承儀礼をはじめ、共同体のもろもろの祭儀をおこなったとも云われている（水野正好「祭式・呪術・神話の世界」日本生活の母胎二〇七頁　日本生活文化史　河出書房新社　昭50）。

その後約一世紀たって五世紀に入ると、大和・河内あたりでは葬祭が分離する傾向を生じ、古墳は文字通り墳墓としての性格にもどって、祭祀の場は他の地点に発生してくるが、文化の後進的な地方においては、なお古墳のもつ宗教的・政治的側面は強かったもののようである。

諏訪地方最古の古墳、フネ古墳もまさしくその一例であったろう。

蛇行剣

諏訪神社上社の本宮の神域に接近した小高い丘の上に発見されたフネ古墳は、その二個の粘土槨内から出土した、きわめて呪術的性格の濃い副葬品の数々が注目された(13)。内彎する素環頭大刀と二本の蛇行剣、そして鹿角装をした十九本の剣に変形獣文鏡一枚と農耕具などであった。なかでも蛇行剣は日本でもきわめて出土数が少く、時代も限られており、副葬した被葬者の性格が問題とされるのである。五世

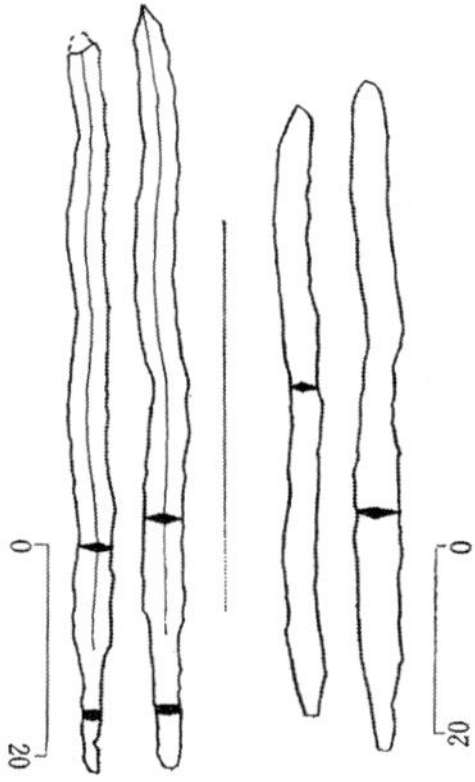

蛇行剣（左 フネ古墳　右 七観古墳）

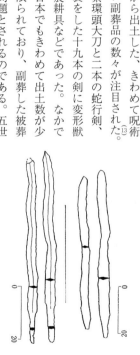

紀の古墳としては（四世紀の古墳における出土例なし）ほかに狐山[14]（石川県加賀市）、亀山[15]（兵庫県加西市）、浄土寺山[16]（宮崎県延岡市）、大阪府堺市の七観[17]、和歌山県の寺内63号墳などの古墳から出土したのみで、若干おくれて六世紀のものとしては、多くの追葬のみられた富木車塚古墳（大阪府泉北郡高石町）があった[18]。

そしてごく最近、昭和五十一年秋の考古学大会で発表され注目をひいたのは[19]、六世紀代には、蛇行剣はほとんど南九州の地下式横穴を有する古墳の、ごく少数のものに限って副葬されたという事実であった。

こうした分布と古墳の性格を小生なりに解釈してみると、二つのことが考えられる。まずフネ・狐山・亀山古墳の所在地は、後世文献的・民俗的に日本でもとくに顕著な竜蛇信仰（水神信仰）の行われた地域であり、しかもそれらの古墳が、いずれも当地方最古の古墳であるという共通点が見出される。

諏訪神社の竜蛇信仰についてはすでに述べたが、さらに若干の資料を加えるならば、『諏訪大明神絵詞』には諏訪明神がしばしば竜体となって現われた説話をのせており、もう一つの縁起本である『諏訪御本地縁起』、つまり甲賀三郎の物語でも次のような趣を伝えている。

近江国甲賀郡の地頭の三男、甲賀三郎諏方《よりかた》（兼家《かねいえ》という異本もある）は、兄たちの悪だくみによって信濃国の蓼科山の洞穴から出られなくなり、地底のふしぎな多くの国々をさ迷って、ようやく近江にかえってみると、その身はいつか蛇体に変っていた。人々は恐れ騒ぎ、危害をも加えようとしたが、三郎は菩提寺の老僧たちの話から知って、菖蒲の池に浴し、呪文を唱えてやっともとの姿にかえることができた。時はいつか三十三年の月日が、過ぎ去っており、妻の春日姫とも再会した三郎は、後に信濃国諏訪上社の神としてあらわれ、春日姫は下社の神と祀られた

というのであって、三郎が生きながら蛇体となったという趣を伝えている。また諏訪神社の神事のなかには、「蛙狩の神事」と称して、初春に蛇の好物である蛙をとって贄として供える祭もあり、逆に冬を迎えるに当っては、竪穴住居のような仮屋に、寵蛇《こもりへび》の形をした御神体を入れ春にそれを出す、「御室《みむろ》の神事」などおこなわれ、諏訪明神と竜蛇との関係は、従来もとくに密接なものに考えられていた（地下に入って蛇体となって地上に出た甲賀三郎と御室の神事は一連の関係がある）。

石川県の狐山古墳は、現在加賀市に入っており、近くの菅生石部《すごういそべ》神社は戦前の社格で、国幣中社とされる古社であって、古く『三代実録』にもその名がみえている。(20)

江沼平野を流れる大聖寺川がすぐ社前を迂廻し、二月十日に、悪蛇になぞらえた大竹を打ち割ったり、善蛇に象った大綱を大聖寺川におくってゆく「御願神事」とよばれる祭を今日もおこなっている。

これは大聖寺川の神霊の荒御魂を和げ、和御魂を祭る神事であったらしく狐山古墳の被葬者は、はじめて江沼平野の治水と統治に成功した族長だったのであろうか。

水を制するには、それを自由にする竜蛇の霊力を持たねばならず、また悪蛇の霊もよく祭ることによって、守護霊になるというのが、一般的な古代信仰であった。

兵庫県の亀山古墳は加古川流域の、古来人工の灌漑用池の多いので有名な地域であり、逆池《さかいけ》とよぶ池に面した標高一六〇メートルの丘陵上に立地している。奈良時代に撰述された『播磨国風土記』はこの周辺のことを詳細に記述しているが、その讃容《さよ》郡中川の里の条に、次のような注目すべき一節がある。

昔、近江の天皇《すめらみこと》のみ世、丸部《わにべ》の具《そなふ》というものありき。是は仲川《なかつがは》の里人《さとびと》なり。此の人、河内の国免寸《とのき》の村の人の賷《も》たる劒《つるぎ》を買ひ取りき。劒《つるぎ》を得てより以後《のち》、家挙《いへこぞ》りて滅び亡《う》せき。然して後、苫編部《とまみべ》の犬猪《いぬゐ》、彼《そ》の地の墟《あと》を圃《はたつくり》するに、土の中に此の劒《つるぎ》を得たり。土《つち》と相去《あいさる》ること、廻《めぐ》り一尺《ひとさか》ばかりなり。其の柄は朽ち失《う》せけれど、其の刃は渋《さ》びず、光《ひかり》、明らけき鏡《かかみ》の如し。ここに、犬猪《いぬゐ》、即《すなは》ち心に怪《あや》しと懐《おも》ひ、劔《つるぎ》を取りて家《いへ》に帰《かへ》り、仍《すなほ》ち、鍛人《かぬち》を招《よ》びて、其の刃《は》を焼かしめき。その時、此の劔、申屈《のびかがみ》して蛇の如し。鍛人《かぬち》大きに驚き、営《つく》らずして止みぬ。ここに、犬猪、異《あや》しき劔と以為《おも》ひて、朝庭に献《たてまつ》りき。後、浄御原《きよみはら》の朝庭《みかど》の甲申《きのえさる》の年の七月《ふみつき》、曾根連麿《そねのむらまろ》を遣《や》りて、本《もと》つ処《ところ》に返し送らしめき。今に、此の里の御宅《みやけ》に安置《お》けり

この屈伸して蛇のようになった剣というのが、蛇行剣の伝説化であるかどうか問題であるが、この剣をはじめ持っていた人の住んでいた河内国の免寸《とのき》にも、蛇行剣を出した富木《とのき》車塚古墳のあるのは興味深いかぎりである。

ここは『古事記』の仁徳天皇の条で、淡道島の聖水を難波の宮に運んだ枯野という舟の船材とされた巨木の生えていたという伝説地でもあり[21]、東方には式内社の等乃伎《とのき》神社に比定される殿来神社があり、社前を流れる川の上流には、鶴田池・げんろく池などの歴史の古い灌漑用池もある。

これらの文献はいずれも蛇行剣の時期より大分新しいものではあるが、その土地の個性と伝統は伝えているのであろう。

九州延岡市の浄土寺山古墳も、中世西瀬戸内海の水軍の雄として知られた緒方惟栄の出

である大神《おうが》氏一族に、古くから縁の深い地域にあった。緒方氏の始祖とされる大神惟基《おうがこれもと》は、五ヶ瀬川の上流の水源である祖母山の山神の化身である大蛇が、夜毎豊後（一説に日向）の山里の長者の娘のところへ通って生ませた子であると伝え（八幡宇佐宮御託宣集）、三輪山型の蛇ムコ入りの出生談がまつわっていた。その五代の孫惟義は、生まれながらに、尻に蛇の尾と鱗がついていたので、尾形三郎とよばれたともいい（平家物語）、甲賀三郎とはまた違った蛇シャーマンとしての性格を、顕著に示す伝説にかざられていた。この付近も五世紀頃は熊襲・隼人の故地とおもわれ、後世宇佐八幡宮のもっとも古い神領地の一部であり、大神氏はその八幡宮の社家の中の一家となっていた（中野幡能『八幡信仰史の研究』吉川弘文館　昭42　富来隆『卑弥呼』学生社　昭45）。

これら蛇行剣の出土数のきわめて少いことは、それが外来品か、渡来者自身の製品であることを暗示しており、もちろん今後発見される可能性はあろうが[22]、万を数える鉄刀、鉄剣の出土数に比べて、その数の比率の少さは、今後といえども、さして変らぬであろう（桑57号墳のものは一先ず別にする）。

もう一つ、二振りの蛇行剣を出土した七観古墳は、履仲天皇陵の陪塚であり、履仲天皇は中国江南の南朝に使をおくって朝貢した、「倭の五王」の一人、讃にも比定される天皇なので、蛇行剣も南朝より将来されたことが推定される。

蛇行剣の年代の示す五・六世紀には、中国はいわゆる南北朝の時代であり、五八一年中国が随によって南北統一されるとともに、日本においても蛇行剣が姿を消している。(23) 南朝は華北から戦火をさけて南下した漢民族によって開かれた王朝であるが、その以前江南地方に居住していた呉・越の人々は、漢族からは多分に南方の蛮族とみなされた異人種であったらしい。

日本では、竜と蛇はほとんど一体化して扱われたが、中国では十二支にも両者を辰巳とはっきり区別しているとおり、竜を自ら漢民族帝王のシンボルとし、蛇は南方蛮族の王の象徴として差別した形跡がうかがわれる。志賀島出土の有名な金印「漢委奴国王」の真疑をめぐる一つの論争点となった印のつまみ、亀鈕・蛇鈕の違いは、雲南省の漢代の古墳から、蛇鈕の「漢王之印」が発見され、岡崎敬氏が、「漢魏晋代、南方蛮夷の国々にあたえるものには、湿潤《しつじゅん》の地にふさわしい蛇鈕を通制としたらしい」と論じられたように（直木孝次郎『倭国の誕生』二二四頁　日本の歴史Ⅰ　小学館　昭48）、日本も古くは南方の蛮族の一部にみなされていたのであろう（金井典美「倭の慁草」　どるめん11号　昭52）。そして雲南省の滇王《てんおう》も、周達勧の『真蠟風土記』に記された、蛇と寝るクメール国王の如く、蛇巫王（蛇の霊力をもっと信じられた聖俗兼王）だったのではあるまいか。

中国の史書『宋書』にはこうした倭国の朝貢は讃から武まで合計十一回が記されており、それに対して南朝では倭王にその朝貢品の返礼として、又一つには倭の使者に、帰途の航海の無事を祈る呪刀として、おくられたのがこれらの蛇行剣だったのであろうか。

日向神話の山佐知毘古（ホヲリノ命）が、海神の宮から日向に帰った際、おくってきたワニの頸に小刀をつけて返したという記述が『古事記』にみえるので、あるいは倭の使者そのものでもなく、使者を運んだ水先案内、東支那海の航海に慣れた隼人の族長であったのかもしれない。後世宮門の衛士となった隼人が、天皇の行幸に随行して、国の境や山川・道路の曲りを通過する折、吼声を発す呪術をおこなった（『延喜式』隼人司）というのは、先導者としての五世紀以来の伝統だったのであろうか。当時中国江南の言語を多少なりとも解せたのも、隼人・熊襲だけだといわれている（航路も、種子島・屋久島・奄美などを径る場合が多かったのであろう）。

海神の女・トヨタマヒメやホヲリノ命を祭神とする、石川県の菅生石部神社に近い狐山古墳が、南九州に多い五世紀代の柄鏡式前方後円墳であることや、地底の国と中国南方の国を訪れたという甲賀三郎を祭神とする（諏訪御本地縁）、諏訪神社に近いフネ古地が、素環頭大刀や鉄剣をも副葬していたことは、その被葬者がはじめ九州の熊襲・隼人系の帰順派の豪族であり、南朝への渡航をはじめ、河内王朝につくしたその功績と蛇巫王としての性格から、とくに治水や水の祭祀を必要とされる水辺の聖地である加賀の江沼平野や信濃の諏訪盆地に封ぜられた国造級の族長だったのではあるまいか。

『諏訪大明神絵詞』のなかの説話に、諏訪明神が神功皇后の三韓征伐に、住吉神と共に軍船の水先案内となり、又坂上田村麿の蝦夷征伐に一人の騎士となってあらわれ、皇軍を先導したという説話なども、それが事実か否かは別としても諏訪氏が隼人の後裔としての認識が反影していたのではあるまいか。大祝本神氏系図序文にみえるように、熊子が坂上田村麿に従軍したというのも、そうした先導者としての伝統を伝えていたのかもしれない。

水心の剣

このように諏訪神の一面である水神としての顕著な性格は、五世紀代にすでに存在していたとみられ、蛇行剣は真実水神の化身としての竜蛇を象った神器だったのであろう。その蛇行剣が中国の江南地方から将来された可能性の高いことは、その地方の年中行事を記した『荊楚歳時記』（六世紀成立）に、「水心ノ剣」という雨乞いに用う剣のことが、三月三日のところに記されていることにもうかがわれる。この水心が水辰の意であるとしたら、水竜の剣とでもいうべきもので、それが蛇行剣か否かは不明としても、時代も場所もほぼ一致しているので、蛇行剣類似のものが、当時中国の江南地方に実在したように想像される。明代の『三才図会』は、蛇行した穂先の矛の図をのせているから（『古今図書集成』）、古く中国にそうしたものが、存在したことは明らかであろう。今後の報告が期待される。

大林太良氏は華南の福建省に、日本のヤマタノオロチの神話によく似た話のあることを紹介されており(24)、諏訪信仰に影響を与えた竜蛇信仰も、先述の如く華南・南九州起源のように想像されてくる(25)。諏訪神社の神紋として名高い梶の木も、元来暖帯地方に自生する植物であって、その神紋の起源が古代までさかのぼるか否か不明にせよ、注目すべきことである。

ジャワ島のクリス

竜蛇の霊力を宿すと考えられた蛇シャーマン（台湾の民俗学者劉技萬氏は蛇巫と命名された）も、東南アジアを中心に、日本にも及んでおり、岡山の荒神御楽や出雲の大元神楽の蛇綱につかまって神がかりに落ち、託宣をおこなう綱大夫はその名残りといわれる(26)。

修験派の諏訪神人（近江の甲賀地方を本拠とする）なども、多分にそうした性格をもっており、中世・近世にはもっぱら諸国を遊行して、民衆の求めに応じ、雨乞いや病気の回復の祈禱などをおこなった。

神長「守矢氏」

この諏訪地方最古の古墳、フネ古墳の被葬者は、真実トランスに入る真性シャーマンであったかどうかは不明であるが、諏訪地方の統治に当った大和朝廷の、国造級蛇巫的族長であったこと明らかである。

フネ古墳に続く時期の片山古墳・狐塚古墳・糠塚古墳などの諏訪の五、六世紀の族長墓の被葬者たちも、その家系をひくものであったろう。

阿蘇氏の系譜をひく金刺氏の諏訪進入が大化以後であったとすると、フネ古墳らはそれ以前に諏訪に入った隼人系族長か、又はもともと諏訪に在地した豪族の墳墓であったことになる。

とくに最古のフネ古墳が守屋山を背景に立地することから連想されるのは、タケミナカタ以前に諏訪を治めていたと伝承される洩矢《もれや》の神と、その子孫といわれる神長《じんちょう》（大祝の次官祝）守矢氏との関係である。

タケミナカタとモレヤノ神との関係は、『諏訪大明神絵詞』には、次のように記されている。

摂社藤島社の前の神田でおこなわれる六月晦日の田植祭の条に、

抑此藤島ノ明神ト申スハ、尊神垂跡ノ昔、洩矢ノ悪賊神居ヲサマタゲントセシ時、洩矢ハ鉄輪ヲ持シテ争ヒ、明神ハ藤ノ枝ヲトリテ是ヲ伏シ給フニ、邪輪ヲ降シテ正法ヲ興ス、明神誓ヲ発シテ藤枝ヲナゲ給ヒシカバ、則根ヲサシテ枝葉ヲサカヘ花芯アザヤカニシテ戦場ノシルシヲ万代ニ残ス、藤島ノ明神ト號スルハ此故ナリ

田植神事の条に、土地神のモレヤノ神を記しているのは、この田植祭が、一種の農業地鎮祭とでもいうべき性絡の神事であることを暗示しているのであろう。

藤島とは上社の神田に隣接した沼のなかの小島のことで、そこにかつて藤の古木が神木として実際にまつられていたらしい。その藤の木は神田に植えられる稲苗の象徴、あるいは守護神を意味し、結局はタケミナカタのことをさすのであろう。面白いことに、タケミナカタとモレヤとの関係を語るもう一つの文献『諏訪信重解状』（諏訪大祝家文書　諏訪史料叢書十五巻）には、建築地鎮祭として記されているかにみえる。すなわちその「守屋山麓御垂跡事」に、

当砌昔ハ守屋大臣ノ所領ナリ、大明神（諏訪明神）天降リマスノ刻、大臣ハ明神ノ居住ヲ禦ギ奉リ、制止ノ方法ヲ励マシ、明神ハ御敷地ト為ス可キノ秘計ヲ廻ラシ、或ハ諍論ヲ致シ、或ハ合戦ニ及ブノ処、両方雌雄ヲ決シ難シ。爰ニ明神ハ藤鎰ヲ持チ、大臣ハ鉄鎰ヲ以テ此所ニ懸ケ、之ヲ引ク。明神即チ藤鎰ヲ以テ軍陣ノ諍論ヲ勝得セ令メ給フ、而守屋大臣ヲ追罰セ令メ、居所ヲ当社ニトシテ以来、遙ニ送ルコト幾星霜、我神ノ称誉ヲ天下ニ施シ給フ。――以下略　（原文　漢文）

つまりこの伝承では、モレヤが明神の居住をさまたげた話になっており、前者は農地の、後者は宅地の地主神としてモレヤが現われている。事実諏訪神社では、春地上の雪が消えて大地利用の、一年の仕事はじめに当って、農地や宅地の地鎮祭のような神事がおこなわれた。旧三月一日から半月にわたっておこなわれる上社の最大の祭り、大御立座神事であった。とくに末日に、「所末戸社十二所等一神事、仮屋ヲカマヘテ稲穂ヲ積テ、其上ニ皮ヲ敷テ大祝布衣ノ座トス。神使四人上﨟直垂五官浄衣平座ニ付テ盃酌三献ノ後、御室ニ帰リマイル、稲穂ヲトル事、天子大掌（嘗）会ノ時、此礼アリ、神代定テ故アル事ニヤ」とあり、まず土地神であるトコロマツド社を祭っており、大祝が稲穂を積んで皮を敷いて座につくのが注目される。

諏訪の大祝は蛇神の霊を帯びると同時に、日本の天皇と同じく、稲の穀霊を宿す双方の神性をもつもののようで、それはヤマタノオロチの尾から出たという草薙剣を身につけた天皇も同様なのかもしれない。

翌申日ノ条には「人屋神事、コトシゲキニヨリテ是ヲ略ス」とあって何も記していないが、建築地鎮祭としての趣旨によるものとおもわれる。その翌日酉ノ日の神事は、外県・内県・大県と三つに区分された地域に、各々二人ずつの小児の神使を派遣するに当って、大祝が進発の儀をおこなうのが目的であった。

上社大祝家の直轄領であるらしい内県《うちあがた》や、下社を含む地域の大《を》（小）県《あがた》を巡回する神使には、大祝自ら玉蔓をその頸にかけてやり、神長は神使に杖をもたせてやるので、その玉蔓は稲霊を帯びた大祝の代理であることを示す神器なのであろう。

小（大）県二反ノ後、上原ニ宿シテ東山ヲヘテ下宮ニ至ル。内県一反ノ後、千野ニ宿シテ郡内南方境ニ至ル。三道巡礼共ニ山路ヲヘテ往行三日五日ヲ送ル、廻神ト称シテ村民是ヲ拝ス。戊亥子三ケ日ノ神原并人屋ノ神事又是ヲ略ス、丑日、先、峯多々江《ミネタタエ》、其後前宮ノ神事、神使二手内県外県御シツマリ、落花風ニヒルカヘリ、山路ヲフム。職掌鞍馬金銀ノ壮厳無雙ノ見物也この文中に見える外県《とつあがた》というのは、ほぼ上伊那郡一帯をいうので、神使の出発は内県使・大（小）県使の出る三日前の午日に、やはり前宮の神殿を出て、大宮（本宮）を詣でてから外県に向った。この本宮に参拝してから巡回をはじめるのは、外県使のみであって、しかもこの外県使には、室町時代の記録によると、神長守矢氏をはじめとする五官の祝（擬祝・副祝・禰宜大夫・権祝）の所役として、その郷内の婚姻未犯の小児がえらばれたのである（伊藤富雄「諏訪上社中世の御頭」）。当時の五官祝の経済基盤も主に外県にあったようで、上社の本宮は元来洲羽国造の氏神として始り、フネ古墳はその始祖の古墳であり、硯石がその聖なる岩磐だったのであろう。

洲羽国造の事実上の直系である（後述する）神長守矢氏の土地への密着性、諏訪の神事にはたす重要な役割は、きわめて根深いものがあり、諏訪の地母神、民間小祠のミシャグウジの総社も、守矢家邸内のそれだといい、又一般に大御立座神事の御頭役（神使を出す役）に当った郷村に死者が出た場合、守矢家にいって買地の免封物と弓弦をもらい、墓地に行って弦を張りまわしてから、そこへ埋葬するという風習が明治まで存在していた。

つまり守矢家が上下社の金刺系（科野国造系）大祝家以前の、諏訪・上伊那郡一帯の地主であったという趣が、中世にも充分にうかがえるのである。

一方、内県は諏訪郡南半、大（小）県は従来もその範囲について多くの義論をよび、今日も決着をみないが、『諏訪大明神絵詞』（神長本）によれば、

大縣上原神事例祿、次日上桑原二ケ所に畫湛神事畢、下桑原御宿り神事あり、次日下宮大和に畫湛神事有、同下宮馬場畫湛あり、さて友之町に御留り有。次の日をい河に御留りありて、次日又下桑原田にてまうけ有、又上原にてまうけ有、真志野へ付給ふ。戌日大縣介頭也、次日内縣古宮神事有、同平井弖神事、小河内御とまりあり、次に常士の輪朝神事、次真木、次伊那へ御園まえふちさせてより御立ありて、前宮へ付給ふ。内縣峯湛御付有り、神事後神長御かまの前儀式有、後前宮神事有、内縣外縣納まれり

（信濃史料叢書第三巻　大正二年　信濃史料刊行会）

とあって、室町後期の大県はいわゆる下宮をふくむ湖北地方であったことがわかる。ところが室町初頭の原本の記述をほぼそのままに伝えるとおもわれる権祝本には、先述したように、

小県二反ノ後、上原ニ宿シテ東山ヲヘテ下宮ニ至ル

とのみ記して、何処までいったのか、はっきりしない。この東山という地名は、諏訪郡の北に接する小県郡の生島足島神社東方と、西に接する筑摩郡塩尻峠西麓にあって、いずれなのか、ほかにあるのか不明である。あるいは「東山道を通って」という意味なのであろうか。

いずれにせよ、下宮を中心とした地域であることは確かであって、この大御立座神事が、けっして上社だけの祭でないということは、重要なことである。さらに大事なのは、三県をおのおの巡回して帰った六人の神使が会合する寅日に、国司の使が在庁官人を引卒して、本宮に参拝し、この時は大祝も神殿《ごうどの》からここに移って、全員この本宮で神事をおこなっている。

こうした事実から想像すると、大（小）県使は国府を訪れて国司の使を先導して（隼人の遺風）帰ったのではないかとも考えられるので、室町期の大県それ自体は現実には神長本の記すように、湖北一帯の地域ではあっても、意義は内県・外県をのぞく信濃国全域を代表していたのではなかったろうか（それは、内県が金刺氏の諏訪大神大祝の直轄領であったに対し、大県は諏訪評督の所領として始ったからなのであろう）。

信濃一ノ宮諏訪神社の大御立座神事は、信濃全域の土地神に対して、その土地を借用して農業や建築・造墓などをおこなうその許しを願う地鎮祭祀の意味を持っていたのであろう。

現に神使は、その地域の開裂地のへりに接したタタエと称する神木のある聖所や、ミシャグウジとよばれる農耕地の中の祠を騎馬でめぐったのである。

多く男根形石棒を神体のように祀ったミシャグウジについては、今井野菊氏の詳細な実地踏査があり、それによると、諏訪を中心に長野県からその周辺に広く分布するという(27)。民間小祠の例にもれず複雑な性格をもつようであるが、筆者の考えとしては、一種の地荒神であり、一族が土地をはじめて開墾して、山林や湿地を開いて農地や宅地・墓地などを作った際、一部の土地を土地神の最後に宿る場所として残した聖所であったとおもわれる。

守矢氏の後退

こうした、各々異った性格をもつ三つの県に、小児の神使が巡回する大御立座神事は、律令制の開始によって、金刺氏が諏訪評督、諏訪大神大祝として赴任した後に、整備されたことと想像されるが、五世紀以来諏訪一国の領主兼司祭者として、かつての須波国造の直系であるらしい守矢氏が、なぜ金刺氏の下に立たねばならなかったのか。

じつはこのモレヤノ神と関連ありとおもわれる人物の名が、前記「阿蘇氏系図」の中にみえているのである。

科野国造の遺児・諸日別命を育てた洲羽の国造・健隈照命が、その後一時科野国造にあった許々意命を追い払って、詰日別命を就任させ、おそらく自分はその後見人として、(養父として)政務をみたのであろう。事実上、洲羽国造家は科野国造家へ合流した形となったが、阿蘇氏系図はその諸日別の子供として、健莒止理命と健守矢命の二人の名をのせており、前者が科野国造を嗣ぎ、後者は檜樹君、武麻呂とつづいて「居于諏訪」と添書されている。つまりこれが「神長・守矢氏」のことなのであろう。武麿の名は、「守矢氏系図」のなかにもみえている。

しかし系図の上ではそうなっていても、じっさいは健守矢命は健隈照が諏訪に残していった実子だったのではなかったろうか。つまり洲羽国造の直系は守矢氏だったのである。そして筆者は大和朝廷傘下の有数の祭政者であった守矢氏が、朝廷の神祇長官であった物部氏との親近関係から、物部氏の滅亡後、政治的に不遇な立場に立ったからではないかと想像する(28)(大化以前に金刺氏が入諏した可能性もある。モレヤノ神説話は、この時点で成立したのであろう)。

太田亮氏は「先代旧事本記の『天孫本紀の物部麻左良連公(尾輿の従弟にして木連子の子なり)の譜に、此の連公は、須羽直の女子、妹古を妻と爲して二児を生む』と見ゆる須羽の直は、即ち此の国造の氏姓ならむか、仮に国造の姓でなくとも、信濃国造族の人にて、信濃国造の一族、此地に移れるものなるべし、と考えざるべからず」と、その著書『姓氏家系大辞典』の中に述べている。

現に物部氏の氏神であった大和の石上神宮の封戸が、平安期にも（天応元年）なお八十戸のうち、五十戸が信濃に存在したのも、(29)信濃が聖地とみなされ、古くから石上神宮の神領に属した土地が多かったからであろう。この平安時代、諏訪神社関係の一族上原氏は、丹波国物部郷に入り、式内社「須波岐部神社」を祀っていたらしい(30)。物部氏と諏訪氏との密接な関係はここにもあらわれている。

二重の社殿構造

石上神宮と諏訪神社上社の共通した点は、共に山を神体山として本殿を欠く社殿配置にあった。といっても石上は明治になって本殿をつくって古態が失われたが、それまでは大神神社や埼玉の金讃神社と同じく、拝殿はあっても、本殿はなく、山に向っていたのである。

なかでも諏訪神社上社は複雑な構造で、現在も守屋山を神体山として拝礼する方向と、前宮を遙かに望拝する方角と、二通りの向きに拝殿その他が配置されている。

おそらくこれは、古く洲羽国造の系譜をひく守矢氏が領主であった頃は、フネ古墳のある守屋山に向う方向のみであったが、金刺氏が入諏し、乙頴（神子・熊古）とその子孫が阿蘇氏系図に記すように、健御名方大神の化現として、いつの頃か前宮の地に居館してから、新たにその居館（神殿）を望拝する社殿配置がその時点で加えられたのであろう。しかも古い宝殿・拝殿などがそのまま残されたので、必然的に今日のような一見、きわめて複雑な構造をとるようになったものとおもわれる。そして大祝自身は、前宮を遙拝する新しい向きが加わった後も、守屋山に向う形で神事をおこなったにちがいない。

なぜなら、大祝が自らの居館を拝む必要はないからであり、現に室町期の『諏訪大明神絵詞』によっても、それが充分うかがわれる。

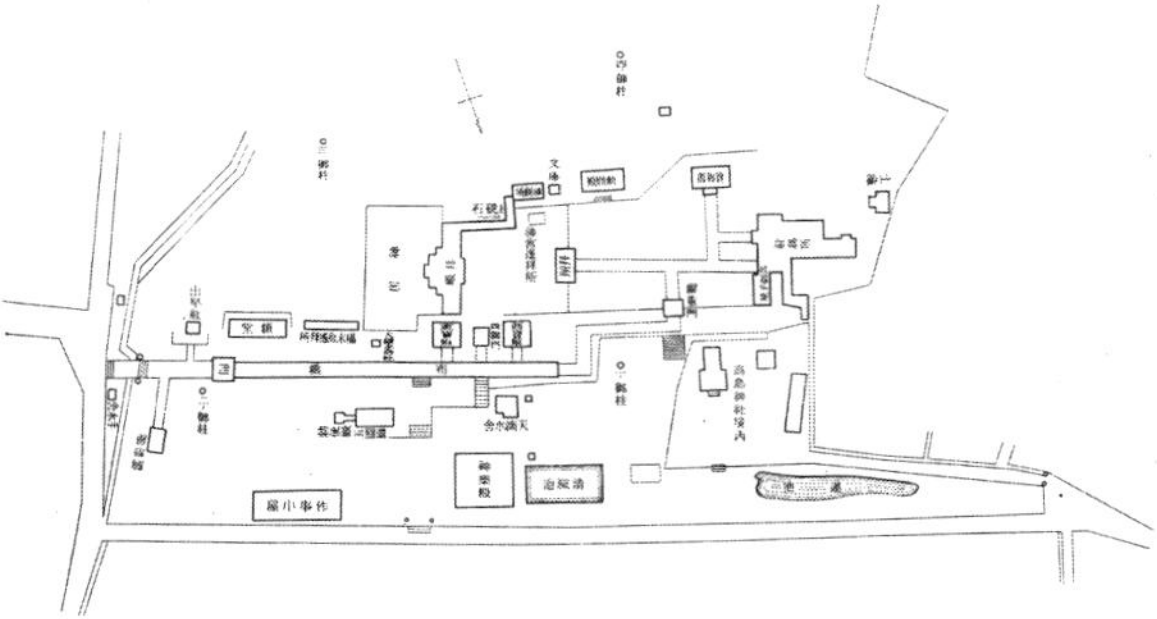

諏訪上社本宮社殿配置図（宮地直一著『諏訪史』第二巻より）

正月一日の大祝の参拝のところにも、

社頭ノ体、三所ノ霊壇ヲ横ヘタリ

とあって合致しており、縁起五には、

宝前ノ山ノ麓ノ岩石ノ上ニ金色ノ神竜化現セリ

とある岩石とは、硯石《すずりいし》のように受けとれる。硯石は諏訪の七石の一つにかぞえられており、岩の上に凹みがあって水がたまるところからついた名称らしく、その水の増減で稲の作柄を占ったともいう（岩上の水たまりを諏訪湖のヒナ型・神体とした形跡がある）。

上社大祝の居館「神殿」が、いつ前宮の場所に建てられたのか、初代の金刺系大祝乙頴の時代か、神氏系図序文の語るように、それから九代目の有員の時であったのか、もちろんよく分らぬが、おそくとも平安期のうちには、前宮の神殿は成立していたであろう。

謎の有員《ありかず》

一般に上社神氏大祝の始祖とされる御衣木祝《みそぎのはふり》有員《ありかず》は、きわめて神秘的雰囲気に包まれた、謎の人物である。

宮地直一氏が多くの文献から、その所伝を紹介しているので[31]、それを整理してみると、

一、有員を用明天皇の時代の人物とするもの。

○前田家本神氏系図序文

○千野家本神家系図序文

信州諏方郡ニ神幸スルハ、人皇卅二代用明天皇ノ御宇ナリ。時ニ八歳ノ童子アリ。後有員ト字ス明神ニ随遂セ令ム。守屋大神ト諍ヒ奉テ、守屋山ニ至テ御合戰アリ。童子神兵ヲ率イテ守屋ヲ追落ス。則チ彼ノ山麓ニ社壇ヲ構ヘテ、吾神衣ヲ童子ニ脱着セテ、吾ニ躰無シ、祝ヲ以テ躰ト爲セト神勅アリテ、御身ヲ隠シ給フ。則チ彼ノ童子ヲ神躰ト爲シテ御衣木祝ト名ク。神氏ノ始祖ナリ。明神ハ普賢、童子ハ文珠ナリ。

（原文　漢文　前田家本神氏系図他もほぼ同じ）

二、有員を平城天皇の時代とするもの。

○上社社例記

平城天皇ノ御宇以来、御表衣祝有員社務ス。是大祝ノ肇祖ナリ。大明神有員ニ託シ

テ、吾ハ躰無シ祝ヲ以テ躰ト爲ス云々――以下略――
（原文　漢文）

三、有員を桓武天皇の皇子とするもの。

○大祝職次第書

○神長官守矢氏系譜

桓武天皇第五御子八歳ヨリ烏帽子、狩衣ヲ脱着御表衣祝有員、大明神彼有員ヲ三度託而我ニ無躰以祝為躰云々、又日以法理為躰、然而隠御身給、
（原文のまま　大祝職次第書）

神長守矢氏家譜は清実の添書として、

大祝職位書云、桓武帝第五之皇子、平城帝御宇大同元年丙戌、御表衣祝有員極衣法奉授神長清賓十三所行事也、其後有員諸祭行給フ、有員嫡子員篤二男有賓三男有勝、如斯三人御子持給ヒ仁和二年丙午御表衣大祝有員八拾七歳ニテ御射山大四御庵頓死

とさらに詳しい記述をしている。

このほか宮地氏は紹介してはいないが、やや変っているのは、安居院《あぐい》「神道集」に記された有員のことかと思わせる記文である。

十七「信濃国鎮守諏訪大明神秋山祭事」の内容を要約すると、坂上田村丸が蝦夷征討のため、東山道を通って奥州に向った折、信濃の伊那郡までくると、年の頃三十ばかり、梶の葉の紋のついた水干を着て、萌黄色の糸でおどした鎧をつけた一人の騎士があらわれた。そして奥州へいっしょに従軍したいという。将軍は喜んでこの騎士を伴って、いく日も旅の日数を重ね、ようやく蝦夷の首長、悪事の高丸の城を攻めることになった。田村丸の軍は大いに苦戦をしたが、最後に例の騎士が高丸の眼を矢で射抜き、田村丸将軍が剣でその首を切り落して、城を落すことができた。

京都へ帰国の途についた軍勢が再び信濃国の伊那郡大宿についた時、梶の葉の騎士は、自分はこの国の鎮守諏訪の大明神であると名乗って姿を消した。そこで田村丸将軍はその神恩に報いるため、諏訪の土地を明神に寄進し、七月二十七日に国中の人々を集めて、深山の狩りをすることを定めた（秋山祭＝御射山祭）。この日は悪事の高丸を滅した日である。それにつづいて、次のような一条が記してある。

高丸カ娘十六成ルヲ諏方大明神生ケ執テ御前置ケルカ其腹ニ一人ノ王子在マス。則此ノ宮ノ神主ト定メ被レケリ。我躰モ慇テ云神ト与ヘツ

つまり、諏訪明神が蝦夷の首長・悪事の高丸（『諏訪大明神絵詞』では安倍高丸ともいう）の娘に生ませた子というのは、有員に相当する気配が濃厚である。神の御子というので、神氏というのだと、その姓の由来を語っている。そしてこの説話は、先述した問題の大祝本神氏系図序文の有員の記述と、趣の似通ったところがある。

今高丸将軍ニ叛ス。此国ニ到ルニ応ジ、汝宜シク就キテ之ヲ平グベシ。有員神馬鞭ウチ、銕蹄ニ任セテ發ス。竟ニ賊首ヲ得テ之ヲ将軍ニ送ル。将軍其神異奇瑞ニ感ジ、帰洛ノ後天聴ニ達ス。宣旨ヲ下シ行ヒ、大イニ社壇ヲ構造シ、諏訪郡ヲ擧ゲテ神領ニ附シ、年中七十餘日ノ神事ノ要脚ニ充ツ。復寅申支干ニ当リ、一国ノ貢税課役ヲ以テ、式年造営ヲ創メ、有員ヲ以テ大祝ト爲ス。之ヲ御衣着祝ト謂フ。云御衣着者神体之義

（原文　漢文）

つまりこれによると、前記神道集や『諏訪大明神絵詞』にも記された、坂上田村麿の蝦

夷征討をたすけた諏訪明神の化現とされる騎士は、有員その人となっている。神道集では諏訪明神が蝦夷の首長の娘に生ませた子が、有員のことの如くえがかれているのとも、少し異っている。そして一般に語られている有員像は、大祝本神氏系図序文や異本阿蘇氏系図の神子（熊子（古）・乙顕）と、その九代目の有員との、重ね写真であることがまずまずはっきりしてくる。

八歳で神職につき、はじめて御衣木祝とか大祝と呼ばれたのは神子か神代（隈志侶）であり、奥州に従軍して功をたてたのが有員で、御衣木《みそぎ》祝とは、神子から有員までの祝をいう趣が、この両者の記載からうかがわれる。

上社摂社御衣木社

金刺氏が諏訪に入ったのが、大化の改新以後であり、坂上田村麿の蝦夷征討が明らかに延暦年間であったとすると、有員はそれから数代以上後の祝であり、大祝本神氏系図序文に示されるように九代目というのは、年代的にほぼ正しいようにおもわれる。そして有員は先述した如く、平安初期、郡司金刺氏も下社大祝を称するに至って、上社の大祝の始祖となったのであろう。

きわめて神秘的な、事実とは思えないような逸話に飾られてはいても、その実在の疑えない島原キリシタンの総大将・天草四郎時貞やフランスのジャンヌ・ダルクとおなじく、有員も実在の人物だったのではなかろうか。

上社の本宮と真向いの上桑原の山裾に、御衣木平と称し、有員の居館跡と伝承する地があり、現在その地にケヤキの神木と御射宮司の祠があって、周囲の畑には下肥を禁ずるほど今も神聖視されている。その上方の山際から出る泉を、有員禊の聖水と伝え、ここにも祠がまつられている。

真実、有員の居館跡か否かは別として、前宮の神殿が成立する以前、この地に諏訪大神大祝か、それから引退したかした人物の居館があった時期があったのであろう。

洲羽国造

こうして上社の神氏と神長守矢氏、下社の金刺氏の出自が、ともに科野国造の系譜につながる同一氏族阿蘇氏であることがほぼ確められてくると、それ以前の諏訪の族長家・健隈照の家が、一体いかなる氏族であったかということが、改めて問題となってくる。

『先代旧事本紀』の延佳本に国造本紀の中に、

須波国造（其五十九）纏向日代朝御代景行以建沼河命孫・大臣命、定二賜国造一。

という一条があるが、他の異本は那須国造とあって、一般にこれが正しいとされている。

しかし律令制以前の国は、きわめて狭い、後の郡程度の広さしかもたないものが多いので、古代の或期間、洲羽国とその長官たる国造が存在した可能性はきわめて高い。現に奈良時代にも、養老五年から諏訪国が信濃と分れて独立した期間が十年間にわたっている。

その洲羽国造の葬祭墳が、フネ古墳以下いくつかの諏訪の古式古墳とおもわれるが、文献的に多少それらしいものを探すと、先述した大祝本神氏系図序文にみえる、御名方富命とその子、伊豆早雄命十八世の孫、健国津見命の子「健隈照命」に至って、ようやく実在的な名があらわれる。これは先述したように阿蘇氏系図にも登場し、科野国造の健甕富命の女を妻にしており、義弟に当る諸日別命の事実上の養父であったことが、双方に記されて一致しているのである。又大祝本神氏系図序文によると、科野国造の地位には一時茨木国造許々意命が就いたが、やがて従前通りの家系の諸日別命が就職したらしく、律令制の開始に及んで、金刺氏が諏訪の評督と諏訪大神大祝として入ったのも、健隈照命以来の両家の密接な関係が一因していたのであろう。

問題はこの健隈照命という人物で、守矢氏系図のなかに、建隈なる名がみえているので、守矢氏系図のこの部分が正しいとすれば、フネ古墳の被葬者および、洲羽国造家は先述の如くやはり守矢氏の先祖であったことになる。

健隈照に幼時養われた諸日別が、彼を後見人として科野国造に就職したとあり、諏訪の古墳が糠塚以後一世紀あまり、貧相になるのは、健隈照の時に洲羽国造が科野国造に合体した故であったろうか。

いずれにせよ、大祝本「神氏系図」序文は、その信憑性はきわめて低く買われていたが、異本阿蘇氏系図の出現によって、逆に今日ではもっとも信頼のおける史料となったといえよう。

前田家本神氏系図、神家系図では有員以後も十四代の大祝名を欠いているが、大祝本神氏系図および守矢氏系図では、有員以後はすべて記されており、ある程度真実に近いもようである。

前田家本神氏系図は、室町時代京都の諏訪円忠の家で作られ、伝えられたもので、必ずしも充分な史料によって書かれたものではなかった。円忠の家系については詳しいが、とくに諏訪に伝わる古伝の部は、上社の優位を強調するため、意図して捨て去ったのではなかろうか。

大和朝廷の祭

四世紀後半から五世紀にかけて、信濃の国には、松本平の弘法山古墳、更埴市の川柳将軍塚古墳、森将軍塚古境など、畿内的な構造をもつ古墳がきずかれて、科野が大和朝廷の影響下に入ったことが知られるのであるが、五世紀代にはさらにまばらながら信濃一円にわたって広く古墳が築造されてくる。

諏訪のフネ古墳の、葬祭双性的性格の強いことは先述したが、一方この五世紀というほぼ限られた一時期に、古墳とはちがった純然たる祭祀の跡が、信濃にも数多く残された。それは、おもに鏡・玉・剣を模造したかとおもわれる滑石製の祭祀遺物によるものであり、場所によってやはり祭祀的な土師器などの伴うところもある。

鏡・玉・剣というセットが示すように、かなり上部社会の、しかも大和朝廷と密着した集団による祭祀・儀礼の遺物とおもわれ、それがある限られた一時期で廃絶してしまうのは、一般民衆の間に民俗化していなかったからであろう。その遺跡の分布をみると、五世紀代に大和朝廷が発展した地域に多く、とくにその通路に添って発見されている。

もっとも顕著なのは、九州玄海灘の孤島・沖の島であって、数次にわたる発掘調査によって莫大な数の遺物が発見され、万を超す石製模造品のほかに、古墳の副葬品とまったく同じ金属製の豪華な遺物が伴っていた。全島古代の遺物で覆われたこの島は、宗像神社の沖津宮のある島であって、大和朝廷が朝鮮半島・中国大陸と交渉の深かった四世紀末から七世紀にかけて、波荒き玄海灘を渡るに際して、その航海の安全を祈願し、海神に奉賽した品々であった。

また沖の島だけでなく、和泉・河内から、瀬戸内海を通って宗像神社（宗像町にある辺津宮）に至る途中にも、小規模ではあるが石製模造品を出す遺跡が点々と発見されている（大場磐雄『祭祀遺跡』角川書店　昭45年）。

長野県も全体にこの種の遺跡が多く、とくに古代東山道の通路に当る、神坂峠、大門雨境峠、入山峠周辺で多く発見されているが、遺物の数および質は、沖ノ島のそれに遠く及ばない（沖ノ島だけが全く他と隔絶して豪華であるのは、やはり国家的運命をかけたその航海の重要さによるものであろう）。

この信濃の三つの峠における祭祀遺跡も、当時東山道を通って関東・奥羽に遠征する大和朝廷の軍隊や官人らが、その険しい峠を通過するに当って、その峠をうしはく神、そして信濃国の鎮守神に、通過の許しを願って祭儀を行った遺物とおもわれるのである。

東山道の峠は信濃国のそれだけとは限らぬのに、とくにこれらの峠周辺にのみ遺跡が残されたのは、それらが高度が高く険しいのも事実であるが、信濃国それ自体を一種の聖地、霊界とみる認識が五世紀代に、すでに大和朝廷に存在したからではあるまいか。『日本書紀』景行紀にも、

是の国、山高く谷幽《ふか》く、翠嶺《あをたけ》万里《よろずかさ》なり。人椅《ひとつか》ひて升《のぼ》り難し。巌嶮《いはほさか》しく磴紆《かけはしめぐ》りて、長峯数千《ちぢ》あまり、馬頓轡《うまなず》みて進《ゆ》かず

と記されて、とくに三千メートル前後の山脈は、近畿・西国のおだやかな山々とは、大いに嶮しい印象を与えたのであろう。事実冬期の通過は大へんな辛苦を伴ったにちがいない。

この信濃の峠のうち、大門峠は諏訪郡の北の郡境に当っており、祭祀遺物は蓼科大池（現白樺湖）とよばれる低湿地のほとりにある御座岩という巨岩のたもとから出土した。

元来、諏訪明神タケミナカタは、俗謡に「岩の御座に坐したまう」とうたわれ、鎌倉末期の『阪波私注』その他に、

蝦蟇《カワズ》神荒神ト成リ、天下ヲ悩マス時、大明神之ヲ退治シテ坐ス時、四海静謐之間、阪訪ト云々

とあり、また、

石御座ト申ハ件ノ蝦蟆神ノ住ム所ノ穴、龍宮城ニ通ズ、蝦蟆神ヲ退治セシ彼ノ穴ヲ石ヲ以テフサギテ、其ノ上ニ座シ給フ間、石ノ御座ト申也

という説明がしてある。(32)

諏訪明神が竜蛇になぞらえられるので、地荒神の方はしばしばその餌《え》となるカエルにされたのであろうが、この重要な意味をもつ御座岩は従来山麓矢が崎の御座石神社神域内のそれとされてきたが、元来大門峠のそれではなかったろうか。この地点は東に蓼科山の霊峯を仰ぎ、天竜川のほんとうの水源にも当るのみか、この御座岩の下には洞穴様のものもあって、甲賀三郎後の諏訪明神が蓼科山の人穴に入ったという話もあるとおり、諏訪社と竜穴とは深い関係があるのである。

諏訪盆地にフネ古墳の被葬者一族が居住していた頃、彼らは雄々しい山容の八ヶ岳や、女性的な稲山形の蓼科山を、守屋山麓あたりから遙拝したが、時に旱天の際など、水源に当るこの地にやってきて、蓼科大池の湿原のへりで、雨を望んで神を祭ったこともあった

ことであろう。この地は、フネ古墳周辺とならんで、諏訪のなかの、とくに重要な聖所の一つであったとおもわれる。

プレ御霊神

信濃には、こうした峠だけでなく、平地の集落付近にも、石製模造品を出土する祭祀遺跡が多く分布しており、その中には、大和朝廷に征服された氏族の怨霊を鎮める目的でなされた祭祀の跡であり、その怨霊は自然神の霊が荒ぶることと集合して考えられた形跡がある（平安期の御霊信仰の場合と同様であろう）。

もちろんこれは信濃だけのことでなく、大和の三輪山周辺の多くの祭祀遺跡もそうであるらしく、崇神陵・景行陵・箸墓などの古墳が四世紀代のものであるのに対し、祭祀遺跡は五世紀代のものばかりである。つまり政治の中心が河内・和泉であった頃に残されたので、筆者は河内の王朝が三輪の王朝から政権を奪った後に、その怨霊鎮めに祭った跡と解釈したいのである(33)。

三輪山のオオモノヌシとオオクニヌシとが同神とする伝承を生かすならば、崇神天皇系の三輪王統が追放されて出雲に行き、オオクニヌシを祭る出雲国造家という形で命脈を保った、という想像も可能である。スサノヲが高天原から出雲に追放されたり、アメノホヒが高天原から出雲にきて離反したという神話や、垂仁天皇の物云わぬ皇子ホムチワケが、出雲大神に詣でて、はじめて口がきけるようになったという説話なども、この推定の支えになろう。

諏訪のフネ古境の被葬者は、三輪王朝と河内王朝の交代にさいし、後者によって諏訪に封ぜられた洲羽国造だったのかもしれない。

それ以前三輪王朝のもとにも、洲羽に国造が在住したのか、それを判断するにはあまりにも確実な文献に乏しい。

強いて求めれば、前記国造本紀、景行期の記述であるが、諏訪神社を中核とした、諏訪信仰の起源を探る操作は、一まずこの辺りを上限として止めることにしたい。

第三章　中世・近世の諏訪信仰

軍神としての諏訪神

その発端がどうであろうと、中世には、諏訪神社上社は神氏《みわ》一族郎党の氏神、下社は金刺氏一族郎党の産土神として、存在していた。

まず源頼朝に仕えて、鎌倉幕府の御家人となったのは、金刺盛澄以来の下社一族であり、上社側も早くから頼朝の奉幣をうけていたが、その大祝の一族が直接鎌倉に上ったのは、承久の変の後、北条氏の代になってからであった。すなわち盛重（敦信）が、北条氏総領家の得宗被官となって以来、その滅亡まで、双方鎌倉では諏訪氏とよばれ、幕府の御家人のなかで重きをなしていたらしい。

それは幕府の滅亡に際して、鎌倉在住の諏訪氏の大半が東照寺で、北条高時に殉じて自害して果てたり、高時の遺児時行が金刺盛高に伴われて諏訪に逃れたことにも、うかがわれる。

北条氏と諏訪氏とのこうした親近関係は、元来出自がはっきりせず、氏神らしいものをもたなかった北条氏が、守護神として信濃の諏訪神社を求めたことに、一つの原因があったかと想像される(34)（鎌倉の鶴岡八幡宮は源氏の守護神であった）。

また信濃には北条氏の一族が地頭として多く飛地をもち、信濃守護も重時以来の小県郡塩田庄の北条氏が、代々世襲したもようであり、そうした点からも、信濃一ノ宮の諏訪神社を守護神とするのはきわめて自然であり、好都合のことであった。

こうして諏訪神社は、中世には公家に代って政権を握った武家政権の守護神となったため、国家に対して政治的にも宗教的にももっとも大きな影響力をもつ結果となり、今日の広い信仰圏もほぼこの中世につくられたのである。

しかしながら軍神としての諏訪信仰も、武家政権の鎌倉時代になってはじめて世にあらわれたわけでは決してなく、それは古代においてすでに始っていた。

敗れたりとはいえ、タケミナカタが高天原の勢力に対して最後まで反抗したという『古事記』の神話が、すでにそうした趣を伝えているし、また伝説ではあるが、『諏訪大明神絵詞』には、神功皇后の三韓征伐にさいして、住吉・諏訪の二神が皇軍の渡海を助けた説話を載せている。つまり古代の須波神が水神としての神格を大和初廷に認められていた事実を反映してか、まず水軍、とくに水先案内としての軍神《いくさがみ》がえがかれているのである。話の内容自体は、神社の縁起によくみられる神威奇瑞談で、必ずしも史実とは受けとれない。

青森市や長崎市の諏訪神社に代表されるように、水神から派生した航海神としての諏訪信仰のあることは事実であるが、大和朝廷の半島遠征にさいして、住吉神と共に朝廷から奉幣されたという「諏訪神」は、むしろ「宗像神」に置換らるべきであろう。北九州の辺海の民、宗像氏の氏神であった宗像神社が、大和朝廷から玄海灘をうしはく神とみなされ、その沖つ宮のある沖ノ島に、四世紀末以来、莫大な量の祭祀遺物の奉賽されたことは、先述したとおりである。

ただこのムナカタの神とタケミナカタの神とを同神と考える説が以前からあって、松岡静雄氏はその著書『日本古語大辞典』において、ミナカタはムナカタの転呼たる氏の名で、建御名方は元来男性神、南方刀美神は女性神であったのが、語義不明になってから、新たに妃神としてのヤサカトメが加えられた、という趣の見解を述べられている。

これについては従来讃同者が少かったが、諏訪上社の神氏も、九州の阿蘇氏の系譜につながることが、かなり確められてきた今日になってみれば、同じ九州の宗像の神とも、遠からぬ関係があっても不思議ではない。現に信濃の安曇郡の穂高神社は、同じく北九州の海辺の民、安曇氏が大和朝廷の東征軍の一部として信濃に入り、土着して祀ったという縁起をもっている。そして下社の主祭神ヤサカトメはその安曇氏系の女神とも伝承されてきたのである。

しかしいずれにせよ、それらは文献史料的には神話・伝説の域をあまり出ぬものであってみれば、はっきりしたことは分りかねるが、大和朝廷の蝦夷政策に関しては、諏訪神社が軍神として朝廷から重んじられ、じっさい諏訪をはじめ信濃の豪族たちが、大いにこれに寄与したことは事実であったとおもわれる。

鎌倉時代のはじめ、金刺盛澄が源頼朝の御家人にとりたてられたのは、『吾妻鏡』や『諏訪大明神絵詞』では[35]、その抜群の騎射の技が認められたからだと語られている。

古代・中世の戦闘は馬と弓に優れた騎馬軍によって勝負の決せられることが多かったから、おのずとそれに堪能な者が尊重され、武術のことも「弓馬の道」と称した。

諏訪の武士やその一族の藤沢清近、信濃の豪族である望月重隆、海野孝氏など、いずれも頼朝の御家人の上位に据えられ、常に頼朝と行を共にして、随兵的役割を果したり、また鶴岡八幡宮恒例の弓行事にしばしば登場した(36)のも彼らの騎射の技がきわめて優れていたからである。

こうした信濃の武士の特技を、人々は日頃彼らの信仰する諏訪明神の加護によるものと考えたので、ここに諏訪神社の軍神としての名声は、社会における武家の台頭とともに、急激に高まったもののようである。

しかしこの信濃の武士たちの巧みな弓馬の技も、鎌倉時代になって急に身にそなわった習性ではなく、大和朝廷が蝦夷との戦闘に対処するため、信濃に日本でもっとも多くの官牧（勅旨牧）を設け、その戦闘に信濃の武士と馬を重用したことに遠因があったこととおもわれる。『延喜式』に記載されている宮中の左馬寮所属の御牧三十二のうち、半数の十六牧が信濃に設けられ、うち山鹿牧・岡屋牧・萩倉牧が諏訪郡にあった。

それは信濃の高原特有の、乾燥した冷涼な気候風土が、馬の飼育に適していたからであった。

乗馬の風習そのものは日本では必ずしも古いことではなく、大陸から朝鮮半島を経て伝わった騎馬術を、五世紀ころから次第に社会の上位の者から習得したのである。それ以前にも家畜としての馬が日本に生存していたことは、縄文時代の遺跡(37)からも、その骨が発見されていることで明らかだが、おもに労役にでも使われていたのであろう。

したがって古代の大和朝廷による蝦夷《えみし》との戦闘は、はじめはおもに歩兵や水軍によってなされたものとおもわれるが、奈良朝ころまでに陸奥・出羽あたりの蝦夷は、かつて倭人から伝えられた馬をさかんに飼育し、馬術に熟達して倭人よりもすぐれた騎馬集団となっていたらしい。『日本後紀』承和四年二月八日の記述は、よくそれを示している。

陸奥国言フ、劒戟ハ戦ヲ交フルノ利器ナリ、弓弩ハ遠キヨリ致スノ勁機ナリ。故ニ五兵更用、一ヲ廃シテ可ナラ不ルヲ知ル。況ンヤ復弓馬ノ戦闘ヲヤ、夷獠ノ生習、平民ノ十モ、其ノ一ニ敵スル能ハズ

（原文　漢文『蝦夷史料』吉川弘文館　昭36）

つまり弓馬の戦闘は蝦夷にとって天性のもので、倭人の平民の十人をもってしても、一人の敵を倒すことができない、というのである。また『扶桑略記』によると、これより先、

養老二年に、出羽・渡島の蝦夷が馬一千匹を朝廷に献上したというから、当時すでに奥羽はひじょうな馬の産地となっていたことがわかる。

大和朝廷による蝦夷征討は、崇神紀・景行紀のあまり確実でない記述にはじまって、多くの話が伝えられているが、五世紀・六世紀には、一応、青森県まで大和朝廷の勢力圏に入ったらしい。それは蝦夷の遺物ではあり得ない、前記した滑石製の祭祀模造品を主体とした遺跡が、青森県まで及んでいることで推定され、とくに宮城県・福島県などかなり濃密な分布地域であって、高木・正直・三森・矢ノ目遺跡などは、全国の祭祀遺跡のなかでも、比較的古い年代の遺跡である（亀井正道『建鉾山』吉川弘文館　昭4）。

大和朝廷が大いに蝦夷の本格的反乱に苦しむのは、一度大和に帰順したはずの蝦夷が、文化的に同化され、開化された後に、律令制や倭人の態度に不満を覚えて反抗を試みるようになった、奈良時代から平安時代にかけてであった。

歴史上、様々の苦戦が記録されているが、この蝦夷の鎮撫にもっとも大きな功績を残したのは、すでにしばしば述べた坂上田村麿であって、平安初期の延暦二十一年の、蝦夷の酋長アテルイとモレの降服によって、大規模な反乱はほぼ終止符を打った。

『諏訪大明神絵詞』にも、坂上田村麿が信濃を通過した折、諏訪明神が一人の騎士となって化現し、官軍を奥州まで先導して、東夷の酋長安倍（悪事）の高丸を、海上から流鏑馬《やぶさめ》の戦法を用いて射殺したという説話がのせてある。

　ここに騎士の姿をかりた軍神としての諏訪明神が登場するわけだが、その騎士が海上から流鏑馬の戦法を用いたという、やや不自然な話になっているのが注目される。元来、流鏑馬は陸上でおこなう騎射の一つであるから、敢えて海上としたのは、やはり水神としての軍神の性格を示しているのであろうか。

　さらに興味深いのは、先に述べたとおり、大祝本神氏系図序文では、この騎士を少年有員のこととしていることである。そのあたりは事実かいなか定めがたいが、大祝かあるいは大祝の代理として、半ば隼人の系譜につながる諏訪氏が先導者として奥羽におもむいたということはありうることである。いずれにせよ、諏訪の氏族は、一方ならぬ協力をしたのであろう。

　貞観年間に出羽に須波神が勧請されたのは（『三代実録』）、蝦夷征策に関連して、諏訪社を祀る人々がその地域に屯田したのであろう。

蝦夷関係図

京都の金刺氏

絶対的なタブーではなかったにせよ、上社の神氏、少くとも神職にある者が、郡外不出の家訓にしばられることが多かったとすれば、征夷軍に多く加わったのは、評督（郡司）として始った下社系金刺氏の一族であったと想像され、現に貞観五年九月五日に大朝臣の姓を賜った、右近衛将監正六位金刺舎人貞長も、下社の大祝であったといわれている。

右近将監とは地方出身者としてはかなりの高官であって、坂上田村麿も若い頃その任にあったことがある。京都にあって天皇を守る近衛の武官であるから、当時諏訪の氏族がすでに武門の誉高い家とされていたのであろう。貞長自身が田村麿に従軍したとは、年令の点から考えにくいが、坂上氏と金刺氏とは蝦夷征討によって、かなり接近した間柄となっていたのではあるまいか。

京都東山の清水寺が、坂上田村麿の建立であり、その菩提寺であることはよく知られているが、そこから西方約二キロメートル離れ、やや北によった下京区の下諏訪町に、先述したように、坂上田村麿建立と伝える諏訪神社がある。

この伝承が果して事実か否か不明ではあるが、この神社が下社の系統であることははっきりしており、祭神は諏訪明神といいながらタケミナカタとは別神としている。つまりこの諏訪明神は諏訪の産土神・鎮守神なのである。

やはり蝦夷征討により多く功あったのは、下社の金刺氏一族とおもわれる（この頃は下社も郡司と大祝が合体していたのであろう）。

正史の上では坂上田村麿の活躍は、むしろ太平洋側の胆沢城や多賀城について語られているが、田村麿は越後の国守をしたこともあり、陸奥・出羽国双方の按察使を兼ねたこともあるから、彼の足跡はかなり広く及んではいたのであろう。坂上氏と信濃国とは確かに深い関係があったもののようで、田村麿以外にも坂上氏はしばしば信濃と交渉をもっている。

たとえば、坂上忌寸今継は、「信濃坂（神坂峠）を渉る」と題した詩を『凌雲集』に止め、四代の後裔である坂上是則は神坂峠の帚木《ははきぎ》をはじめて和歌に詠んだ人物であった(38)。是則がじっさいに信濃まで旅したか否か不明だが、そのほか坂上氏には陸奥国・越後国などの地方官となったものがいるので、後に源氏物語の帖名にもなった帚木のことは、坂上家でとくによく語り伝えられた伝説だったのではあるまいか。

望月の駒

こうして諏訪をはじめとする信濃の諸族は、大和朝廷による蝦夷政策に少からぬ功績を認められ、諏訪社は馬の守護神としての信仰も受けたものとおもわれる。信濃の御牧の代表であった望月の駒は、とくに天下に名を知られ、八月におこなわれるその駒牽の行事は、宮中行事の一つとして、中世まで継続した。

また信濃武士のすぐれた騎射の技も、平安時代すでに京都でも知られていたのである。『長秋記』によると天承元年（一一三一）九月二十日、鳥羽城南寺の祭があり、鳥羽上皇が行幸されたが、このとき馬場殿で八武作女（流鏑馬）がおこなわれ、信濃守藤原盛重の献じた信濃の射手が一番の成績であったので、盛重は喜びのあまり、立って舞をまったと記されている。(39)

御射山祭

すでに古代に始っていた諏訪神社の軍神としての信仰を、さらに天下に広めたのは、中世、鎌倉幕府が諏訪神社の五月会《さつきえ》と御射山会《みさやまえ》を、幕府の下知によって、信濃一円の地頭御家人の頭役制として、施行させたことにあった。

五月会というのは、旧暦五月五日の端午の節供のことで、元来梅雨に入る時期に当り、洪水や流行病の多い、農作物にも人間にも、とかく禍の多い頃なので、それから逃れるため精進潔斎して神を祭ったのである。里宮では五日には御霊祭らしいにぎやかな行列・儀式をおこない、六日は流鏑馬《やぶさめ》を神前で催した。

そしてその直前二・三・四の三日間は、上社は八ヶ岳の南麓で、「押立《おったて》御狩神事」とよばれる、狩倉形式の祭りをもおこなった。

元来両者は一連の神事であったようで、まず八ヶ岳の山懐に入って小舎の中に忌籠りし、鳥や獣を狩って贄として捧げ、八ヶ岳に象徴される上社側の諏訪の土地神が荒神となって洪水や流行病を起さぬよう、慰霊したのである。

旧暦七月の末におこなわれる御射山《みさやま》会も趣旨は同じであって、この時は二百十日（八朔）直前に当り、やはり八ヶ岳の裾野の小舎で精進潔斎し、三日間の巻狩によって動物の贄を捧げ、台風の被害を免れることを神に祈願した。

流鏑馬はおこなわなかったが、御射山において小笠《をかさ》懸《がけ》・草鹿《くさじし》などの騎射や、三馳《みち》（競馬か？）・相撲などの武技が催され、祭場周辺には、芸人・商人・乞食などを交えた一般群衆も多勢入りこんで、大へんなにぎわいを呈し、五月会をしのぐほどであったらしい。

御射山から下山した翌日、八月一日には、里宮で田

流鏑馬（金子有隣氏撮影）

遊びのような神事がなされているのは注目される。やはり両者は一連の祭りであったのである。(40)

そのほかにも上社には、六月晦日、藤島の田植神事の直前三日間、多少場所は異なるが同じく八ヶ岳南麓における御作田《みさくた》御狩神事、秋の収穫期に当る九月下旬の三日間の、「秋庵の御狩神事」がやはり八ヶ岳の裾野でおこなわれ、その下山の日に、国司の使が里宮に奉幣する習になっていた。

俗に諏訪神社上社の年中四度の御狩神事として注目されたこれらの神事は、いずれも年中の重要な稲作上の折り目に催され、里宮の農耕神事の直前に施行されているのである。(41)もっともこれは上社の場合であって、下社の方は、五月会と御射山会はなされたことがはっきり認められても、それ以外の狩猟神事については不明である。その五月会にしても、里宮の神事だけで、その直前に山上の狩倉があったかどうか不明である。

『諏訪大明神絵詞』は上社神氏の一族諏訪円忠によってあらわされたため、下社の祭については、二月十五日の常楽会と、七月一日の御船祭のみを記している。また下社の金刺氏が戦国期に上社の軍に攻め亡され、町も焼かれたので古文書・古記録類はいったいに乏しかった。

しかし下社の御射山の御狩祭は、上下社の御狩神事中もっとも古く始り、もっとも盛大に催された形跡がうかがわれる。文和年間（室町はじめ）に、上社の年中の神事の方法を詳述している『年内神事次第旧記』（諏訪史料叢書巻一　大正十四年）によると、上社の御射山に仮設される四つの穂屋（ススキで葺いた草庵の総称で、この場合御旅所の仮屋）を、大四御庵《おおよつのみいを》・前宮《まえみや》四御庵・磯並《いそならび》四御庵・下宮《しものみや》四御庵と記して、下社を勧請した穂屋を設けているのが注目される。

これはすでに宮地直一氏が指摘されたように、御射山祭の起源が下社のそれから始り、後上社でもまねるようになったからであろう。

筆者を中心とした早稲田大学の調査団が、昭和三四年・三八年・三九年の三次にわたって実施した下社御射山、つまり霧ヶ峯の旧御射山祭祀遺跡の発掘調査によって、(42)この地の祭の発端がほぼ平安時代初頭頃と考えられるに至った。上

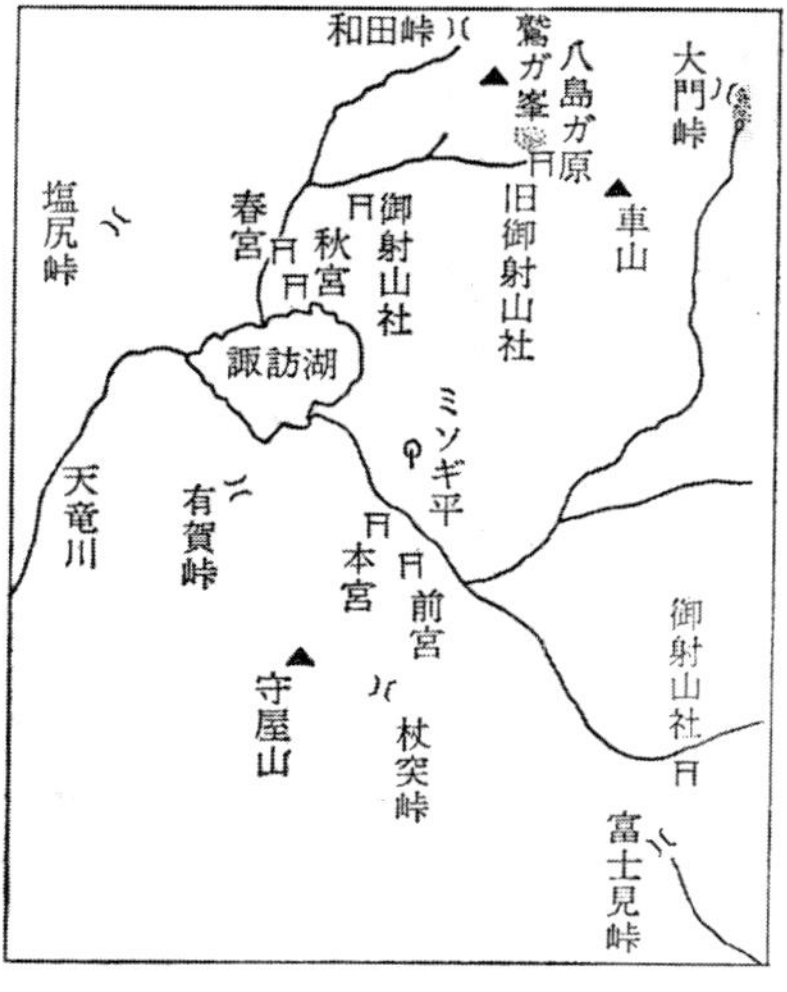

御射山周辺

社の御射山については、いまだ発掘調査ができないでいるので、はっきりしたことはいえないが、それ以後であろうとおもう。

もしあったとしても、歴史学的にはあまり意味のない土俗祭祀の跡であろう。

下社旧御射山出土遺物

鎌倉幕府の支援をうけた五月会と御射山会の一寸違う点は、前者が里宮の神事に比重が強くかかったに反し、後者は山上の祭りにより意味があった。鎌倉期から室町期にかけての最盛期には、御射山祭は三日間の本祭の前後の日を加え、五日間に及んだ。『諏訪大明神絵詞』にも、神事中もっとも多くのスペースを要して詳述されている。

　廿六日〔小月廿五日〕御射山登《ノホリ》マシ、大祝神殿ヲ出テ、先、前宮・溝上ノ両社ヘ詣テ、後進発ノ儀式アリ、神官行粧騎馬ノ行列五月会ニ同シ、御旗二流ノ外、御札〔十三所神名帳銅ノ札ヲ鉾ニ付タリ〕ヲ加フ、神長是ヲサス、先陣既ニ酒室《サカムロ》ノ社ニ至ル、神事饗膳アリ、又神物・鞍馬・武具是ヲヒク、〔別頭役〕色衆小頭ニ同シ、三献ノ後、雅楽大草〔薄穂〕ヲトル、群衆ヲ算数スル儀アリ、

　絵在之。

　酒室《サカムロ》ノ神事畢テ、長峯ヘ打ノホリテ、行々山野ヲ狩《カ》ル、必神事ノ法則ニ非スト云ヘトモ、鷹ナトスヘテ使フ物(者)モアリ、禽獣ヲ立テ、射取ル者モアリ、漸晩頭ニ及テ物見ケ岡ニ至ル、見物ノ緇素群集ス、サテ大鳥居ヲ過ル時ハ、一騎充声ヲアケテトヲル、前官男女ノ部類乗輿騎馬ノ類ヒ、前後ニツツキテ櫛ノ羽(歯)ノ如シ、凡諸国参詣ノ輩、伎芸ノ族、七　深山ヨリ群集シテ一山ニ充満ス、今夜参着ノ貴賤面々、信

ヲ起シ掌ヲ合テ祈念ス、諸道ノ輩衆芸ヲ施ス、又乞食・非人・此処ニ集ル、参詣ノ施行更ニ隙ナシ、都鄙ノ高客所々ニ市ヲナス、盗賊対治ノ為ニ社家警固ヲ至ス、巡人ノ甲子昼夜ヲコタラス。

—中略—

晦日、下御、早旦、四御庵ニシテ神事、饗膳例ノ如シ、大祝・神官等着座、先御符ヲ両頭ノ代官ニクタス、惣テ一年中役人十余輩皆丹誠ヲ抽テ、一生ノ財産ヲナク、サレハ謀叛八逆ノ重科モ、頭人・寄子《ヨリコ》悉ク武家ノ免許ヲ蒙テ生涯ヲ全スル事古今断絶セス、其子孫末アリ、神徳ノ至誠不思議也、又明年ノ頭役ヲ差定テ後、面々ニ打立テ山ニ出ツ、槙木《マキ》立テ上矢ヲ射立《イタテテ》タムケトス、鹿草原《クサジシハラ》ニシテ草鹿ヲ射テ各サトニカエル。

（権祝本　新編信濃史料叢書第三巻　昭46）

この文中にみえるとおり、御射山祭の左右の頭役はじめ役人たちが、「丹誠ヲ抽テ、一生ノ財産ヲナク」というのは、必ずしも誇張ではなかったらしく、北信濃の地頭市河氏では、当主の盛房が元亨元年生前に子供たちに遺言《いげん》を残し、諏訪の祭の頭役に当ったときは、一家の大事とおもって、総領に他の兄弟も協力するよう、さとしている(43)。頭役には十三年に一度くらいの割で当り、輪番にその祭費を負担したわけだが、その出費は相当のものであったから、幕府はその年はほかの公事である鎌倉番役・検注・年貢などを免除する特権を与えていた。

諏訪の頭役には、信濃に所領をもつ地頭は、本貫（本国）がほかの地にあった場合にも、いずれもわり当てられた。大隅・日向・薩摩三国の守護であり、大地頭でもあった島津氏も、信濃国水内郡太田庄に飛地があった関係から、一族の多くが諏訪上社の五月会・御射山会の一頭役をつとめている（信濃国太田庄島津氏系図　信濃史料巻三）。

今日も鹿児島県下に百を越える諏訪神社（南方神社ともいう）の分社があるのは、一つにはそうした事実から勧請されたので、中世には島津氏も諏訪神社を守護神の代表として祭っている[44]（元来島津氏も出自がはっきりせず、京都の近衛家の家人とも、日向の豪族ともいい、島津家は八幡宮も守護神とした。今日鹿児島県には八幡・諏訪双方の系統の神事行事が習合して残っている）。

諏訪の狩猟信仰

中世における諏訪神社の五月会・御射山会の盛行は、諏訪神社を水神や軍神としてだけではなく、狩猟神としての信仰を、広く強く全国的に印象づける結果になった。

中世政権を握った武士階級が次第に教養を高め、仏教が徐々に深く浸透して、殺生禁断の教えに反する動物の殺生、とくに肉食の風習はすたれ、神社や民間の狩猟神事も少くなっていったなかに、もっとも強く狩猟行為を残していたのは、諏訪神社であった。

鎌倉幕府も建暦二年（一二一二）諸国の守護地頭に命じて、全国の鷹狩を禁じたなかに、諏訪神社の御贄鷹のみは除外し、その後さらに五月会・御射山会の場合のみ許すといった指令を下している（貞永式目追加）。

しかし古代においては日本の多くの神社で狩猟神事をおこなっていたらしく、最近まで形ばかりの御狩神事をしていたのは、大阪の住吉、兵庫の西宮（正月九日）・京都の松尾（正月七日　猪狩神事）・名古屋の熱田（氷上御狩）・千葉県の安房（十一月廿六日）・島根県の熊野（十一月三日）・山口県の住吉（正月廿二日）・熊本県の阿蘇神宮などであった(45)。

諏訪神社の狩猟神事は古代からやや変った形で行なわれていたらしいが（隼人的）、とくに広く注目されるようになったのは、やはり中世以降のようにおもわれ、平安期は、『宝物集』の開成皇子の説話が物語るように、中央の人からみれば水神としての性格の方が表面だっていたのであろう。

室町期に入ると、諏訪神社は北条氏の庇護を失って、御射山祭も前代ほどの盛行はみられなくなったためか、重要な記録・文書というものも、急激に減ってゆく。少くとも幕府が直接訴訟の裁決を下すような事件はほとんど起っていない。

しかしこの室町期になって武家政権の所在地が鎌倉から京都に移り、それに仕えた諏訪円忠が、公事奉行人として大きな政治力をもったために、京都の諏訪信仰は以前よりずっと強いものとなった。円忠は上社系の出身であったから、平安・鎌倉期には下社の勢力の強かったこの地域に、はじめて上社の信仰が大きく伸びることになった。

『笠懸記』（群書類従十五、七六一頁）には、室町初頭京都の諏訪神社では御射山祭の日に、紫野の馬場で笠懸をおこない、稲の茎に貫いた鮎と、四つ脚をしばった鹿を棒に吊して神前に供え、足利尊氏や小姓の命鶴丸なども じっさいに笠懸を射たことが述べてある。

今日中京区の御射山町の丸橋家の内庭に諏訪神社があり、もとは中京区の区役所のあたりにあったのが、明治以後建物の敷地にとられて移転したとのことであるが、どうやらこれが円忠の家が担っていた諏訪神社であったらしい（『雍州府志』巻二、東洞院三条南の諏訪社もこれのことか）。

さらに長享元年（一四八七）には、円忠の子孫の幕府奉行人、諏訪貞通の勧進によって、将軍足利義尚以下京都の貴紳が、その年の上社御射山祭に法楽和歌を献じている。(46) なかでも、

贄にかくる鳥けだものも人の身にやどしてこそは仏ともなれ　（中院通秀）

狩倉す罪は罪かは説く法のふかきこころの奥をたつねよ　（海柱山高清）
神の御贄仏に花を供えてもこころのほかの道やなからむ　（大炊御門信重）

という歌は、神祭りとしての狩猟行為を、仏教的に理論づけたものであり、俗に「諏訪の勘文」とよばれた「業盡有性　謂放不生　故宿人身　同証仏果」という四句の謁と同じ趣旨のものである。

尾張国の長母寺住職・道暁の撰述した『沙石集』下にも、「生類神明供不審事」に、

……信州ノ諏方・下野ノ宇都ノ宮、狩ヲ宗トシテ、鹿鳥ナンドヲタムケタルモ、此ヨシニヤ、大権ノ方便ハ凡夫知ルベカラズ

とその意の知り難いことを述べている。

このように、人の手にかかって死んでこそ鳥獣は成仏できるとか、凡夫知るべからずなどという都合のよい是認の弁まで付会してもなお、狩猟神事を止め得ない特性が、中世の諏訪神社に存在していたのであろう。

これは諏訪信仰の本質にふれた重要な問題のようにおもわれる。その本質とは、

一、古来聖地という認識の強い諏訪盆地には、狩猟にかぎらず、すべて古代的な伝統が根強く後世まで残ったこと。

一、その聖地という認識は、一つには日本でもっとも峻しい地形や、変化の多い、御神渡のような驚異的な自然現象によって生まれたものであり、その偉大な大地の精霊である荒神としての諏訪神は、その眷族である動物の贄を好むという信仰が、日本のどの他の地域よりも強かったこと。

一、農耕とは、大地を借りて、地ならしたり、開墾しておこなうものであり、その地主としての神には、鳥獣の贄や、借地の産物である農作物をも贄として献ずる義務がありと信じ、そのため狩猟神事と農耕神事の一体化した祭をおこなった。そしてこれが隼人的信仰であること。

一、農作物をすこやかに育てるには、田畑を荒す鹿・猪などの獣や、雀などの害獣・害鳥を駆除せねばならぬことは、日本全土の農民にとって必要な事実であった。その殺生是認の唯一の許可証として、諏訪神社の神札が利用され、諏訪の勘文が呪えられた。鹿食免の護符も同様であった。

こうした理由のもとに、諏訪の狩猟神事はおこなわれたのであろうが、一般には表面的な部分のみが強い印象を与えて、農耕神事と一連のものという事が、逆に忘れさられていったのであろう。

そして諏訪神社にのみ鎌倉時代神事の鷹狩が許されたのは、この鷹そのものが、空を飛ぶ竜神諏訪神の眷族と信じられたからではあるまいか。

鷹の形をとる諏訪神とその信仰、これは途中の経路はどうあるにせよ、朝鮮半島・北アジアにつながる北方文化と考えた方がよいのかもしれない。

北東アジアでは遼東半島、海東青の鷹がもっとも名高く、高句麗・粛慎・女真などは、しばしば中国王朝に良鷹を供進したという（前嶋信次　平凡社世界大百科辞典）。

成人儀礼としての御射山祭

このように祭の真の性格がいかに受けとられようと、御射山祭の盛行が、諏訪信仰の全国的発展のもっとも大きな原因となったことは、今日も諏訪神社の分社の多くが、御射山祭の旧七月二十七日を大祭としていることにもあらわれている。

御射山祭は稲の通過儀礼の一つとも言うべき八朔前夜の物忌期間であっただけでなく、人間の成人前夜の予祝儀礼であったらしい。

八朔前後に山に登拝する形式をとる成人儀礼は、今日も青森県の岩木山はじめ、いくつか知られている（吉野の大峯山・四国の石鎚山）。

岩木山では十五才から二十才までの若者が、稲穂を示す大きなケズリカケや幡を捧持して登拝し、山頂で神官からお札をもらって、自分の村に帰った。高山の頂まで登ることによって、成人を認められ、そうしたたくましい若者と同じように、稲穂も成熟してほしいという祈願がこめられていたのである。

下社旧御射山（吉川国男氏撮映）

諏訪の御射山祭も武士の成人式であって、十三才から十五才くらいの元服直前の若武者が、その巻狩に加わり、動物、とくに鹿を射止めることによって、一人前の武士になったことの証《あか》しとされたらしい。千葉徳爾氏は、「源頼朝が富士の巻狩において、長子頼家が十四才ではじめてこれに加わり、鹿を射たのに驚喜した」という有名な挿話には、こうした意義が秘められていたのだと指摘されている（『狩猟伝承』二五四頁　法政大学出版局　昭50）。

上社御射山遺跡
（正面丘陵は桟敷跡、手前の畑地で武技が行われた）

南九州や奥羽の各地でも、猟師がクマを仕止めることで一人前とみなされる風習は、最近まで残っていたらしい（同前）。

イネの成育と人間の成長とを関連づける風習・信仰は、日本の古代において重要な基本原理となっており、天皇の即位儀礼「大嘗祭」が、イネの収穫祭の形でなされるのは、その象徴的な実例であった。

今日の御射山祭は大きく変貌して、人の通過儀礼だけがわずかに残っている。

巻狩などは室町中期に廃絶し、笠懸・相撲なども催されず、有名な穂屋の泊りも、神官一人が形ばかりのススキの小舎にふとんを持込んで、一夜寝泊りするに過ぎない。祭そのものの規模も、まったくささやかな諏訪の地方的なものになり下っており、それも幼児の祭なのである。その年か、翌年三才になる子供が、父母に手をひかれて御射山に参り、上社では神域のわきを流れる小川に、下社では小池に、ウナギを放流して健康祈願をする（蛇綱送りと同じくウナギを蛇の眷族としての水神供養であろう。厄除けである）。

かつて文字通り元服直前の成人儀礼だったものが、何故三才を迎える幼児の通過儀礼となり下ってしまったのか。

この謎をとくには、少しく南九州に残る諏訪の祭を眺めねばならない。

馬節供

じつは中世の御射山祭には、御牧の多かった信濃一ノ宮の神格を反映してか、御射山の山麓に、上社は「山鹿牧」下社は「萩倉牧」という勅旨牧が実在したためか、馬の成人（馬）式の要素も含まれていたのである。

元来八朔には、武士社会で馬と太刀の贈答がしきりとなされ、馬節供といわれたのは、もともと八朔にそうした馬の成人式の性格があったからであろう。

南九州の島津氏は先述したように、諏訪神社を守護神の代表とし、とくに鹿児島市清水町の諏方神社では、室町期の寛正六年（一四六五）大祭を御佐山祭と改称して、谷山郷の頭郷制としておこなっている(47)。江戸時代でも諏訪の祭の流鏑馬の騎士にえらばれるのが、藩士最高の名誉であったといい、民間にもかつて諏訪の祭の風習が八幡信仰と重層して強く残っていた。

小野重朗氏はこうした近世から今日に及ぶ鹿児島県の祭の実態について詳しい報告をされたが（『神々の原郷』法政大学出版局　昭52）、それによると、江戸時代末やはり旧暦七月二十七日に大祭が施行され、藩庁からその年の頭殿《ずどの》（元来トウドノとよむべきであろうが、当地ではズドノと云ったらしい）が、適当な家柄のよい士族の子弟から選ばれる。

十四才までの美少年であることが第一の条件で、七月一日から頭殿はじめ祭に奉仕する人々は、浜に下って禊斎の「潮かけ」をする。つまり一ヶ月前から精進に入ることになる。

その潮かけのありさまは、『倭文麻環《しずのおだまき》』にえがかれている図では、す裸に褌《ふんどし》一つの「二才《にせ》衆」とよばれる侍の肩車に乗って海に入っている。裸の侍が長柄の大日傘をさしかけ、もう一人は鶴の絵をえがいた大うちわであおぐといった調子で、諏訪神そのままへの奉仕ぶりであったという。

鹿児島諏方神社（『三国名勝図会』より）

つまりこの美少年の頭殿は、諏訪神社の大祝の代理である大御立座神事の小児の神使と、御射山祭の左右の頭役の双方が重り合った感じである。それを肩にのせている「二才衆」なる若者は、おそらく若駒の代りにちがいない。

さらに又この海でみそぎする頭殿は、島津氏の諏訪神社よりも先に守護神として勧請していた宇佐八幡宮の祭神・幼童神の応神天皇の化現でもあるらしい。二才衆の方は、八幡宮の奉斎氏族に帰服した隼人を意味しているのであろう。八幡神は、その発祥の池と伝承される御薦《こも》ケ池のマコモでつくった枕で表象され、その枕を宇佐の海中にひたす神事が大祭としておこなわれた（『八幡宇佐宮託宣集』）。

出水市周辺のチゴモウシという民間習俗はいっそう御射山祭をほうふつさせるものがあり、ここでも美しい稚児が二人えらばれ、二組の侍組を統率する。侍たちは稚児を護衛して戦陣の訓練をし、鉄砲を打つ競技をする。

侍たちは前者同様「二才《にせ》」とよばれ、隊列を組み稚児を中心にして霧降岡という丘までくると、稚児は仮屋（穂屋か）に入り、先鋒の者から順に猪をえがいた的をうつ（草鹿《くさじし》の変形か）。全員がうち終ると、稚児もうつ。

上手にうった者は、稚児の介添役から盃をもらう（御射山祭における「尖矢」受賞の変形か(48)）。かつての御射山の巻狩の変形した趣が、全体に感じられる。二才とよばれる侍は、二才駒と騎士との双方の性格が、これも重なっているのであろう。

そのほか薩摩の地には、コマトイ（駒取り）とか、ウマエ（馬追い）とか呼ばれる、馬と人間の通過儀礼の一体化したような趣旨の祭が現存しているともいう。これはこの地方も信濃と同じく古来牧馬の盛んな地域だったからであろう。有名な相馬の野馬追などにも、それらしい性格がうかがわれる。

武州文書「市場の祭文」には、「信濃国諏訪大明神は御さ山の市を立てたまふ」とあり、土地柄馬市が開かれ、御射山に多勢の人々が他国から集ったのは、一つには信濃の良馬を買ったのではなかったかという想像も生まれる。上社御射山に近い乙骨《おつこと》の部落では戦後まで秋口に馬市が開かれていた。

島津國史 卷之十
摩迫。據島津支流系圖、享德二年持久自都之城徙高城、主是復徙薩摩迫。古江薩摩迫今屬都之城中霧島村、中霧島村即郡村高辻帳安永村地。
先是 公定鹿兒島諏方社祭法。號爲御佐山祭。始自七月朔日而二十八日爲大會。其日奉幣第一頭殿居頭次之而 公次之。據國史町田俊雄相良長香所撰諏方祭禮考。祭禮考信州諏方社一年有七十五祭。而七月祭名曰御佐山祭。鹿兒島諏方社祭號爲御佐山祭。本此頭殿號稱勅使。言藏人頭殿爲勅使居頭號爲上使言居諸人之頭伊作家譜伊作犬安丸爲伊集院諏方社祭頭殿祭畢而卒年十六又古調諏方祭禮頭殿人數帳載慶長七年以來左頭殿右頭殿及居頭幣役初獻二獻三獻人名且言殿屋某宅殿屋猶云頭殿之屋即齋居室也當時蓋以私宅爲齋居室而其爲頭殿者輙云某之子某蓋其人皆年幼者至於今日亦然而諏方社南有頭屋第每年假搆茅屋以爲齋居所爲頭殿者自六月末遷居於此七月二十八日祭畢然後歸於私宅此事不詳始自何時也
是歳。 節山公定御佐山祭夫役法。以鹿兒島谷山二十四村之民分爲七番。輪年交承。自今年至辛卯。凡七年。據節山公舊譜。 舊譜中村郡本村田毛村凡三村是爲乙酉一番河上村下伊敷村谷山中村凡三村是爲丙戌二番坂本村谷山福本村凡二村是爲丁亥三番田上村永吉村谷山和田村凡三村是爲戊子四番花棚村西田村東別府村谷山五个別府村谷山山田村凡五村是爲己丑五番澤牟田村西之別府村原良村塚原村毛野村小野村凡六村是爲庚寅六番上伊敷村犬迫村凡二村是爲辛卯七番自乙酉至辛卯凡七年而二十四村輪番一周終而復始則壬辰以後輪年交承亦如之二十四村其屬鹿兒島郡

鹿児島の御射山祭（『島津国史』より）

田宮虎彦の小説「子別れ」は、それに取材したものである。

先述したように、今日の信濃の御射山祭には、騎射も狩猟神事もなされていないが、三才をむかえる子供のうなぎの放流がおこなわれている。

中世の若武者の成人儀礼が三才の子供のそれに変ったのは、三才駒が子供の三才にすり代ったのであろう。つまり馬が媒介となって変化したのである。また三才で示現した八幡神の放生会とも重層していたのであろう（御射山は三才山ともかく）。

甲賀三郎

この中世の諏訪信仰で、見逃すことのできないことは、修験派の諏訪神人の唱導活動である。

中世唱導文学の代表的古典として知られる安居院《あぐい》「神道集」には、なぜか諏訪神社に関する説話が多く掲載されており、その五十の本地物のなかに「諏訪大明神の秋山祭の事」「諏訪大明神の五月会の事」「諏訪縁起の事」など三つの物語がみえている。とくに「諏訪縁起の事」は俗に「甲賀三郎の物語」として語られ、各地の諏訪神社の分社や、民間に多くの異本や民話を残してきた。

それは先に少し述べたように、主人公の名を甲賀三郎諏方《よりかた》（頼方）とするものと、甲賀三郎兼家《かねいえ》とするものに大別され、前者を諏方《よりかた》系、後者を兼家《かねいえ》系と呼びならわしている。そして諏方系は諏訪を中心とした東国に多く分布し、兼家系は京都を中心とする西日本に多く分布することも従来から指摘されていた。

とくに物語の中心舞台である近江国の甲賀地方に、今日もその甲賀三郎の後裔を以て自称する望月・諏訪を姓とする人々が多く居住していることも、福田晃氏によって詳しく報告されていた(49)。

現在まで印刷物をもって全文が公表されたのは、諏方系十本弱、兼家系六本であって、もっとも古く世に出た記録をもっているのは、安居院神道集のそれで、諏方系であり、『諏訪大明神絵詞』とほぼ時期を同じくしていることも注目される（室町初頭）。

安居院は京都市上京区大宮通一条北大路あたりにあった比叡山竹林院の里坊であるといい、今の西法寺がその祉ともいう(50)。

唱導の対象が比較的社会の上層の者が多かったためか、その内容叙述はもっとも長く文学的格調も高

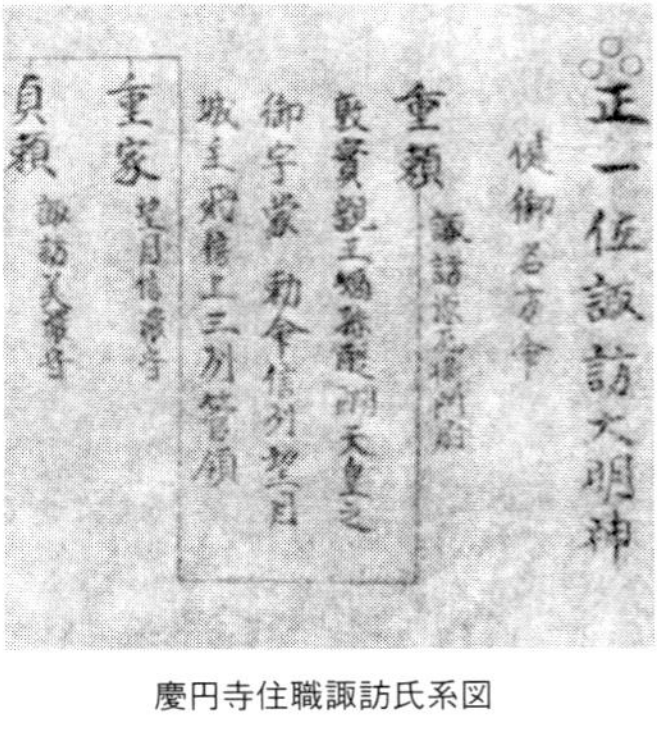

慶円寺住職諏訪氏系図

いが、他の写本はずっと素朴な表現のものが多い。

京都は各地から人が集るだけに、兼家系の縁起も語られており、先述した坂上田村麿建立という下京区の諏訪神社にも兼家系の縁起がまつわっている。

むかし近江国甲賀邑に甲賀の太郎・次郎・三郎とて兄弟三人あり、つねに山をめぐり、鹿をころして世を渡るいとなみとす、ある時三人つれてわかさ（若狭）のくに、かうかけ（高懸）山にわけ入りけるに、この山の神大蛇となりてあらわれきたり、三郎これとたたかふてついにも神をころす、兄二人鹿をとるによきたけ（岳）ありとかたりつつ、三郎を谷そこにをしおとす、三郎死なずして大じゃのかたちに変じければ、そのすむところに穴で来たり、三郎この穴にいりて志なの（信濃）の国こなぎの松原にぬけ通る、三郎の妻子は悲しみ歎きて、くわんをんどう（観音堂）をつくりて、跡

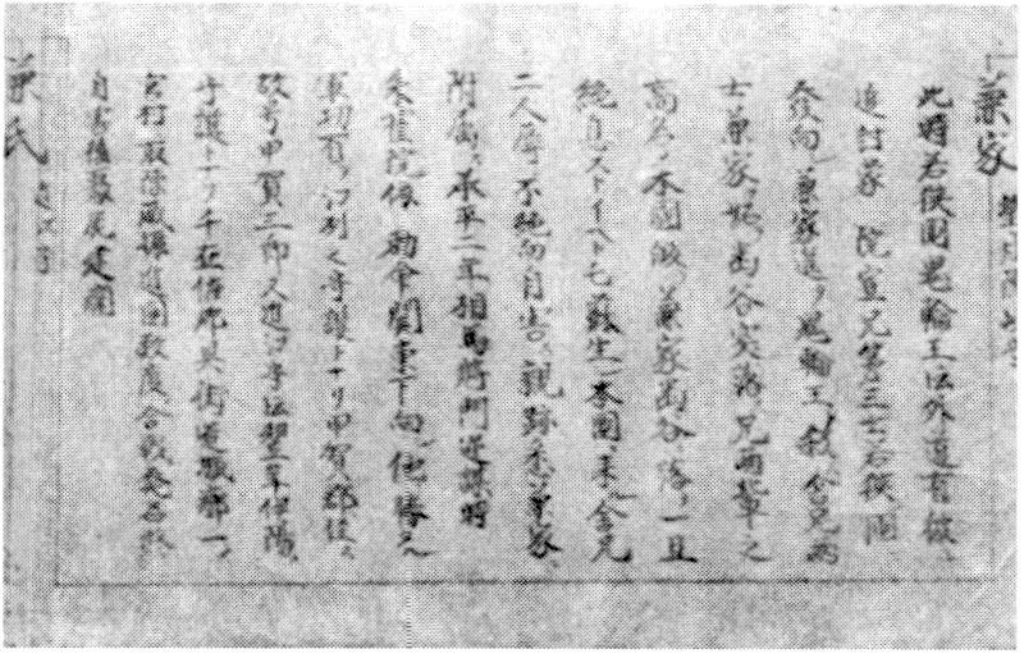

慶円寺住職諏訪氏系図

をとふらひたる事三十三ねんにあたる日、三郎故里をゆかしく念ひて甲賀に帰る、里人おそれまどふ、三郎わか形ちの浅間しくなりたる事をかなしみ、くわんをんどうのしたにはひわだかまりて、一志ん（心）に観音を祈念しおれば、大じゃの形もぬけてもとの三郎となる、妻子大によろこびけるに兄の太郎も次郎もおそれて自害す、三郎は甲賀のあるしとなり給ふ。家さかえ、つゐに志なのの国に飛さり給う。人の夢にハすわ（諏方）の明神のけ志んなりとつげ給へり、そのくわんをんどうは今の水口の宿にあり、三郎の子は後に都にのぼり、今このすは（諏方）の町にすみけるゆへに名とす、京にある人の鹿を食さんとするにハ、此家にまいり、明神をおかみ白箸一ぜんうけて帰り、その箸にて鹿をくらへば、子細なしといふ――後略――

これは江戸時代の京都の地誌『京雀』の第二巻に記されているものであるが、さかのぼって中世にも兼家系が成立していたことは、天文年間に書写されたことの明らかな、鹿児島県吉松町の南方神社所蔵のものや、未公開であるが、吉田幸一博士所蔵の写本などによってあきらかである。

この『京雀』の甲賀三郎は武人というよりも、狩人として登場し、諏訪明神の社も「鹿食免」の箸の発行所としてえがかれているが、三郎が蛇体となって地底からもどるという、もっとも基本的な話の筋は失われていない。
諏訪の「鹿食免」の護符なども、現在のこっているものは、中世末から江戸時代のものばかりのようで、(51)中世には、まだ地方武士や農民の間では肉食はさほど珍らしい、「諏訪のゆるし」を得ねばならぬほどのものではなかったかもしれない。

さてこの諏方系と兼家系の二つの写本の系統は、何を意味し、どうして成立したのか。いずれが古いのか。この問題についても、柳田国男氏以来、甲賀伝承に興味をもつ人々によって追求されてきたが、戦前は公開された兼家系の写本があまりに少かったこともあって、はっきりした見解は打出されていなかった。

ところが昭和四十年頃より、臼田甚五郎・福田晃氏らの努力によって、兼家系の写本がつぎつぎに紹介された。

◎昭37年　滋賀県甲賀南町望月善吉氏蔵「諏訪の本地」（『伝承文学の研究』二号）
◎昭41年　鹿児島県吉松町石川氏蔵「諏訪御由来之絵縁起」（天文十二年写）（「神道物語集」巻一　三弥井書店）
◎昭47年　東京都臼田甚五郎氏蔵「志奈乃の諏訪の神伝」（単行本　芸林舎）

◎昭49年　東京都日田甚五郎氏蔵「諏訪明神縁起」（正保三年写）（『御伽草紙』下巻所収　桜楓社）

筆者も昭和五十年よりこの問題にとりくみ、諏方系は諏訪神社上社系の神人により、兼家系は下社系の神人たちの唱導によって、各々その信仰を伝えたものであり、兼家系が先に近江の甲賀の地で成立し、後おそらく京都で上社系の神人が、それを意識的に主人公の名を諏方とし、菩提寺を釈迦堂にかえたほか、若干その文句に手を入れたのが、諏方系の諏訪縁起であろうという結論に達したのであった(52)。

その根拠とするところを簡単に述べると、まず兼家系の物語では、三郎の菩提寺を「観音堂」としており、そのモデルがそうした伝承をもつ甲賀郡水口町の大岡寺であることは、以前から指摘されていた。千手観音を本尊とする大岡寺は、今日も境内に鎮守社として諏訪神社をまつっており、これが下社の系統であろうことは、諏訪神社下社（本社）の本地が、やはり千手観音であることから、容易に想像される。現に同じく甲賀郡医王山慶円寺の住職諏訪家では、先祖が信州下諏訪から来って住みついたとも伝えている（現当主諏訪超竜氏談）。下社金刺氏ととくに密接な関係があったともおもわれる坂上田村麿の菩提寺、有名な京都の清水寺も、やはり千手観音を本尊とし、音羽の滝の竜神を、鎮守神「地主権現」

として祀っていた。

蛇体となって地底からもどった甲賀三郎は、もともと地と水の神を祀りその霊力をやどす蛇シャーマンの性格をも示すものであり、それは修験派の諏訪神人の顕著な一つの性格であった。近江の甲賀地方はその中心であり、飯道山はその霊場であった。

滋賀県甲賀郡水口町大岡鎮守社・諏訪神社

お水取で知られる奈良東大寺二月堂の「若狭井」は、若狭国遠敷《おにう》郡の鵜ノ瀬から地下を通って送水されるという伝説はあまりに有名であるが、この二月堂の聖水の守護神として若狭の遠敷社と、近江の飯道社が勧請されている。兼家系では、三郎が地底に入る口を、若狭の同じ遠敷郡の高懸山《こうかけやま》であって、若狭地方が鎌倉期のうちから諏訪下社の信仰の強かったことは、延慶三年（一三一〇）に若狭国倉見庄で藤原盛世が庄内の御賀尾にある諏訪下社に神田を寄進し、五月会・御射山会の所役を定め、さらに信濃の下社本社まで、毎年海産物を献上輸送したという大音文書によっても明らかである（信濃史料巻五）。

また同じく鎌倉時代の元応二年（一三二〇）、高野山となんらかの関係があったらしい藤原貞親が、諏訪下社の御射山頭役にも当っているので、おそらく信濃にも所領関係があったのであろう（信濃史料巻五）。

こうしたいくつかの事実を知ると、近畿地方は平安・鎌倉期のうちから諏訪神社の信仰は下社の方が優勢だったので、兼家系の諏訪縁起が西国に多く分布したのは、室町期以前からのそうした下社の信仰圏の上に唱導されて、その伝承写本が残されたのではなかったかと考えられてくる。諏訪の本社においても、下社はその境内末社として、祇園社はじめ、いくつかの畿内の大社を勧請しているが、上社においては、土俗社のみである。

この甲賀伝承の分布をもう少し追ってみると、柳田国男氏が紹介された、長野県下伊那郡の三穂村の立石寺にまつわるものは、三郎が山で大鹿を射たところ、鹿の姿は消えて、後に観音像があらわれた。それがこの立石寺の本尊である、という筋であり、甲賀の三郎を諏方とも兼家とも語っていないが、観音が登場するからには兼家系であろう。

そうしてみると、諏方系と兼家系の分布の境は、やはり諏訪盆地の上社と下社の境界にあるのであって、ごく大まかに云えば、それから東が諏方系、西が兼家系ということができそうである。もちろんすっきり一線でかくせるものではなく、越中にも諏方系がみえるし[53]、京都はとくに両系が入り乱れている。

そして下社の金刺氏が永正十五年（一五一八）に上社に亡ぼされてから、その勢力も次第に衰退し、唱導活動も諏方系が優勢になって、その境界にも変動を来したもようである。

牧監滋野氏

ここではじめにもどって、この諏訪御本地縁起を成立せしめた近江国の甲賀郡に、なぜ望月・諏訪を姓として名乗る一族が、多勢居住しているのか、ということを考えてみよう。従来信濃の望月氏と、甲賀の望月氏とを、じっさいに血縁関係を有する同族とみることは疑問視されていたが、それはこの問題の研究者たちが『延喜式』記載の勅旨牧としての「甲賀牧」の認識を欠いていたからであった。

甲賀牧については、『延喜式』に、

摂津国鳥飼牧（右寮）豊嶋牧（右寮）為奈野牧（右寮）近江国甲賀牧（左寮）丹波国故麻牧（左寮）播磨国垂水牧（左寮）右諸国所レ貢馬中、各放二件牧一随レ事繫用

とあって、毎年八月の駒牽で、まず宮廷で検分された馬は、皇室・官庁・貴族の御料として採用され、残りはこうした都に近い御牧（近部牧）に放飼されて、必要とする事に臨ん

で用いられた。なかでも甲賀牧は地理的にもっとも京に近く、東海道の通路にも当っていた。天下の名馬「望月の駒」の馬飼として、牧監望月氏の一流が、この地で甲賀牧の管理に当ったということは、ごく自然の成行きである。

元来望月氏は、牧監としては中央から信濃に赴任した滋野氏の流れであり、平安期に分れて海野・根津・望月の三氏となり、律令制がくずれ、牧が庄園化すると共に土着したのであった。近世の甲賀望月氏の一統は、陰陽山伏の流れをひく、比較的下級の人々で、製薬・売薬・馬医などの仕事にたずさわる人が多かったという[54]。

こうした種類の仕事は、古代において渡来者の系譜をひく者の多く従事した職能であるが、『日本書紀』の敏達天皇十三年に「百済より来る鹿深《まちけ》（甲賀）臣（名字を闕せり）弥勒《みろく》の石像一軀《いしのみかたひとはら》有《も》てり」といった記述がみえ、甲賀は古くより帰化人の多い地域であったらしい。そして坂上氏の系図にも阿智使主の一族が近江国はじめ五国に分置されたが、その中に甲賀村主《すぐり》があったといい、坂上氏とも関係深いところであった。

これら古代の甲賀人と、近世の甲賀望月氏がいかなる関係があるのかはっきりしないがそうした土地の伝統が大きく影響していたことは明らかである。

信濃の滋野氏は清和天皇を祖とすると称しているが、その信頼できないことは太田亮氏がすでに指摘されており[55]、実際は渡来者の系譜をひくものではなかったか。「信濃追分」

の馬子歌が、蒙古の旋律をもつことを、音楽の専門学者によって立証されたことは、古代の牧場関係に牧馬の盛んなモンゴル系の渡来者の子孫たちの多かった証であろう。(56)

近世の諏訪信仰の底辺

近世、江戸に幕府を開いた徳川氏の政策によって、武士と農民と町人とによる三つの身分制度が成立し、ときの進行と共に、社会に固定していった。

したがって中世において一体化していた武士と農民の間に一線がひかれた結果、諏訪信仰も武士間には主に軍神信仰を、農民の間には水神・風神・狩猟信仰、漁民の間では航海信仰と以前よりは分化してきた。そしてこうした社会の底辺に諏訪信仰を深く浸透させたのは、前代以来の修験派の諏訪神人らの働らきがもっとも大きかったとおもわれる。

元来修験道は、山中などの激しく厳しい修業によって神的な能力を身につける、一種のシャーマニズムであり、男性シャーマンの大祝に対する信仰を中核とした諏訪信仰と、もともと相通ずるものがあったのである。ちがっているのは、諏訪本社においては、大祝や五官の祝に独占されていた（そう信じられた）霊力が、修業を完成した修験者には、その身分に拘らず身にそなわるという点にあった。

特定の神社を持たない修験派の諏訪神人は、各地をめぐって、農民の求めに応じ、旱天には雨乞いの祈禱をおこない、田畑を荒す害獣の被害に苦しむ農民には、「諏訪の勘文」を教えて殺生の罪禍を免れる呪法を施し、重い病人の床に臨んでは、蘇生の祈禱と施薬をしたのであった。

彼らは蛇神の霊力を有すると信じられたため、毎年春には冬の眠りからさめて地から蘇り、又雨を呼ぶ蛇のような神通力をもつとみなされていた。

仏教は近世には庶民の間にも広く信じられ、住民の戸籍も寺の管理するものとなったが、いかに殺生が罪と教えられても、田畑を荒す動物を放置しては、自らの生を断つに等しかった。「諏訪のゆるし」はその殺生の罪から逃れる唯一の特許証だったのである。

諏訪の狩猟神事の形態はたしかに隼人的な古相を止めているが、現象としての諏訪の狩猟信仰は、古代・中世・近世と時代の進むにしたがい、日本中に広く強く印象づけられていったのである。

終章　むすび

古代から近世に至るまでの諏訪信仰の変遷を、おもにその時代にもっとも顕著な現象の順序に述べてきたが、これは諏訪信仰の表面にあらわれた面のみを記述する結果となって、なおその底辺に横たわり、何らかの関係や接触がありとおもわれる天白や千鹿頭の信仰についてては一切ふれ得なかった。御射山祭と妙見信仰との関係などもふれなかったが、これらはすべて今後の問題としたい。

従来多くの先学によって指摘されているように、諏訪信仰には、諏訪を中心として、北方起源・南方起源の文化が多くの経路を通って入り、複雑に重層している。

その詳細については不明の点が多く、九州地方の濃密な諏訪信仰も、すべて中世以降の伝播とするには、あまりに古相を帯びているのは、隼人系文化を基盤とし、それを制した宇佐八幡信仰との重層によるものでもあろう。

長崎市の諏訪神社にしても、天守教に対抗する政策から、徳川幕府が勧請したのは事実としても、とくに諏訪神社をえらんで長崎の鎮守としたのは、中国人の多いこの地の在来の信仰に、諏訪を受容しやすい何ものかがあったからであろう。それは古代から熊襲・隼人を媒介として、中国の信仰文化との関係が深かったことが一因していたのではなかろうか。

有名なペーロン（竜舟の競走）は、明らかに中国江南系の祭であり、出雲の諸手船神事はじめ、日本でもいくつか、その類例が知られている。

それはやはり、フネ古墳の被葬者が、五世紀に中国の南朝に渡った九州の熊襲・隼人系の蛇巫的族長であったか、江南の中国人（倭の使を送って帰化した）系の蛇巫的族長であったことを暗示しているのではあるまいか。

昭和五十三年二月二十日

註

1　祭神・和加宇加之売命は、古代においてしばしば宇と宗の字が誤記されるので、和加宗加之売命の意、つまり若菅之売命で、湿地に多く生える菅草の神霊を意味しているようにおもわれる。同様の例は、稲荷神社の祭神・宇迦之御魂命が宗迦之御魂命（菅之御魂命）、伊勢外宮の祭神・登由宇気神が登由宗気神（豊菅神）がある。いずれも湿地の神の性格から、田の神・水神としての信仰を集めたのであろう。

2　松谷みよ子再話『信濃の民謡』　未来社　昭32年
『六合村村誌』群馬県六合村役場　昭48年

3　民話の研究会篇『あまんじゃっく』六号　昭51年

4　長野県東筑摩郡山形村教育委員会篇『慈眼山清水寺』　昭47年

5　上社健御名方・伊豆早雄の子孫とする、恒武天皇の子孫とする、下社と同じ金刺氏の一流とする、後嵯峨院の皇子とする、清和源氏伊那氏とする、下社はもっぱら科野国造健五百建命として異説を交えない。太田亮『姓氏家系大辞典』第二巻　宮地直一『諏訪史』第二巻後篇に詳述されている。

6　○駿河国某郡主政旡位　金刺舎人祖父萬侶（天平十年　駿河国正税帳）○駿河国益頭郡人　金刺舎人麻自（『続日本後紀』天平宝字元年八月十八日）○信濃国牧主伊那郡大領外従一五位下勲六等　金刺舎人八麻呂（『続日本紀』天平神護元年正月七日『類聚三代格』一八　弘仁三年十二月八日太政官符）○信濃国水内郡人女孺外従五位下　金刺舎人若嶋（『続日本紀』宝亀三年正月二十四日　同八年正月十日）○駿河国郡大領正六位上　金刺舎人広名（『続日本紀』延暦十年四月十八日）○信濃国埴科部大領外従七位上　金刺舎人正長（『三代実録』貞観四年三月二十日）○信濃国諏訪郡人右近衛将監正六位上　金刺舎人貞長（『三代実録』貞観五年九月五日）以上信濃史料第二巻による。

7　新野直吉『研究史国造』吉川弘文館　昭49年

8　「八千矛《やちほこ》の　神の命《みこと》は　八島国《やしまくに》　妻枕《つまま》きかねて　遠遠《とほとほ》し　高志《こし》の国に　賢《さか》し女を　有りと聞《き》かして　麗《くや》し女を有りと聞かして　さ婚《よば》ひに　あり立たし　婚《よば》ひに　あり通《かよ》はせ　太刀《たち》が緒《を》も　いまだ解《と》かずて　襲《おすひ》をも　いまだ解かねば　嬢子《をとめ》の　寝《な》すや板戸《いたど》を　押《お》そぶらひ　我が立たせれば　引《ひ》こずらひ　我が立たせれば　青山《あふやま》に　ぬえは鳴きぬ　さ野つ鳥　雉《きぎし》はとよむ　庭《いは》つ鳥　鶏《かけ》は鳴く　心痛《うれた》くも　鳴くなる鳥か　この鳥も　打《う》ち止《や》めこせね　いしたふや　天馳使事《あめはせづかひこと》の　語言《かたりごと》も　是をば」（岩波書店　日本古典文学大系『古事記・祝詞』昭43年）

9　『姓氏家系大辞典』の著者、太田亮氏などはもっとも史料的に低くみておられたらしい。
10　今井広亀『諏訪の歴史』昭43年版　42頁
11　諏訪史料叢書第二十一巻　昭11年
12　河出書房新社「日本の考古学」Ⅳ　古墳時代上「古壌とは何か」（近藤義郎）　昭41年
13　藤森栄一・宮坂光昭「諏訪上社フネ古墳」『考古学集刊』三巻一号　昭40年
14　後藤守一「古墳時代前期の剣」『考古学雑誌』第30巻3号　昭3年　一八四頁「加賀園江沼郡勅使村字二子塚所在狐塚」古墳発掘調査報告書　昭12年
15　梅原末治「在田村亀山古墳と其遺物」（兵庫県史跡名勝天然記念物調査報告第一四輯　昭13年）
16　鳥居竜蔵『上代の日向延岡』第六章　大正10年
17　樋口・岡崎・宮川「和泉国七観古墳調査報告」『古代学研究』27号　昭36年
18　上国舒ほか「富木車塚古墳」（大阪市立美術館報告3）昭35年
19　田中茂「地下式横穴出土の蛇行剣について」日本考古学協会昭和51年度大会研究発表要旨
20　元慶七年十二月条
21　山本博『古代の制鉄』所収「難波宮ともみひ」学生社　昭50年
22　和歌山市寺内63号墳
23　後世、悪剣と云われた「村雨」の刀は、打振ることによって霧雨が湧くと伝え、古代の蛇行剣をおもわせるものがある（蛇は雨を呼ぶ動物と信じられた）。

24　大林太良『日本神話の起源』一七九頁　角川書店　昭39年
25　小野重朗『神々の原郷』一二六頁　法政大学出版局　昭52年
26　劉枝萬『中国民間信仰論集』三四九頁　中央研究院民族学研究所　昭49年
27　今井野菊「御社宮司の踏査集成」（『古代諏訪とミシャグジ祭政体の研究』所収）　昭50
28　平田篤胤の『古史伝』二十三は、物部守屋の残党が諏訪に逃げ隠れた伝承を記している。
29　新沙格勅符第十巻抄　神事諸家封戸神封部　天応元年十月（信濃史料第一巻）
30　『綾部市史』上原氏系図その他より推定。
31　宮地直一『諏訪史』第二巻後篇「大祝考」
32　高階成章「金沢文庫本阪波私注について」（『信濃』昭18年8・9月号）　金井典美「金沢文庫の古書阪波私注について」（『金沢文庫研究』一六一号）昭44年
33　金井典美「五世紀における畿内の祭祀遺跡と古墳分布」（『古代51号』）昭43年
34　金井典美『御射山』一〇三頁　学生社　昭43年
35　『吾妻鏡』文治三年八月十五日条　『諏訪大明神絵詞』縁起四
36　『吾妻鏡』に頻繁にみえている。
37　加茂儀一『家畜文化史』四四〇頁　昭48年

38　積石千里峻　危途九折分　人迷辺地雪　鳥躡半天雲　岩冷花難笑　渓深景易睡　郷関何処在　客思転粉々（今継）
園原の伏屋に生ふるははき木の在り土とはみえて逢はぬ君かな（是則）（ともに信濃史料巻二）
39　信濃史料巻二　信濃史料刊行会
40　金井典美「八朔としての御射山祭」『諏訪』六号　昭39年
41　金井典美『湿原祭祀』初版　二一九頁　法政大学出版局　昭50年
42　金井典美『御射山』学生社　昭43年
43　市河文書「市河盛房自筆置文」（信濃史料第五巻）
44　『薩藩旧記雑録前集』十九、氏久公御譜中（島津氏寄進状案）『島津国史』六、『道鑑公』下　ともに信濃史料巻六
45　宮地直一『諏訪史』第二巻後篇上社御射山神事　六〇七頁　昭12年
46　『常徳院集』（信濃史料巻七）
47　『島津国史』三、後土御門天皇寛正六年。「……是ヨリ先、公鹿児島諏方社ノ祭法ヲ定ム、号シテ御佐山祭ト為ス、七月朔日自リ始メ、二十八日ヲ大嘗ト為ス、某日奉幣ス、第一ニ頭殿居頭之ニ次ギ、公之ニ次グ。（以下略　原文　漢文）
48　諏訪の御射山では鹿を射た者が、大祝から尖矢の賞をうけた。（『諏訪大明神絵詞』）

49　福田晃「甲賀三郎の後裔上・下」『国学院雑誌』六三巻の六・七・八合併号　昭37年
50　貴志正造『神道集』解題　平凡社　昭42年
51　宮地直一『諏訪史』第二巻前第七四・七五頁に、下社の鹿食免護符は天正十八年、上社神長官家蔵の鹿食免箸は嘉永三年の年号を有している旨記している。
52　金井典美「望月牧と甲賀牧の周辺――諏訪御本地縁起の誕生」雑誌『どるめん』14号　昭52年
53　柳田国男「甲賀三郎の物語」『文学』八巻十号　昭15年
54　49におなじ
55　太田亮『姓氏家系大辞典』二巻　信濃の滋野氏
56　横山貞俗『騎馬の歴史』二二三頁　講談社　昭46年

薩摩の諏訪信仰

北村皆雄

序

一九七七年の八月、鹿児島を訪れたとき、古本屋まわりをして『薩隅日地理纂考』という本を手に入れた。(1) 明治四年正月十五日付けの序文のあるこの本は、鹿児島の藩政時代の各郷村の沿革や神社、旧跡を詳細に記録している。

二十八巻からなるこの本を繙いて驚かされたのは、〈諏訪神社〉の数を五十七社あげていることである。信州の諏訪を本拠地とするこの神社が、遥か距離を置く日本列島の南端にまで何時頃たどりつくにいたったのだろうか。

気のむくまま、この南の諏訪神社をいくつか訪ねては見たが、目にする社殿は荒廃いちじるしく、耳にする氏人の話も寂しい限りであった。

結局私は、この本の記述にたちもどるしかなかった。そこに書かれた諏訪神社の項目を緻密に分析することで、いつ、誰が、どのようにしてこの信仰を運んだのか、さらには村々の鎮守として受入れられた要因はどこにあったのかをさぐってみたい。さらに、『倭文麻環《しずのおだまき》』や『諏訪祭礼之次第記』等、鹿児島に残されている江戸時代の記録を追いながら、諏訪神社の祭祀に触れて、本拠地諏訪の祭祀形態と比較してみたい。信仰が伝播してその地域に根づいてゆくとき、何を引きずり、どのような異質性を抱え込んでゆくのかは興味深い問題でもある。

もとより手に余る大きな問題にどれだけ食い込めるのかはなはだ心もとないが、とにかく筆を進めることにしよう。

1　諏訪神社の誕生

鹿児島にある諏訪神社（諏方神社と記載が多いので以下そう記す）五十七社を記載する『薩隅日地理纂考』を見ると、創建年代を明らかにしているものが二十六社ほどある。その他、再興年代を記している神社が、別個に十四社ほどある。七割近くの神社が、何らかの形で、年代を「鰐口」や「標札」あるいは口碑に伝えている。

一番古いのは、日向国諸県郡下三俣郷花ノ木村の諏方神社で、和銅二年（七〇九）の口碑を残しているが、これはとるにたらないものといわざるを得ない。大隅国大隅郡大根郷神之川村の「諏方上下神社」は、平安時代の末期にあたる嘉応元年（一一六九）の創建と社伝にある。最初、神之川の諏方原に建てられたもので、大風雨による洪水で、今の社地である鳥浜に流れ着いたのが、嘉応二年（一一七〇）の七月といわれている。神社の奉納品の中には、鉄弓・鉄箭・黒漆箭があり、禰寝五郎太夫藤原義光の寄進とされている。すぐ近くの高城（神之川城）を、元暦年中（一一八四〜一一八五）に居城としていた彼が、奉納したものと考えられる。

この奉納品から推察するに、諏方上下神社の建立を嘉応元年（一一六九）とするのを、まったく捨て去るべきものでもないと思われるのであるが、これとて、以降に続く諏方神社の創建のラッシュといえる時代から離れすぎているので、定かであるとは言いがたい。

薩摩に諏訪神社が定着してゆく理由は、やはり、島津氏との関係に求めるべきであろう。島津家歴代の祖といわれる忠久は、文治二年（一一八六）に、源頼朝の命により信濃国小県郡塩田庄の地頭職に補任されている(2)。

忠久は、土豪日向守惟宗基言の孫で筑後守広言の子であるとも、源頼朝の庶子ともいわれ、出生もよくわからないが、治承三年（一一七九）の生れとされていることからみると、地頭職に任じられた当時は、まだ八才の童児であったと思われる。塩田庄は、諏訪神社と深いつながりのある土地である。ここは『延喜式』に記載されている名神大社、「生島足島神社」のある所だが、六年に一度の御柱祭の造役に奉仕するなど、この地域は早くから諏訪神社との因縁を結んでいる。

この土地を賜わって、忠久が諏訪神を奉祭したであろうことは、想像にかたくない。文治五年（一一八九）のことであった。頼朝が東国に勢力をはる藤原泰衡を討つとき、十一才の忠久は副将として前軍に参加したが、その時に信濃国諏訪神社に詣でたといわれている。(3)武神として源頼朝も崇拝する諏訪神社を祈り、大きな勝利を得た忠久は、神恩をますます深めたにちがいない。

承久三年（一二二一）、いわゆる承久の乱の際、信濃国水内郡太田庄の地頭に補せられたことも、諏訪神社との結びつきをますます強めることになった。一族の多くが、諏訪上社の五月会や御射山会の頭役を務めていることからも、その事実を確認できる。

さて、薩摩・大隅・日向の地と縁故のあったと思われる忠久は、ここの地頭・守護職にも任じられている。種々の文書には、建久七年（一一九七）に、薩摩の国に下向し、出水郡山門院の木牟礼城に居をかまえたことが記されている。(4)

おそらく、忠久のこの下向が、諏訪神社の当地方への流布に結びついたと思われる。出水郷の江内村の木牟礼城跡にある諏方神社には、「忠久在城ノ時信濃国諏方上下社ヲ迎祭アリシト云」[5]という口碑を残している。『倭文麻環』（巻之五）等では、信濃国諏訪神社の神霊をはじめて出水の山門院に迎祭したのは、島津家五代の貞久（道鑑）であるとしており、一般にもそう信じられている。明暦三年（一六五七）までは出水郷とされ、その後割かれて長島郷となった場所に、島津貞久が信濃国より迎祭したという諏方神社が別途に有ることからみて[6]、それと何んらかの混同が生じたかとも思われる。いずれにしても、信濃国の諏訪神社と因縁の浅からぬ忠久が、当地に諏訪神社を祀らなかったとは思えないのである。例えば、大隅国肝属《きもつき》郡串

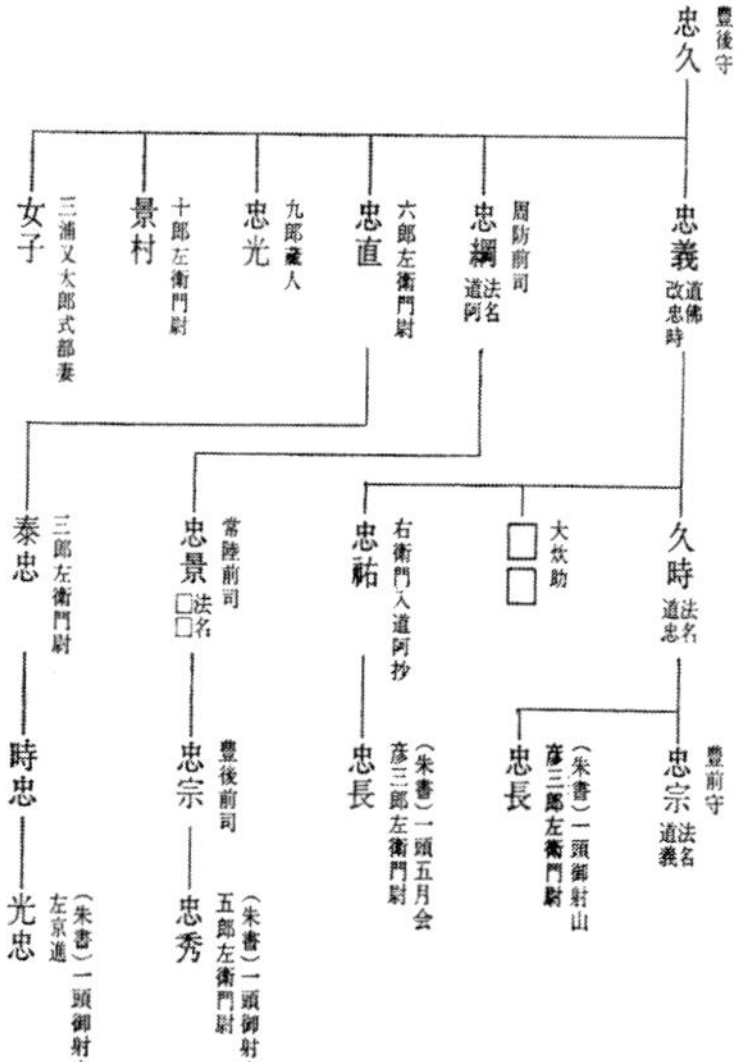

信濃国太田庄島津氏系図

良郷岡崎村にある「上下諏方神社」について、『薩隅日地理纂考』は、次のように記している。

○上諏方神社　奉祀二坐　建御名方命　南方刀美命　例祭七月二十八日
○下諏方神社　奉祀事代主命　祭日上ニ向ジ
両社倶ニ創建詳ナラズ。往古大社ニテ、建久年中島津忠久、祭田若干寄附アリシトイフ。
（濁点句読点筆者、以下向）

忠久が祭田を寄附したとする伝承を記載している〈建久年中〉を、十八才の彼が、薩摩・大隅・日向の守護として、薩摩国に下向した建久七年と重ね合せてとらえると、信憑性を帯びてくるように思われる。

この神社が古いと見られるのは、奉祀二坐として、健御名方命と南方刀美命を別神として祀っていることからもうかがわれる。本拠地信濃の諏訪信仰では、異名同神としているこの二つを、別々に祀る例をこの地域ではいくつかみかける。出水郡の山門院から康永三年（一三四三）に、六代氏久の手により移された島津家の宗社諏訪神社は、現在鹿児島市内の清水町に鎮座しており、「南方神社」とも「オスワサマ」とも呼ばれているが、由緒あるこの神社の祭神も、やはり健御名方命と南方刀美命の二座である。薩摩郡東郷郷斧淵村にあり、明徳三年（一三九二）の造立の棟札を残す諏方神社もそうである。

鹿児島県下のいくつもの神社をあたってみると、信州諏訪神社で上社、下社と二つあるうち、下社系の神社は事代主命を祀り、上社系の諏訪神社は健御名方命を祀っている。その上社のうち、割合古い神社の中に、健御名方命と南方刀美命とを二座祀っているのが見られる。しかし、全体からみると、ここの諏訪信仰は、上社と下社を合せて奉祭しているものが、圧倒的な数を占めている。

2　飛びくる薙鎌

『薩隅日地理纂考』で、諏方神社の創建された年代や再興された年代を調べてみると、この地方での諏訪信仰の隆盛した時期を、ある程度まで理解することができよう。

初代忠久あるいは五代貞久が、出水郡の山門院に諏方神社を創立した以降では、正中二年（一三二五）の棟札をもつ大隅国菱刈郡菱刈郷田中村の諏訪神社がある。日向国諸県郡荘内郷安永村には文和元年（一三五二）に建てられたものもある。総じて、明徳・応永・宝徳などの室町時代で、地方での群雄割拠する混乱期前後に建てられた神社が多く、文明十年（一四七九）までには、大多数が創建されている。

また室町期の末期にあたる天文年間を中心に、再興される諏方神社のピークがある。

このことから推察すると、諏訪神社は武神として拝められることで、この地域に建立されたことがうかがえる。さらにこの流布には、興味深い事実が浮かびあがってくるのである。

『薩隅日地理纂考』から、そのいくつかを抽出してみよう。

日向国諸縣《モロカタノ》郡荘内郷安永村
諏方神社
都城ノ元祖北郷尾張資忠、足利尊氏ニ属シ屢軍功アリテ諸所ノ地頭ニ補セラレ、文和元年尊氏マタ日向国諸縣郡ノ内北郷三百町ヲ与フ、資忠封ニ就ムトスル首途《カドデ》ニ鹿児島諏方神社ニ詣《マフ》ツ時ニ、何方ヨリトモシラレズ資忠ガ前ニ鎌飛来ル、資忠則チ神体ニ崇テ当社ヲ建立スト云。宝殿ニ樟板二枚ヲ納メ一枚ニ諏方上大明神、一枚ニ諏方下大明神ト記シテ、倶ニ応安五年六月一日ト記シタリ。例祭七月廿八日ナリ

文和元年（一三五二）に、資忠が鹿児島諏訪神社に詣でた時、何処よりともわからず鎌

すなわち薙鎌が飛んできたので、御神体として崇めて、諏方神社を建立したというのである。薙鎌というのは諏訪神社の象徴とされているものである。各地に諏訪神社を分霊するとき、本社より寄贈すると言われており、民間信仰では風を防ぐ呪具とも考えられている。

室町時代の古書『諏訪大明神絵詞』（権祝本）には、「九隠薙鎌《ナイカマ》衆魔摧伏ノ利劔ナリ」という文章も見え、魔霊を折伏する力をもつとみなされている。

六年に一度、信州の諏訪神社でおこなわれる御柱祭では、所定の山から切り出されてくる柱木を神社の囲りに建てるが、その木にはあらかじめ、薙鎌（御根鎌ともいう）が打ち込まれることはよく知られている。「おね鎌を打つ」という御柱の見立は、今では式年の前年に行っているが、昔は、その年の御柱を済ませると薙鎌をもって山に登ったという。あらかじめ神意を奉戴するためで、これにより一切の外的侵害を排除して、次の式年での御柱木たる資格を得るのである。薙鎌は、神物たる表示であったと思われる。(7)

諏訪神社の象徴、その薙鎌が何処とも知れず飛んで来たことが、この日向国諸県郡荘内郷安永村の諏方神社の起源として語られているわけである。ここの神社が古いことは、宝殿にある樟板に「諏方上大明神」と「諏方下大明神」と記され、応安五年（一三七二）の文字が刻まれていることからもわかる。薙鎌が飛んできたのは、おそらく足利尊氏が九州に走った建武三年（一三三六）からあまり離れていない頃のことかと思う。

時代は下るが、何処とも知れず飛んできた鎌を神体としている神社の例が、まだいくつかある。

薩摩国伊佐郡牛山郷原田村
諏方神社
鎌ヲ神体トス、永禄年中新納忠元大口城主菱刈隆秋ト対陣ノ時、此鎌何方ヨリトモ知レズ飛来レリ。忠元是ヲ吉瑞ナリトセシガ果シテ程ナク隆秋降参ス、因テ忠元彼鎌ヲ神体トシ此處ニ当社ヲ建立シテ飛ビ諏方ト称ス

新納忠元は、四代島津忠宗の四男時久の庶流に連なる人物で、文武兼備した名将として知られている。彼が菱刈隆秋と一戦を交え降伏させたのは、永禄十二年（一五六九）のことと言われているので、その時の出来事であろう。武神として名高い諏訪神社の薙鎌が、何処よりとも知れず飛んで来たのを吉兆と思い、勝利の後、その鎌を神体にして諏方神社を創建したというのである。

同じような話をもう一つ引用しておこう。

日向国諸縣郡加久藤郷小田村
諏方神社
鎌ヲ以テ神体トス、固ト伊東義祐領内小林郷大川原ナル諏方社ノ神体ナリシガ、加久藤ニ飛来リテ木ノ枝ニ掛リタルヲ聞、島津義弘大キニ喜ビ伊東氏ヲ退治セバ社殿ヲ新建スベシト祈誓シテ深ク崇敬セシ、程ナク日向国平定セシカバ社殿ヲ建立シテ飛諏方ト称シ神領三段ヲ寄附セシトゾ。祭祀七月廿八日ナリ

島津家十七代を継ぐことになる義弘氏が、兵をあげた伊東氏を破ったのは、元亀三年（一五七二）のことである。

前に記した話と同じく、飛んできた鎌を戦いの吉兆として喜び、武運のみのった暁に諏方神社を建立していることがわかる。

戦乱――飛び来る薙鎌――勝利――諏方神社の建立と、一定のパターンを読みとることができよう。

戦乱の激しいこの時期、この薙鎌は、誰の手によってもたらされたのであろうか。次の資料を見ることで、解明の糸口をつかむことができよう。

薩摩国日置郡伊集院郷谷口村
諏訪上下神社
土人伝説曰、嶋津家九代島津忠国当所ニ鷹狩ノ時、信州諏訪神官ノ族中島宮内少輔ト云シモノ、諏訪ノ神体ヲ負ヒ来リ土橋村町田原ノ松下ニ憩ヒタルヲ見テ、忠国命ニヨリテ即チ彼地ニ鎮坐アリケルヲ、爰ニ遷坐アリシトイフ、一説ニ島津忠国ニ非ズ伊集院忠国ナリトイフ

右の文章に記されている「諏訪ノ神体」とは薙鎌と考えてほぼ誤りはあるまい。遥か離れた信州の諏訪神社より、その神体を背負って歩く神官があったのである。歩き巫女など諏訪信仰を広める一群のあったことは聞くが、神体を負いて歩く神官が存在していたことは、あまり知られていないことである。彼等は、重い鎌を信州の地より担うことで、布教に務めていたにちがいあるまい。「飛び来る鎌」とは、彼等の諏訪信仰を広める行為と結びつけて考えるのが、最も自然であろう。

鎌を神体とする神社には、その他薩摩国給黎《キイレ》郡知覧郷永里村の諏方神社、さらに同郡喜入郷上之村の諏方上下神社がある。後者の諏方上下神社は、社内の鰐口に寛正三年（一四六二）の銘がある。永禄年中（一五五八～一五七〇）の再興の時に印してある梁文には、先

営享祿年中（一五二八〜一五三二）とあるから、その頃諏訪信仰にとって変ったことも考え得るが、いずれにしても、薙鎌を神体としていることからみても、信州諏訪の地より、彼等神官の手でもたらされたにちがいない。

『薩隈日地纂考』にある五十七社の諏方神社のうち、その半数にも及ぶものが、祭神を〝信濃国諏訪（上下）神社に同じ〟と記してあることも、直接信濃から出向いてきた、彼等の活動と関連があるかも知れぬと思われてくるのである。

ちなみに、〝鹿児島諏方社に同じ〟と記す神社は五社、祭神を建御名方命・南方刀美命とし、鹿児島諏方社からの直接的伝播を伺わせるものが四社、合せて九社が鹿児島諏訪神社宗社との直接的関連をしのばせてくれるのみである。

思うに彼等は、諏訪神の受入れられやすい戦乱の時期を利用し、初代忠久以来からなじみあるこの土地に狙いを定め、信濃より足を踏み入れてきたのであろう。

3　諏訪信仰と薙鎌

さて、信濃にある諏訪神社は、上社と下社とに分れていることは、よく知られている事実であるが、この薙鎌はどちらかの神社の象徴として捉えられるのであろうか。

『御柱絵巻』所載幣杣（御船の上に薙鎌が見える）

上社、下社両社の祭祀に、この薙鎌が登場する。諏訪神社上社の御柱曳立神事の行列には、前宮・本宮二社の計八丁の薙鎌があらわれることが、『諏訪上下社御柱祭古今』に見えている。御船の上に薙鎌を立てて渡御するのは古いしきたりであったのだろう。天正の造営帳に、「五百文薙鎌之代」と料足を計上してある。

しかし、「なき鎌数百本」と『信濃奇勝録』に記されている下社の「お舟まつり」が、それの圧倒的な数を誇示している。元旦（現二月一日）に、秋宮から春宮へ移っていた神霊を、七月一日（現八月一日）に、今度は春宮から秋宮へと移すもので、青柴でつくられた大きな舟の上に、神の形式として二体の夫婦の像を乗せて（事代主命夫婦の像という）遷す。その時の行列に、かくも多くの薙鎌が参列するのである。

この薙鎌について、下社系との結びつきを重く見ているのは、金井典美氏である。氏は「お舟まつり」の例や、下社の御射山祭の旧祭場で発見された遺物の中に、薙鎌があったこと等を理由にあげている。二つ発見された薙鎌の一つは、山宮の石壇より発掘し、もう

一つはその附近で拾ったものという。しかし、上社の御射山祭場では発見されていないとのことである。(8)

『狩猟伝承研究』(9)千葉徳爾氏も、同じ考えをとる。そして延宝年間（一六七三〜一六七一）の『下社社例記』に、「荷神退転九十余人」と記してあるのに注目し、地方の血なまぐさい戦乱の対立期から、泰平の社会に移りゆくとき頓挫すべき性質をもっているこの荷神なるものの仕事を、神またはその象徴たる「鎌」を荷う役ではなかったかと想像している。

諏訪神社の神領であることを示すために、境の立木に薙鎌を打込んだということは、よく聞くことであるが、『信府統記』には、越後と信濃の境界である小谷のはずれに神木があり、七年に一度ずつ、下社系の武居祝より、内鎌（薙鎌）を持って来て、打ち置くことを記してある。

富山県や和歌山県下の諏訪神社の中には、鎌を打立てた神木をもつものも多数あるといわれ、信州の諏訪明神が各地に影向された証拠は、特定の樹木に鎌が打込まれていることであるという。

荷神なる神人が、中世の神領や勧請分社のあったところに出向いたとする千葉徳爾氏の想像は、おそらく的を射ていよう。

しかし、「上社には神体が鎌であるとか神幸に鎌を用いるといった慣わしは昔も今もきくところがないので、この行為は専ら下諏訪の神の奉仕者によって行なわれたのかと思われる」と述べているのは、どうであろうか。

下社と薙鎌の結びつきが、上社に比べてよりダイナミックであることは、すでに紹介した通りであるが、上社と無縁ということはない。このことは先述した通りであるが、さらに付け加えれば、「御宝殿内にて内鎌打申」という記載が、室町中期の「神長守矢満実書留」にある。これは上社御宝殿の造営の際、その内部正面の柱に薙鎌を打ち込んで置くことを示している。

諏訪神社の研究に造詣深い今井野菊さんは、前宮（上社系）で、しばしば腐食した薙鎌の破片を拾ったとも語っており、必ずしも下社だけのものであるとは断言できない。

延宝年間の「上社社例記」にも、上社の例として、「退転・荷神十五人」と明記していることを見ると、薙鎌を担う神人は、上社系も含まれていたと見るのが自然である。

鹿児島に目を転じてみるに、五十七社中の諏方神社のうち、下社系と思われるものは三社しかない。上社系は十五社ほどあるが、これとてそれほど多いと言うことができない。残りの圧倒的多数の神社は、上社と下社の両方を奉祭している。応安五年（一三七二）に、「諏方上大明神」「諏方下大明神」と樟板に記した諏方神社（日向国諸縣郡荘内郷安永村）が、鎌を神体としていることからみても、この地域を訪れた神人は、上社と下社を浚別する態度はとらず、両社を一つの諏訪信仰と考え、その諏訪神の象徴として薙鎌を運んだと思われる。

中世、本拠地信濃の諏訪神社は、上社と下社が分れ、凄惨を極めるほどに対立するが、他地域の浸透には、両社が組み合った一対の信仰になっている。

4　鹿児島の諏訪信仰

鹿児島の諏方神社は、信仰面でどのような内容をかかえているのであろうか。先に「飛び来る鎌」の伝承で示したように、戦乱時の勝利の祈願と結びついて創建されたことから、武神としての側面が強くうかがわれた。『薩隅日地理纂考』記載のうち、十社近い諏方神社が、何らかの形で、武神として拝められた例を伝えている。

日置郡串木野羽島村の諏方神社には、文禄元年（一五九二）の朝鮮の役に際して、島津義久が、順風を祈ったことを示す記録がある。武神としての側面と共に、風に対する信仰をも合わせ担っていたことがわかる。本拠地信濃の諏訪神社が、まず風神として朝廷から祀られたことは、『日本書紀』にあらわれた持統天皇五年（六九一）の記録からもわかるし、平安末期の「袋草子」[10]では、風祝（かぜのほうり）という生き神の存在を知らせてくれる。

諏訪下社御射山内穂屋（『諏訪史』第二巻より）

また鎌倉幕府の庇護によって隆盛をみせた御射山祭（七月二十五日から三十日までの五日間）を、天正時代の古図で見ると、風祝御庵というのが、祭場の一角に見えている。

諏訪明神の象徴である大祝が、神長官をはじめとする五官や氏人を随伴して、八ヶ岳の山麓で繰り広げるこの神事では、穂屋といわれる茅萱でひいた仮屋をつくる。その御庵に神々を招き、狩をして贄とするのであるが、その一つの御庵に風祝とあるのは、風の害を防ぐ意味が、この祭りのなかにあったと思われる。稲の成育に最も大切な穂孕みの時期にあたるこの頃は、二百十日を真近にひかえた台風シーズンでもあった。強風によって稲穂がこすり合わされると、皮ばかりで実のないしいなが出来てしまう。松本地方のある諏訪神社では、御射山という地を定めて穂屋をつくり、そこを風雨の害から田畑を守る物忌み小屋の意味をもたらしている例もある。(11) 諏訪神社の御射山祭は、風神と結びつく。

思うに、信濃の諏訪神社の、これら風神としての側面が、遥か鹿児島の串木野の諏方社に受継がれたのであろう。それが順風を祈る行為として現われたのではないかと思う。

さて、この神社もそうであるが、鹿児島の諏訪神社の祭日を調べてみると、七月二十八日というのが飛び抜けて多い。祭日のわかっている四十七社のうち、十九社が二十八日に集中しており、あとの社も、その近辺にもたれている。明らかに御射山祭を意識して祭日を選んでいる。平安時代に中央まで名を知られ、特に鎌倉時代以降では諏訪押社の祭りといえば御射山祭と言われるほど全国に知れ渡ったこの祭りの影響が、ここまで届いていたのである。鎌倉幕府は、信濃全国の地頭御家人に下知して諏訪上下社の御射山祭に輪番制で勤仕させ、費用をも負担させた。島津氏の一族もこの御頭に勤仕していたので、その影響を受けたのであろう。

当時の御射山祭が武士階級の手で担われたとは言え、貴賤を問わない群衆が、一山を埋めつくすほど諸国から集ってきていることは、『諏訪大明神絵詞』の記すところである。この祭りは、「御狩神事」と言われように「狩猟」を伴うものである。その獣を贄として神に捧げ、風雨の鎮護と、来るべき秋の豊作を祈願したのである。御射山祭が、狩猟を伴う農耕儀礼であることは、金井典美氏や宮坂清通氏等がすでに指摘している(12)。

御射山祭にそのような農耕儀礼の要素のあったことが、一山を埋めつくすほどの人々を集め、さらに地方に諏訪信仰を受容させる主要因ともなったのである。当地鹿児島の諏方神社が、土豪や武士階級という支配者層の手で建立され、盛り立てられたとしても、地域の人々に受け入れられることとは、また別問題でもある。鹿児島の諏方神社の祭りに、農民がどのようにかかわったのか、その内容をひろってみよう。

応永三年（一三九六）の建立とされている薩摩郡入来郷添田村の諏訪上下神社は、例祭日を七月二十八日に定めている。その神社について『薩隅日地理纂考』には次のような記載がある。

此日裏之名添田二村ノ農民数百人、鉦太鼓ヲ鳴シ、神前ニテ舞躍ヲナス。参詣ノ貴賤多シ

伊佐郡牛山郷山里村の諏方神社の例祭は七月二十六日とされており、ここにも「此日、村民鉦鼓ヲ鳴シ神前ニ於テ舞踊ス」と記してある。

薩摩郡隈之城郷東手村の諏方神社の七月二十五日の例祭にも、「此日農民金鼓ヲ鳴シテ躍ヲ奉ス」とある。

さらに、日置郡日置郷にある諏方神社の記載にも、七月二十三日の例祭に太鼓踊をする

とある。

日置郷の諏方神社では、太鼓踊と明確に記しているが、他の三社は鉦と太鼓を鳴らし跳びはねる踊りとのみ表現している。しかしこれは鹿児島県の民俗芸能として著名になっている太鼓踊であることは間違いない。太鼓踊は、銅鑼型の鉦《かね》を打つナカと呼ばれる者を中心にし、その囲りをとりまく輪の者（ヒラ）が、胸に抱えた大きな太鼓を叩きながら跳びはねて踊る。私も見たことがあるが、実に勇壮な踊りである。

鹿児島在住の民俗学者小野重朗氏は『かごしま民俗散歩』(13)という本の中で、太鼓踊について詳細な分析をおこなっている。それによると、この踊りは旧暦の六月・七月・八月・九月にわたって鹿児島全域でおこなわれており、特に七月が多いとのことである。太鼓踊の際に、田の虫や夏の病気を防ぐための夏祈念（大隅佐田町）とか、虫踊り（日置郡伊集院町周辺）、虫追踊（出水郡一帯）と称している所もあり、この地域での太鼓踊は稲の害虫を防ぐのが目的であることがわかる。大隅平野を中心としたある地域では、水神祭をし、その水神の石祠の前で鉦・太鼓をうって踊ると伝えている。奉納する場所は、部落の大小の神社というのがほとんどであるが、日置郡の金峯町、日吉町、吹上町、東市来町から串木野にかけ、更に薩摩郡一帯にわたっては、諏方神社（鹿児島の民間では南方神社と書き、オスワサーと呼ぶ）で奉納する。薩摩郡の宮之城町、薩摩町、鶴田町などでは部落を開いたと伝える人、いわば開拓先祖の墓碑の前で踊り、その後、南方神社《オスワサー》などにも奉納するという。

水神や祖霊にはたらきかけ、稲の生育を祈願することが、太鼓踊の役目であったと想像されるが、御射山祭もまた稲の豊穣を祈る祭りであったことが思い出される。

中世以降、御射山祭としての諏訪信仰が、広い分布圏を持つに到ったので、いつしか重なることとなり、奉納場所や奉納日も諏方神社となっていったのではないかと思う。

太鼓踊には、虫を追いとげるような所作の入るものもあるという。諏方神社と結びつきを深めたなかには、武神として威の強い諏訪神が、虫の害を追う力をもつと考えたのかもしれない。小野重朗氏はそう考えていらっしゃる。いずれにしても諏訪信仰の御射山祭が、太鼓踊と結びつく農耕儀礼の要素をもっていたことが、農民の神とも成り得た要因と考えられる。太鼓踊は、いつしか諏方神社の太鼓踊として定着してゆくのである。

5　童神考

太鼓踊について、小野重朗氏の「子供神の習俗(14)」に依りながら、もう少し分析してみよう。

太鼓踊の構成は、ナカ（中）とヒラ（側）に分れる。ヒラはナカをとり囲む輪を作り、その構成員はニセ（二才）と呼ばれる男子青年で、十五才から三十才ぐらいまでである。それに対して、ヒラの輪に囲まれたナカは美しい装いの踊り子で、みな十四才以下の男の子であるという。友禅の長振袖の着物を裾長にきて、白足袋に草履、頭には美しい花笠を被る。この女装の少年たちは、銅鑼型の小鉦やイデコという小鼓を打つ。この少年の打つ高音の鉦や小鼓の指揮で、背中に矢旗という大きな飾り物を負い、胸に大太鼓を抱えたヒラが、それを叩きながら跳躍して踊る。それは稚児を守護し、奉持しているようにも思える。

かつて太鼓踊が神聖なる神事として生きていた時、このヒラの輪の中で優雅に振袖をひるがえしていた少年は、〈神〉でなかったのか。南方神社（オスワサー）の境内で、激しい舞躍に囲まれている少年を見るとき、そんな思いが胸を走る。というのも、少年を神として祀る信仰が、信州の諏訪神社で生きていたからである。

諏訪神社上社には、三月と十一月の二度にわたり、内県《うちあがた》・大《おお》（小）県《あがた》・外県《そとあがた》と分けられている三地域に、県《あがた》巡りと称して、童子（神使）を派遣していた。「廻神ト称シテ村民是ヲ拝ス」（『絵詞』）と記されていることからも神とみなされていることがわかる。この神使は、氏人のなかから、正月一日の御占で、婚姻未犯の童男を各県に二人ずつ六人を選んだという（『絵詞』）。「神長守矢満実書留」には、文正元年（一四六六）に満実の子わずか四才なるを神使に立てたと記してある。いたいけな四才の童神であった。

近世では、その年の頭郷よりたてた十才以下の男子で、大祝部の輿舁の類、軽い神職の子とも、頭郷の名主または物持の家の幼男より物色するとも、慶長以降は五官または藩士中由緒ある者のなかより一人を選出する制が紊れて、下男を出してこれに代らしめたともいわれている。(15)

時代の推移とともに変ってきたことを伺わせるが、しかし十五才以下の童男を選定したことは事実である。童男を神とする信仰を遅くまで伝えていたのである。

この神使（オコウサマ）は、一年の祭祀に奉仕する役目を担うのであるが、この県巡り以外には華やかなスポットをあてられているようにも思えぬ。赤衣をまとった神使六人の姿は、年七十五度の祭りのうち、主要なものには五官、大祝と共に姿を見せている。

しかし、やはり同じ童神の生き神である大祝、諏訪明神の憑依者大祝の影に存在を沈めているようにみえる。

諏訪神社の大祝は、時代によっては、成人しても在位した場合もあったが、なべて五、六才または七、八才で即位し、十六、七才になれば下位しているという。(16)この大祝を生き神とする考えは、どのように何時頃から出たのであろうか。

『諏訪大明神絵詞』に、「祝《ハフリ》ハ神明の垂迹ノ初メ御衣ヲ八才ノ童男ニヌキヾセ給テ、大祝ト称シ、我ニ於テ體ナシ、祝ヲ以テ體トスト神勅アリケリ、是則御祝有員神氏ノ始祖也、家督相次テ今ニ其職ヲカタシケナクス」とある。

諏訪神社関係の古記録は、ほとんどがこの有員《ありかず》を大祝の祖としている。その時代については、用明天皇の御宇（五八七年）とする「前田本神氏系図」等と、桓武天皇の第五の皇子とし平城天皇の御宇大同元年（八〇六年）とする「大祝職位事書」等の記述とくい違いがみられる。有員を桓武天皇の第五皇子とする説はともかくとして、一般には後者の時代に比定するのが通説となっている。

ところで、最近になって金井典美氏の提示された神氏系図異本、「諏訪史料叢書巻二十八」に「神氏系図称一族系図」の題名で出ているものの中間に挿入された「神氏系図」と称する序詞が、大祝の始祖＝有員説を否定し、用明天皇の時代に別の始祖がいたことをあきらかにしていて興味深い。

> 五百足、常時敬二事于尊神一、一日夢有レ神告、汝妻兄弟部既姙、身分娩必挙二于男子一、成長欲二吾将一レ有レ憑レ之、汝宣二鐘愛一矣、夢覚而後、語二之妻兄弟部一、兄弟部亦同レ夢恠、且慎、後果而産二男子一、因名二神子一、亦云二熊子一、神子八歳之時、尊神化現、脱二着御衣於神子一、

吾無レ体以レ汝為レ体、有二神勅一隠二御身一矣、
是則御衣着祝神氏有員之始祖也、用明天皇御宇二年、神子構二社壇于湖南山麓一、其
子神代、其子弟兄子、其子国積、其子猪麿、
其子狭田野、其子高取、亦云二豊磨一其子生足、亦云二繁魚一、其子豊足、亦云二清主一、
其子有員、亦云二武麿一、

すなわちこれによると、諏訪大明神が化現して御衣を脱ぎ着せ、「吾に体なし汝を以て体となす」とした相手は用明天皇の時代の「神子」または「熊子」という八才の童男であり、それから数えて九代目が有員となっている。室町期の『絵詞』以来、諏訪神社のおもだった資料でことごとく有員にしていたその伝承を、別人にあてているのである。

この系図を信じて、大祝の始祖を用明天皇の御宇二年、(五八七)にあたる「神子＝熊子」とすると、有員の時代を桓武天皇内至平城天皇の八〇〇年代の初めにすることができ、大変都合のよいことになる。

神氏系図のこの内容は、驚くべきことに九州阿蘇神社にある「阿蘇氏系図」と重なっている。

これによると、阿蘇神社に奉祭されておりおそらく阿蘇地方と深い関係のあったと思わ

れる武五百建命が科野（信濃）の国造に任命されており、その系譜につらなる金弓君は磯城島金刺宮朝、つまり欽明天皇の朝廷に舎人として仕えて金刺舎人直の姓を賜っていることになる。この金弓君には二人の子供があり目古君と麻背君（五百足君）といった。この二人のうち目古君は他田氏系、麻背君は金刺系と分れてゆく。その麻背君の子の乙頴は、一名神子とも熊古とも言うことが記されており、さらに添書を読み進めてゆくと、既述の神氏系図の内容とほとんど重なってくるのである。その後に繋がる隈志侶は、神氏系図の神代《くましろ》に重なり、乙兄子は弟兄子に対応している。阿蘇氏系図はそこで中断しているが、おそらく出所を同じくする同系統のものと想像できる。

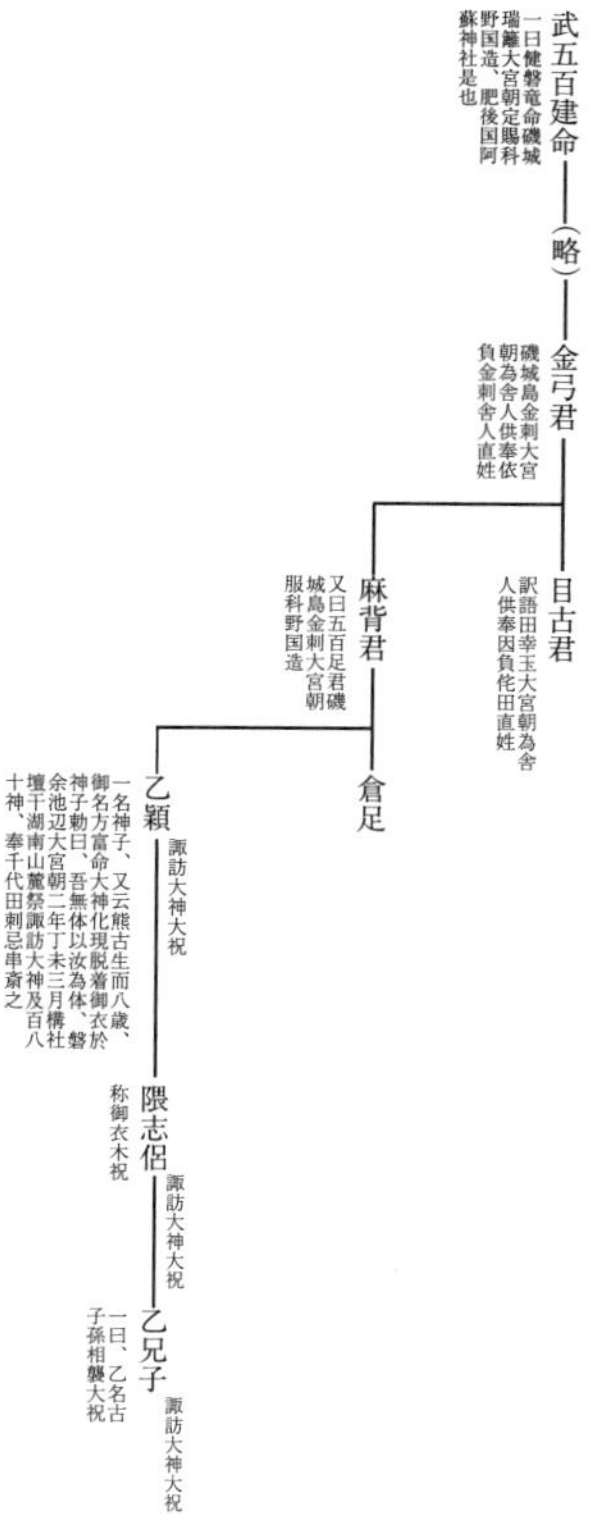

異本阿蘇氏系図

鹿児島諏訪神社宗社

これらの同系の系図は、古くから流布していたのか、諏訪神社上社系の名族といわれる知久氏の系図にもみられる(17)。

これらの系図によると、諏訪神社上社の大祝職は、大和朝廷と継がりのある金刺系であったということになり、今まで定説化している金刺系と神社関係は下社においてのみ成立し持続されたという解釈を改めなければならなくなるが、これについては本論とかけ離れるので、これ以上の詳述をさけたい。

さしあたって今、ここで確認すべきことは、外的政治の力が背後で働き、大祝という世襲制の生き神を、ある時期に制度化したということである。その大祝＝童神は、神使(オコウサマ)という童神と類似するもので、土着のしかも一年周期に生れいずるこの神の上に、その役割を奪取する形で着座したのではないのかとの思いを消しがたい。

私がそう想像するのは、オコウサマには、殺される神としての口碑がまとわりついており、それは世界各地の原初的農耕民の中に見い出されるハイヌウェレ型神話との類似性をうかがわせるからである。それはかなりの古層に淵源する思考と見なしえる。

6　鹿児島の童神＝頭殿

鹿児島の諏方神社に話を戻そう。

現在の鹿児島市清水町にある諏訪神社、南方神社ともいわれているこの神社は、島津家六代氏久の手により出水郷の山門院から遷されてきた。以来、宗社と仰がれてきたものである。島津藩じきじきの庇護で、かつては栄華をきわめたことが、さまざまな文献からもうかがうことができる。

この神社の大祭は、七月二十八日に催されるが、〈頭殿《ずどの》〉と呼ばれる童神を祭りの中核に据え、仮屋を構えて奉祭していた。そのことが、『倭文麻環』(18)や『諏訪祭礼之次第記』(19)、『薩藩年中行事』(20)等に出ている。

『倭文麻環』によると、頭殿を立てて祭りをおこなったのは島津家九代の忠国（大岳）からであるという。さらに十代立久が、寛政六年（一四六五）に御射山祭と改称し、頭郷制をひいて祭りを盛り立てた。信州諏訪神社の例を見習ったことを伺わせる。

祇園浜の潮かけ（『倭文麻環』より）

薩藩末頃の古俗を記録した『薩藩年中行事』を見ると、その年の頭殿は、先ず前もって家格のよい士族に仰せ付けられるという。頭殿は美少年であることが要請され、左右二人が選ばれる。左右の中で左を上位としていた。

七月一日に、頭殿をはじめとして祭に奉仕する者が、潔斎の潮垢離を行なう。浜に降りるそのありさまが、『倭文麻環』や『諏訪祭礼之次第記』に描かれている。素裸に褌一つの人々に交って、肩車に乗った二人の頭殿の姿がある。頭殿の支度は、晒の白い帷子《かたびら》、髪は児髪に整えている。潮が満ちてくる頃をみはからい、肩に乗って海に入ってゆく頭殿に長柄の大日傘（末広）がさしかけられ、鶴の絵の描かれた大団扇であおがれる。頭殿は諏訪神の象徴として手厚くもてなされているのである。

こうして祇園浜での潮かけが終るとさらしの上に花染の帷子、小石畳の素袍袴、夏帯をし、水色の足袋をはいて、再び肩車で帰ってくる。そして諏訪神社の前にある安養院に築造された菰小屋に入る。左右頭殿は一段高い御座所に敷皮をひき上座する。頭屋と呼ばれるそれは信州御射山祭の穂屋にあたるものである。この仮屋には頭殿警固のためといって、三、四十人の人々が詰めている。頭殿の左右には、介添の他、神事奉行や御名代、頭奉行さらには頭殿の父親が座っている。親といえども頭殿を神扱いにしなければならない。

夜は大きな廻燈籠と無数の小燈籠をともす。各郷村より繰り出される太鼓踊は、二日から十五日までの毎日奉納される。頭殿を慰めるためと言われている。詳しくは、『諏訪祭礼之次第記』を参照されたいが、その記録の中で興味をひくのは、七月二十六日の条に御歯黒についての記載のあることである。

今日御はくろ参侯ニ付、内侍参侯、御歯黒相済御三献上り候

とある。七月二十七日の諏訪社参り、二十八日の正祭にむけての化粧かと思われるが、このお歯黒については特別な意味があったのではなかろうか。そこで思い出されるのが、信州諏訪神社上社前宮でおこなわれた大祝の即位式のことである。鶏冠大明神（別名柊《ひいらぎ》の宮・楓《かえで》の宮）の即位石の上でおこなわれる即位には、鉄漿《おはぐろ》石と呼ばれる石の上に置かれた鉄漿で、歯を染めあげる儀礼が含まれていた。その道具は今も守矢神長家に残されている。お歯黒

をすることが、生き神として生誕するための必須条件であったのだ。

鹿児島の諏訪神社で、頭殿に御歯黒をさせるのも、そのような生き神に生れ変わらせる意味をもっていたのではないだろうか。

七月二十七日、二十八日の両日は頭殿から諏訪社まで華やかに行列を行う。馬に乗る生き神、頭殿の先導をする千本槍の侍、諏訪の御正体といわれる鎌二つ（『祭礼之次第記』）、これは『倭文麻環』の絵にも描れている。この薙鎌は、出水郷山門院から遷されてきたことは、今も残るそこの諏方神社に、神体を改めて鏡とした応永九年（一四〇二）の記録のあることから明らかである。また、その後に続く〈贄籠《にへこ》〉には、稲穂が入っていると思われ、穂見月といわれる七月のこの祭りが、五穀豊穣を祈願する内容をもつことを示している。こ

行列の図（『倭文麻環』より）

の贄籠なるものは、信州の御射山祭にも見えている。

正祭日二十八日の馬に乗り社におもむく頭殿の装束が注目される。狩衣のいでたちは、大祝が御射山に向う姿でもある。鹿児島の御射山祭には、諏訪の祭りのように御狩の行事はないが、生類の肉を神に奉るという信仰は生きている。

この日、藁苞の中へ小さな魚を納め、贄棚にそなえるという。諏訪では山の獣であったが、根本の精神において相通ずる所がある。

その後藁苞は、集った人々に投げ与えられる。贄打といわれるものがそれで、魚の入った苞を手にしたものは、豊穣を得るしるしと言って喜んだという。

鹿児島の祭りを、諏訪との対応で見すえてゆくと、いくつかの共通点がある。

例えば、やはりこの日おこなわれる「手を打」（『祭礼之次第記』）は、「大祝御手払、衆人展転トシテ是ニ随フ」（『絵詞』）に対応すると思われるし、神馬に白幣を結ぶ（『倭文麻環』・『祭礼次第記』）のは、「揚馬打立、

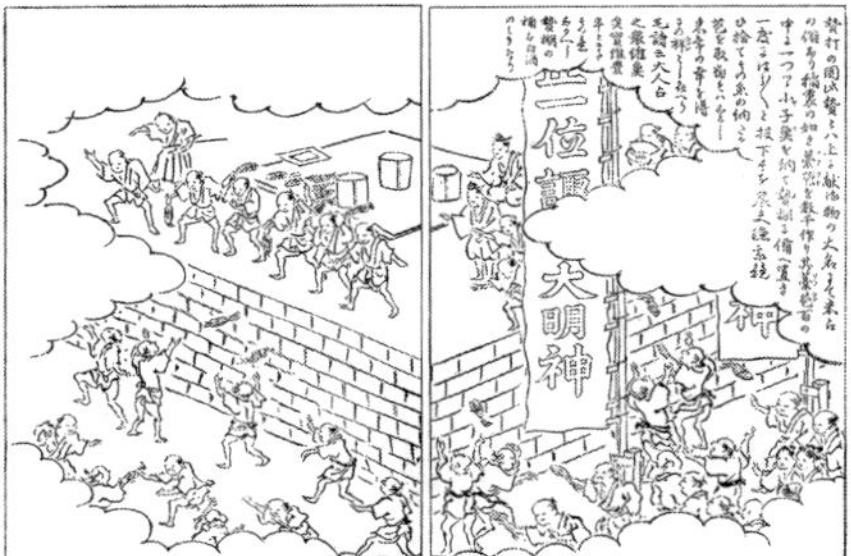

贄打（『倭文麻環』より）

服餝鞍馬ノ美麗」（『絵詞』）と表現された部分にあたると思われるが、この点に関していえば、華やかさを競った諏訪のそれよりも鹿児島の御射山祭の方が、素朴な信仰を伺わせてくれるように思う。

さらに、相撲をおこなうのも、両社に共通している。相撲は、かつて豊凶を占う神事としての意味をもっていたのである。

7　諏訪と薩摩と阿蘇

もちろん、鹿児島の諏訪神社の祭りと信州諏訪神社の御射山祭には、違う部分も多くある。しかしそれは、その地域の風土のなかに受容されるときに伴う当然の成りゆきである。しかしながら、生き神＝童神の存在、仮屋を建てて籠る御射山祭の古式、贄として生類を使う農耕儀礼の要素など、信仰の根っ子にあたると思われるものには、共通のモチーフのあることを認めなければならない。

「子供神の習俗」を著わした小野重朗氏は、鹿児島に残るいくつもの例、そしてこの諏訪神社の祭りの例を含めながら、稚児または男の子が神となって行動するこの地の習俗を摘出した。その鮮やかな切口に目眩を覚えるほど感動し、かつ刺激を受けてこの拙文を書く気持になったわけであるが、ただ一つ残った不満は、信州諏訪神社にあった童神の例と鹿児島の諏訪神社にあった童神信仰との結び目をみなかったことであった。鹿児島諏訪神社のその習俗を、薩摩の古層文化の枠組だけで取り囲むには、こぼれ落ちる部分もある。諏方神社は鹿児島に一〇〇社を超すとも聞くが、その伝播には必ず伴ってくるコアがある。信州の諏訪神社を向きつつ、生誕させたコアが、この神社の生き神＝童神であったと私は考えるのである。

しかしながら、さらに考えなければならないことがある。

それは、信州諏訪神社の中にも〈阿蘇〉があり、〈隼人〉があるということである。阿蘇氏系図を信ずる限り、諏訪の大祝の始祖は、九州阿蘇につながりをもつものである。

金刺系が諏訪上社に入ったかどうかは一考の余地はあるにしても、阿蘇山の麓を本拠とした多氏の一族につらなる金刺氏が、諏訪神社下社の大祝となっていたことは、鎌倉時代の文献であきらかであり、通説として認められている所である。阿蘇神社と諏訪神社を、祭祀の面からも比較してみる必要があろうかとも思うが、詳しいことはまだ述べることができない。宮地直一の『諏訪史第二巻』によると、阿蘇神社には風祝と同じように自然現象を神とした霜祝、（童女）が居たこと、年中の神事に鹿や猪鹿を供し、これを獲るために御贄の狩を催したことなどがあるという。以後の研究の課題とすべきであると考える。

さて、薩摩と諏訪との関係については、「神長守矢氏系譜」の記載が注目される。神長頼実の所に、

源頼朝平族を伐つの時、薩摩守忠度の秀子信濃洲羽に匿れ蕨萱と云う所に草庵を結び居るを迎え取り、養いて以て子と為し女を以てめあわす故に十文字の下に庵を画き幕の紋と為す。

其冬、亦僕の立石隼人なる者の山に在るを迎えて家臣となす。（原漢文）

田中基氏の教示で、この個所を始めて知ったのであるが、これによると大祝の下で祭祀の実権を握っている神長の系譜の中に、薩摩の血を交えたであろうことが推察される。丸に十の字は、薩摩の島津家の家紋であるが、神長守矢家もこれと同じである。薩摩と神長守矢家とは、何んらかの因縁があるかもしれない。

この盛実の神長職のときには、将軍家より「物忌令」についての問い合わせがあり、その改定も行なわれたりしていることからみても、諏訪神社の激変期であった。時の権力者の意向が背後で働いて、何んらかのテコ入れがあったと思われる。

いずれにしても、諏訪神社祭祀を実質的に担っている神長家に薩摩からの系統が入ったとすると、諏訪神社の祭りにも何んらかの形で南の古俗が反映し、留まっているものがあるのではないかとも思える。薩摩の文化と諏訪のそれを詳しく比較し検討しなければ定かなことは言えぬが、例えば両者に共通するものに竜蛇信仰がある。長い綱を竜蛇神にみたてて引くいわゆる綱引きの行事は、鹿児島をはじめとする西南日本に多く見られるが、信州諏訪神社の神事にも、正月一日に綱引きを行う。この綱とは竜蛇にみたてて御室と呼ばれる土室に入れられたものであろう。綱引きの行事は、水稲耕作に伴って入ってきて、まず南九州あたりに広がったものと思われるが、それが信州諏訪神社の神事では、「年のみ（稲の実　筆者註）はゑさら、新珠ゑいさら」という歌と共に引かれるのである。

綱を竜蛇神と考え、綱引きをする行事は、この地方への稲作の伝播と共に入ってきたのか、あるいはもっと新しくて、神長家に薩摩の血が入ったと思われるこの頃に付け加わったものであるのか定かにすることはできないが、両地域に共通の行事として興味あるところである。

私たちは、古層を通底する共通のものにむけて、まだまだ目を見開かなければならないようである。

（一九七八・二・二四）

註

1 『薩隅日地理纂考』（再刊鹿児島県地方史学会　昭和四十六年）
2 島津家文書　頼朝下文（信濃史料巻三）
3 『薩隅日地理纂考』参照
4 太田亮『姓氏家系大辞典』島津の項参照
5 『薩隅日地理纂考』参照
6 右同本
7 宮地直一『諏訪史第二巻』後編参照
8 古部族研究会との研究会で金井典美氏の教示
9 千葉徳爾『狩猟伝承研究』風間書房
10 藤原清輔『袋草子』
11 酒井卯作『稲の祭』から金井典美『御射山』（学生社）が引用している。
12 金井典美「八朔としての御射山祭」季刊『諏訪』第六号収録
宮坂清通「諏訪上社御射山祭について」古部族研究会編『古諏訪の祭祀と氏族』（永井出版企画）収録

13 小野重朗『かごしま民俗散歩』春苑堂書店
14 小野重朗『神々の原郷』法政大学出版局
15 『諏訪史第二巻』後編参照
16 今井野菊さんの教示
17 この系図は、知久利雄氏が今井野菊さんを訪ねた折に示された。
18 白尾国柱『倭文麻環』青史社版
19 『諏訪祭礼之次第記』鹿児島県立図書館蔵
20 『薩藩年中行事』鹿児島教育会
これは伊地峻翁の遺稿を編纂したもので、薩藩の末期にあたる明治二、三年頃の習俗を記録したものである。

尚、諏訪神社関係の資料は、「諏訪史料叢書」によった。

翻刻

『諏訪祭禮之次第記』

校訂　柴辻俊六

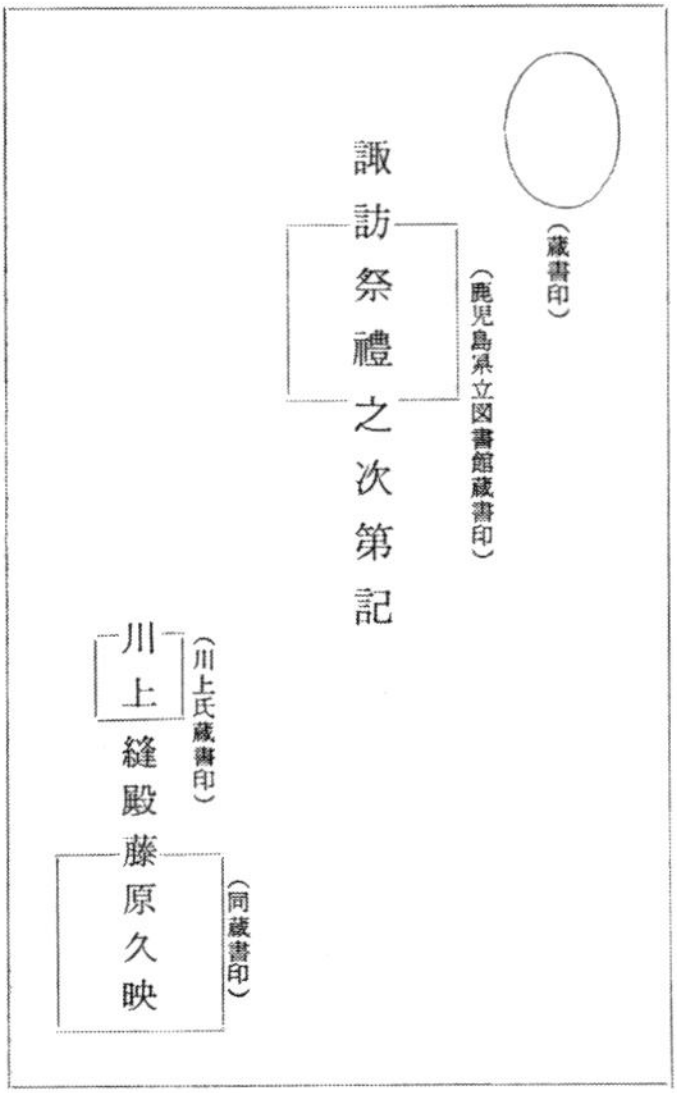

（表紙）

七月朔日

一今日名より出ル、役者拾六人庄屋へ申渡筈也、
但今日雨降候得者、笠さし名より出ル、

一今日別火所廣間之上段ニ而三献有之候、海手之上座御名代、其次幣之役の人、主居上座神事奉行、其次頭殿親父、頭奉行者末座ニ而候、但宮仕者町人、

一御名代兩人但御一家衆支度すハうゑほし、
一幣ノ役兩人　支度素袍袴ゑほし、
一神事奉行兩人但一人ハ子分ニ支度出来素袍袴ゑほしなし、
一頭殿親父兩人　支度すハう袴ゑほしなし、
一頭奉行兩人但一人ハ子分ニ支度素袍袴ゑほしなし、

別火所廣間

一　三献相済左右打込、上段ニ而振舞有、何れも支度上下也、
　「但右振舞相済、何れも本のことく素袍袴ニ支度替仕候而、塩井戸への御供被仕候、神事奉行も同断、

一　頭殿塩井戸へ御出之支度、下より晒御帷子、上ニハ緋縮」緬之御単物、袴下斗染腰替り、刀ハ御指不被成候、御髪は児髪ニ而候、末廣御持なされ候、

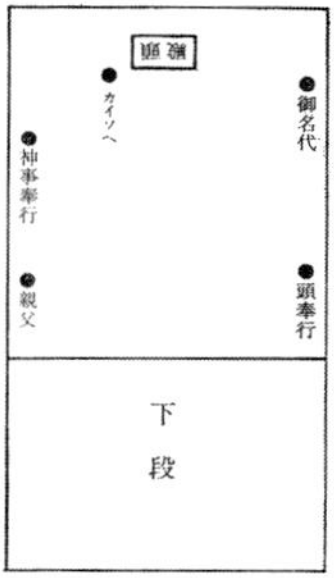

棚御所火別

一御支度相済、如此座配ニ而、こてい三献参候、宮仕者幣ノ役之人ニ而候、
　「但左右一度ニ三款参ニ而、神事奉行下知仕候故、（三献上日様別書ニ有）座ニ一不参候、重不苦候、一』

一　御三献相済、塩井戸へ御出被成候時分ハ、川口へ潮入時分ニ而候、

一　御先備輿より被出候御供衆
　御輿之筆者運合被致候故、神事奉行搆無之候、

一　對挟箱

一　對鐽

一　手鐽

一　御贄手籠

但はらい幣より先キに、贄手籠ニあぢかますの類の干物を入、弊をさしかたげ候て参候、名の者ニ而候、袴斗着仕候、左右ニ壱人つ、兩人、左候て神前御贄ニ上り候、」

一　御になひ

但持者名より出ル、支度上下也、此になひ塩井戸より直ニ別火所の様ニ参候、

一　御はらひ

持者名より出ル、支度素袍袴ゐほし

一　御敷皮

但別火中御敷不被成、新敷敷皮ニ而候、頭屋ニ而ハ此敷皮御用被成候、持者名より出ル、支度素袍袴ゐほし、

一　御草履

持者名より出ル、支度素袍袴ゐほし、

一　御小者團扇持』

但支度丸腰、ひつつり化粧ほうべにゑぼしなし、

一　御手廻り御供衆

一　頭殿

一守上候者名より出ル、支度素袍袴ゑほし不着、頭ニハ手拭をかむり候、右手拭
ハ頭殿親父より出ル

一御笠さし名より出ル、支度素袍袴ゑほしなし、御笠ハ頭殿方へ有之候、

一御太刀ハかいそへ持、支度素袍袴ゑほし、太刀替り名より出て支度上下御宮并
頭屋廣間にて、かいそへ憚入候時者、御太刀持候、

一　御名代幣之役、頭奉行茂塩井戸へも御宮へも御供也、」　右之御備ニ而、別火所川の方
乃門より御出被成、上の馬場へ御上り被成、春日乃下より御さがり被成候、塩井戸ニ
而ハ、になひの上ニ敷皮を敷、敷皮役の人敷被申候、支度上下ニ而被勤候、敷皮の上ニ
而さらし乃湯帷子を召させ申、左右一度に川へかいそへ守上、御供衆双方より拾人斗
も川ニ入、水くりまて少シ仕候、川へ御供之衆者、皆はだかにて候、

一　水くり相済候而、又本のになひの上ニ而、御支度被召候、下よりさらし、上ニ花染の
御維子小石畳の素袍袴夏帯召させ上候、御足袋ハ水色たびニ而候、末廣御持、名之者
の肩ニ被召候而、直ニ御諏訪へ御参なされ候、』

一　左頭殿鳥井の邊迄御参乃時分、太鞁ならし被申候、善神王殿乃前ニ而御待合なされ、御草履をはかせ申候様ニ仕、三足あゆませられ候様ニ仕、左右同前ニ宮へ御参被成候、御宮縁乃間より幣之役の人いだき上、高座乃上に敷皮を敷、其上ニ被成御座候、

但敷皮ハ敷皮役の人敷被申候、神前座配圖別紙ニ有、

一　左候而頓而御三献上ル、宮仕者幣之役の人ニ而候、下候と（て）則御手水被召候、左候而座主兩人・頭奉行兩人・太夫・社人三献有、宮仕名之者仕候、

一　右相済候而、追付頭殿御幣御取被成候、かいそへ御うしろより御幣ニ手かけ申候、」

一　御下向被成候時も、縁の間幣之役の人いだき上ヶ被申候、左右同然ニ而候、善神王殿乃前より左先キに御下向被成事ニ候、左候而頭屋廣間之前ニ御待合なされ、左右同然ニ廣間ニ御入被成候、廣間之縁の間より、又幣の役の人いたき上被申候て、畳の上ニ敷皮を敷、皮役の人敷被申候、其上ニ被成御座候而、御三献参候、宮仕亦幣之役の人也、御三献相済、御手水被召候、夫より御名代并幣之役敷皮役之入者歸宅にて候、』

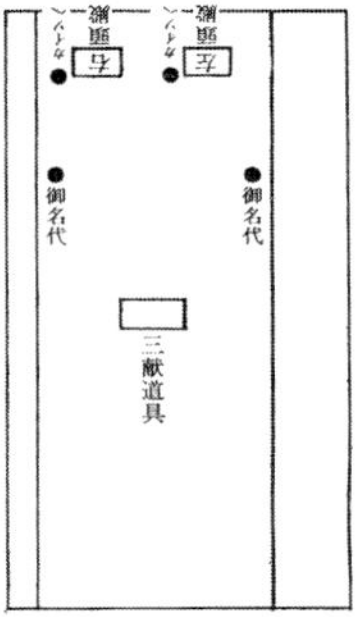

頭屋廣間

一　頭殿棚ニ御直り被成候而、畳の上ニ敷皮を敷、御三献参候、宮仕者かいそへ仕候、御三献相済、支度召替候而、棚ニ而御通り被下候、盃請臺亀甲、一番座主・二番神事奉行・三番諏訪太夫・四番頭奉行・五番内侍、左右同然、」

「但神事奉行壱人ニ而候ハヽ、左相済候而、右之御通りに参候、両人の衆ハ左右目ニ相さかり被申候、

一　右御通り相済候而、頭殿へ小餅四拾、御壱人前ニ二拾ツヽ、足なしさけ角ひもの二ツニ九ツヽ、拾八、「但壱枚ニ三ツヽ、三わたりニ置上り候、左候而又追付御かさ椀に餅二ツ入、くぎやうにすへ上り候、右相済候て御膳ハ上り候、

一　右餅相済候て以後、頭屋廣間ニ而座主・神事奉行・頭奉行・太夫・社家・内侍三献也、三献相済候而、則ひもの足なし折敷二枚ニ餅三つツヽ三渡り、二枚ニ拾八入出候而、亦頓而かさ椀ニ餅二つ入出候、社人迄相済候而、則振舞有之候也、」

「但三献餅振舞之座、左の上座座主、右之上座神事奉行、左之二番頭奉行、右之二番太夫、何時も右之次第也、神事奉行・頭奉行・太夫支度上下なり、

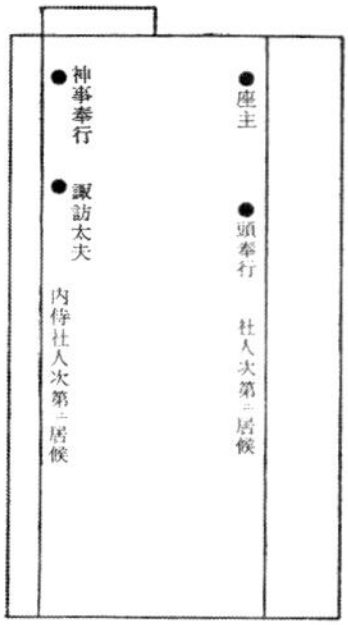

頭屋廣間

七月二日

一　今朝より内侍参候市、御髪結申候、廿八日迄ハ結申候、

但御髪そんじ候時ハ、幾度も神事奉行より、内侍呼寄申候、

一　今日より名踊御座候、神事奉行ニ得差圖候而、踊申事ニ候、町踊ハ前日ニ年行司より神事奉行へ案内申事ニ候、

七月三日

一　頭殿今日御三献参候、御支度小石畳のすハう袴被召候、宮仕者かいそへ仕候、支度素袍袴着仕候、左候而神事奉行

・頭殿親父へ御盃被下候　但神事奉行親父の支度』上下なり、

一　右之御三献相済、右之御支度ニ而廣間二重之餅、臺所ニ而汁ニ調参候、御両人の外者不被下候、残餅其外餝道具ハ如前餝候而、廣間ニ有之候なり、

但餅参候時ハ、神事奉行御棚ニ参候、親父御棚へ被参には不及候、三献上様等別書ニ有

一　朔日ニ被召候花染の御帷子、色上ケ七日ニ被召候ニ付、色上ケは相済候哉の旨、今明日の間、両頭殿親父方へ相尋申か可然候、」

七月七日

一　今日早朝内侍参候而、暫時間御棚の前ニ色ほし仕候、

一　色直シと申候而、朔日ニ頭殿被召候花染の御帷子を色上ケ、今日召候而、小石畳の素袍袴被召、御三献参候、（三献上様別書ニ有）神事奉行御棚へ参候、宮仕ハかいそへ仕候、支度素袍袴、

一　右之三献相済候而、そうめん上り、左候而諸白并焼酎参候、

一　今日頭屋廣間ニ而、座主両人・神事奉行・頭奉行・太夫・内侍・社人へ三献、并そうめん被下候、左候而焼酎并白酒出申候、

一　頭殿親父并見舞衆へ、そうめん被下候由候、

一　相撲取二人付小者壱人、』

一　相伴壱人但名より出ル

右之衆へ頭屋廣間の後之坐ニ卌三献さし、ミ酢いりそうめん・白酒被下候、神事奉行差引等仕事にて無之候、

一　神事奉行・頭奉行・太夫の内ノ者十八人、頭屋乃長屋ニ而、そうめん・白酒被下候、

七月八日

一　頭殿今日御髪洗ニ付、内侍参候、御髪洗相済候而、御三献参候、御支度常の御帷子・小石畳乃素袍袴被召候、神事奉行参候、宮仕ハかいそへ仕候、支度素袍袴、（三献上様別書ニ有）」

七月十三日

一　頭殿今日御髪洗ニ付、内侍参候、御髪洗相済候而、御三献参候、御支度等八日ニ同前、神事奉行罷出候、

七月十八日

一　今日御能有之候ニ付、日限之儀、前以触奉行より問合有之事、

一御能組、能奉行より左右頭殿へ被上候事、
一御名代頭屋廣間へ御入被成、追付御能相始り候事、
一御名代御中入之節、別火所廣間之上段ニ而、御通り被下候、次第御能奉行より、御役之次第ニ被罷出候、右相済御盃あらたまり、神事奉行・左頭殿親父・右頭殿親父」・頭奉行、其次ニ盃請臺八寸ニ而能太夫へ御通り被下候、
一別火所廣間にて御振舞被下候、座配客居の上座御用人、夫より御役の次第にて座配有之候、主居の上座神事奉行・左之親父・右之親父・頭奉行にて候、
　一御能三番有之候節者、相済候而御通り被下候、御中入ハ無之候、
　一御能奉行へハ御振舞、屏風構ニ而一人被給候、
　一座配并御通り被下候次第等、神事奉行差引仕事にてハ無之候、」

座配圖

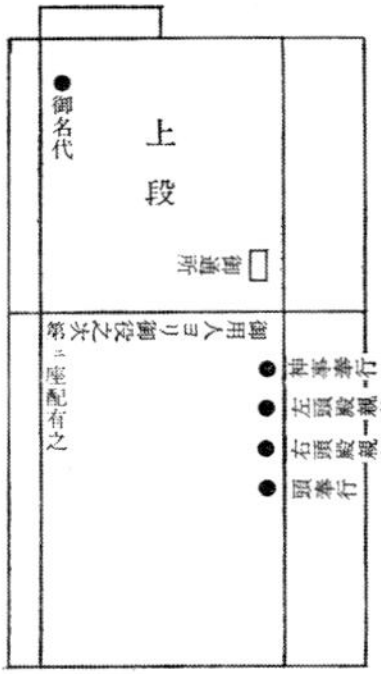

別火所廣間

七月廿一日

一　今日居頭衆拾二人籠被申候、

一　長屋拾人籠事《ニ》候、』

一　御召馬《并》神馬籠候、

一　御中間四人籠候、

一　名より扇手左右《ニ》兩人籠《ル》、頭殿へ進上物仕候、菓子・酒にて候、御棚へも上り候、

一　御召馬《并》神馬相籠候而、御棚之前《ニ》御召馬を牽候而参候、口牽ハ名之者、神事奉行左右《ニ》御鬮上《ケ》候、何毛之馬何もの馬と鬮二つ調、先左頭殿へ上《ケ》候、直《ニ》御取被成候而、今壱つの鬮を右頭殿へとらせ上《ケ》候、左候而文神馬之鬮をとらせ上《ケ》候、鬮の調様御召馬《ニ》同前なり、

一　右之御鬮御取候而、其跡《ニ》御中間へ鬮とらせ候、調様」ハ左一左二右一右二と鬮四つ《ニ》調出候へハ、御中間取申候名より相籠り候、中間ハ神馬之口を引、御門より門《ニ》罷居候、是ハ鬮ニ不及候、

一　今日ハ志め替りちか志めと申候、御馬屋へも志めをり申候、左候而祈念御座候、

一　右志め替り候而以後《ニ》、頭殿へ御三献上り候、御支度小石畳素袍袴、宮仕者かいそへ仕候、支度素袍袴着仕候、御三献相済候而、御支度被召替、御菜飯上り候て、地諸白

上ケ被申候、

一　今日座主二人・神事奉行一人・頭奉行一人・太夫一人・内侍三人・社人三拾二人、併例年人数参次第、頭屋廣間ニ而』三献被下候、座配圖左ニ相記ス、三献相済候而、菜飯出ル間ニ、座主・太夫・内侍より、頭殿へ白酒を瓶子壱對ツヽ進上にて、御棚ニ被参候而、御盃被下候、

三献座配

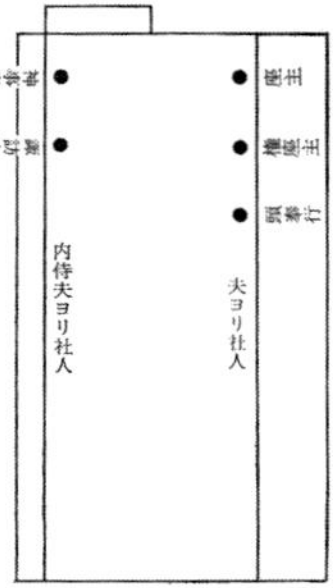

一　右之座配ニ而、菜飯被下候、但頭殿親父ハ廣間へハ不罷出候、

一　今日晩付候而、頭屋廣間にて三献有之、則振舞出候、座配左之上座・左之居頭、右乃上座・神事奉行、右之二番・右之居頭、座配圖如左、

一長屋迄三献振舞有之、宮仕ハ名の者、

一廣間のうしろの座にて、御中間四人三献くたされ候、
一相撲取へも廣間のうしろの座にて、三献くたされ候、』

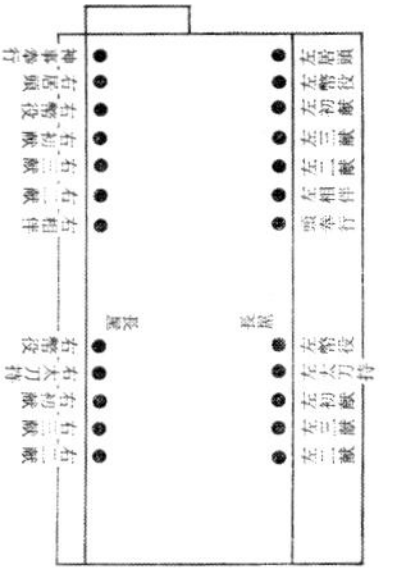

一御馬籠り、今日より太鼓つゞミ頭屋へならし不申候、外より入候而、ならし申事ハ不苦候、
一相撲取者不籠候、前ニより私宅を禁シ候而罷居候、御扶持方被下候、右之手形物奉行座より出候ニ付、」神事奉行より御扶持申請乃差紙出スなり、

七月廿二日
別火所廣間ニ而振舞之座配

一　居頭衆拾二人・長屋拾人、朝夕別火所廣間ニ而振舞被下候、右ニ付神事奉行壱人・頭奉行壱人、朝夕共ニ振廻乃節者出合申候、座配之岡右ニ有、

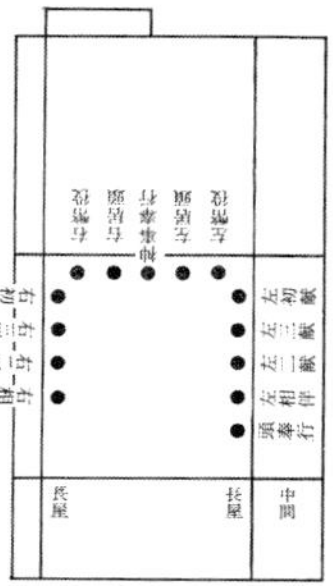

一　今日より御中間四人も御賄被下候、別火所廣間ひさし乃間ニ而くたされ候、

七月廿四日

一　居頭衆并神馬稽古、御諏訪ニ而今日・明日之間、天気次第有之候、庄屋一人三献道具をもたせ参候、太夫も被出候、」

七月廿五日

一　今日頭殿御髪洗ニ付、内侍参候、御髪洗相済候而、御三献参候、御支度等八月十三日・

廿一日同然なり、

七月廿六日

一　今日御はくろ参候ニ付、内侍参候、御歯黒相済御三献上り候、御支度等廿五日同前、

一　七月廿七日・八日御もたせ被成候はらひ、幣は今日於頭屋社人相調申候、』

一　廿七日・八日名より出ル役者并笠さし、今日庄屋方へ申渡人数但扇手神馬引者外にて候、

一　八人者　御備道具持、

一　四人者　御召馬之口引、

一　四人者　御馬添、

一　二人者　頭殿御笠さし、

一　二人者　御正躰持、

一　二人者　太刀替り、

一　拾二人者　居頭笠さし、

一　拾人者　長屋笠さし、

一　六人者　両奉行親父笠さし、」

一　二人者　かいそえ笠さし、

一　二人者　相撲取笠さし、
一　四人者　中間笠さし、
一　一人者　安養院笠さし、
一　二人者　扇手ノ守、
一　二人者　扇手笠さし、但扇手へニ草履不渡候、
　　合人数六拾四人、
　内　頭殿外之笠さし四拾人、扇手外ニハ笠并緒太之草履相渡り候、
　一緒太之草履ハ三拾八足、頭奉行方より庄屋請取相渡ス、
　一笠四拾本名より出ル、笠さし支度上下なり、』
一　相撲取中間ハ、遠方へ罷居候間、笠さし早ク不遣候へと遅直り候、御祭之支ニ罷成候間、
其段庄屋へ申渡可然也、
　　七月廿七日
一　御輿より出ル、長柄鑓赤柄・黒柄左右之鬮とらせ候、壱人ツヽとらせ候て相済候、鬮
ハ左右と二ツ調、赤柄持壱人・黒柄持壱人とらせ候なり、
一　今日八ツ時分ニ頭殿御社参候ニ付、御支度ハ花染之御帷子ニ白絹之上帯・立ゑほしニ白

素袍袴・合口《アイクチ》之刀御さし被成候、水色足袋御はきなされ候、
但一御支度役ニ狂言師被参候、明日茂同断、」
一白素袍袴ニハ紅《ベニ》にて鶴の丸の紋所書候、
一立烏帽子・合口之刀ハ安養院より参候、廿七日ばかり刀ハ御さし被成候、余日
には御さしなされす候、
一右之御支度相済、御棚ニ而御三献参候、宮仕者かいそへ仕候、支度素袍袴、御三献相済候而、御棚の下より御中間左之肩ニ守上ヶ申候而、廣間之縁の下まて参候、初献縁乃上より、又左の肩ニいだき、上畳の上ニ敷皮役の人、敷皮を敷置まいらせ候て、初献者本の座へ直り候、左候而御三献参候、圖如左、
但敷皮役之人者、朔日ニ被勤候人ニ而候、」

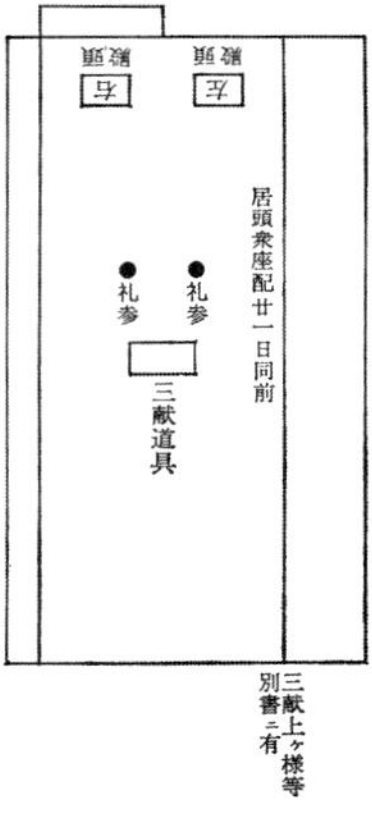

一　頭殿三献相済候而、役者衆三献有之候、宮仕者長屋ニ而候、三献相済候而、長屋へ三献有之候、宮仕者名より出るなり、

一　相撲取二人・中間四人・扇手二人、廣間之後乃座にて三献、宮仕者名より出る、」

一　右廣間三献相済候而、頭殿と又初献守上ヶ縁乃間迄参候、縁の下より御中間守上ヶ、頭屋庭ニ而御馬に召させ申候、

一　御先備輿より被出候御供衆、

　但輿之筆者衆運合被致候故、神事奉行搆無之候、

一　對挟箱

一　封鎗

一　手鎗

一　御贄手籠

　但持者名より出ル、袴下げ着ス、』

　但持者名より出ル、素袍袴ゑほし、

一　御敷皮

　但持者名より出ル、素袍袴ゑほし

一　御草履

　　但持者名より出ル、素袍袴ゐほし
一御小者團扇持
　但化粧ほうべに支度、ひつつりゐほし丸腰、日之祭にハ内之祭ニ扇手着仕候、石畳之素袍
　　袴着候、両日ともに化粧ほうへにゐほし、
一手廻り之御供衆
一頭殿御馬ニ召ス、但御召馬ニ廿七日・八日共ニかまひ有之、」
　一御正躰と申候而、鎰二ツ銭三拾三文、紙ニつゝミ竹乃さきに挟候而、頭殿左ハ
　左の御脇、右ハ右の御脇ニ持候、左候而神前ニ上ル、内之祭の日斗、日之祭には
　無之候、持者名より出ル、支度素袍袴ゐほし、
　一御太刀中間持候而、御脇ニ参候、支度大口狩衣ゐほし、但中間憚入候節ハ、太
　刀替り持之、名より出ル、支度上下也、
　一かいそへ支度、素袍袴ゐほしなし、
　一御馬之口取名より出ル、支度素袍袴ゐほし、
　一御馬添名より出ル、支度素袍袴ゐほし、
　一御笠さし名より出ル、支度素袍袴ゐほしなし、』
　一扇手名より出ル、頭殿御跡ニ肩ニ乗り参候、支度小石畳素袍袴、七月朔日頭殿召

候素袍袴にて候、日ノ祭ニハ内之祭ニ頭殿召候白素袍着候、両日ともに化粧ほうべにゑほし末廣持候也、扇手肩ニ乗せ候者ハ、袴下斗着するなり、

一　長柄鎗

但輿より出候横備也、輿之筆者衆運合被致候ニ付、神事奉行搆無候、

一　頭殿幣之役　支度大口狩衣ゑほし、

一　初献　支度大口狩衣ゑほし、

一　三献　支度大口狩衣ゑほし、」

一　二献　支度大口狩衣ゑほし、

一　居頭　支度大口狩衣ゑほし、

一居頭之太刀持支度大口狩衣ゑほし、

一　居頭相伴　支度大口狩衣ゑほし、

一　居頭幣之役　支度右同断　長屋勤之、

一　居頭初献　支度右同断　長屋勤之、

一　居屋三献　支度右同断　長屋勤之、

一　居頭二献　支度右同断　長屋勤之、

一　頭奉行　支度素袍袴ゑほし、
一　頭殿親父　支度上下、　列立也此跡ニ又小者手道目録等也

但頭奉行者頭殿御下向跡ニ而、今日ハ三献有之候ニ付、如此之支度也、』日之祭ニハ支度
上下也、

備之次第左右同断、

但備左右之見舞衆、下知被致候様ニ、神事奉行より申達候事、

一　善神王殿之前ニ而、右頭殿を御待合被成、御中間左右同前、馬より直ニ守上ながら、
草履召させ申まねを仕、三足あゆませられ候様ニして、左右頭殿御同列にて、縁乃下
迄中間守上ヶ候、縁乃上より初献、左の一肩ニ守取、高座之上ニ御もたせ候敷皮を敷、
敷皮役之人敷被申候上ニ置まいらせ候而、初献者本乃ことく坂より下ニくだり、役者
衆同前ニ戸為之間より拝設へ被入候、拝般入口ニ而左右之役者禮有、」

但居頭并太刀持相伴、長屋ハ直ニ長屋へ被入候、神前座配圖別紙ニ有、

一　頭殿へ御三献上り候、御三献上ケ様等、別書に悉記ス　御三献相済候而、幣之役初献、扇手左右へ六人な
ふらひニ長屋へ被参候、此衆相済三献・二献、左右へ四人長屋へなふらひニ被参候、
宮仕者長屋ニ而候、長屋へ宮仕者名之者仕候、なふらひとハ三献之事なり、

一　頭殿御幣御取候時分ハ、太夫より神事奉行へ申来り候ニ付、左右幣之役人、幣請取ニ

被参候、請取時太夫ニ禮有、左候而御幣道筋ハ、絵圖ニあり、頭殿御前ニ幣を振り、頭殿へ為取上ケ申候時、初献御』後よりとらえ、左之膝を立右之膝を敷候、左候而幣之役御幣を請取候、

但一頭殿御幣御取候時ハ、役者畳より下ニ下ル、

一頭殿御幣御取候内ハ、神前と頭殿之間を通り不甲事ニ候、

一　御子舞　内侍舞事也、

一　御神楽相済候而、御下向之時分ハ、太夫より被申上候、

一　御召馬安養院へ参居候ニ付、御神楽相済、前方ニ御召馬参候様にと申遣候か可然候、

但御召馬并神馬鳥井より内ニ而、糞ばり出シ候得者、神事奉行唱有、口傳、

一　御下向之時も初献、縁上迄ハ守上ケ被申、夫より中間」守上候而、善神王殿前ニ而、御馬ニ召させ候、左より御下向被成候、備次第御参同前、左候而頭屋庭にて右頭殿御待合、頭屋廣間ニ而御三献参ル、何事茂今朝同前にて候、

一　廣間にて三献相済、御棚へ御直り被成候、三献参候、宮仕者かいそへ、

一　頭殿御棚へ御直り候、跡ニ而居頭衆并長屋へ三献有之候、御中間扇手相撲取へも、廣間之後座ニ而三献有之候、

一　今日ハ居頭御諏訪ニ而、幣取不被申候、』

七月廿八日

一　今日名より出ル、役者昨日同前ニ而候、

一　頭殿宮へ御参被成候は、頭屋御仕舞次第、

　　但御名代御参不被成候へハ、見合甲事ニ而候、

一　頭殿御支度ハ、立烏帽子ニ狩衣・晒御帷子下より被召候、白絹乃御帯、上帯ハ石之帯を被召候、御足袋ハ水たひ也、

　　但立烏帽子狩衣、御鞍ハ安養院より参候、

一　右之御支度相済、於御棚御三献、又於廣間御三献参候、居頭并長屋なとも、昨日同前乃三献有之候、

一　右廣間之三献相済候而、御諏訪へ御参被成候、」御備行列於御宮三献参候迄ハ、昨日同前ニ而候、

一　神前へ御くわん上ル

一　頭殿御幣を御取候、其時昨日同前ニ役者畳より下ニ下ル

一　追付居頭幣を被取候、

　　但時分ハ太夫より申来候ニ付、神事奉行より居頭方へ申遣シ候、道筋ハ絵圖ニ有、

一　御司参者大乗院ニ冊候、御幣被取候時は、敷皮上ニ而被取候、幣之役者御一家衆支度素袍袴ゑほしなり、敷皮之役者木藤・長田・染川名字より被仕候、支度上下、

但大乗院司参被成候時分ハ、神事奉行より安養院へ』行進申筈ニ而候、居頭幣相済うち脇ニ大乗院司参被成候、

一　手を打　但手を打とにへ打有之、

一　御子舞　但内侍舞乃事にて候、

一　神馬

但幣付役者御馬乗役之内より一人被勤候、支度上下也、

一　相撲

但下ノ帯を中間相撲取之肩ニなげかけ候、其後権ノ太夫布を被渡候、ケ様之儀神事奉行ハ構無之候、

一　相撲相済候而、御下向被成候間、御召馬引来り候様にと申遣候か可然候、

一　御下向之時分ハ、太夫より被申上候、左候而御下向被」成、於廣間御三献、亦棚ニ而茂御三献、昨日同前、

一　頭殿人《ニン》に御成候而、座主へ御参之御支度、新敷御帷子被召、白素袍袴鶴の丸之紋所有白絹上帯

末廣御持被成候、御髪ハ児髪、廿七日ニ同前也、刀ハ御さし不被成候、ゑほしも着不
被成候、
　一守上候者、名より出候、支度素袍袴、頭ニハ手拭をかむり、肩ニ召させ申候、
　一笠もさし申候、さし候者ハ名より出ル、支度素袍袴着仕候、
　一かいそへ支度素袍袴、
　一御小者ひつつり丸腰ニ而候、尤團扇持申候、』
一座主へ御参之御備ハ、對挟箱對鎗手鎗ニ而、左右御列立被成事ニ候、
　但居頭衆ハ無行列、打籠之御供被申候、支度素袍袴ゑほし、長屋ハ御供無之候、扇手も
　御供無之候、
一安養院ニ而頭殿御入候、中門ハ馬場之方ニ而候、かいそへ御小者ハ座主之廣間迄参、
頭殿御側へ罷居候、
一殿様被成御座候間へ、頭殿御出被成候ニハ、初献役御手を引御座へ御同道申直シ上候
而、初献者下座へ下り罷居候、
一屋形座主之間、一所ニ而御参献参候、其座頭殿両人・殿様・川上家・御家老一人ニ而
御座候、左候而御」通り被下候、次第左之居頭、其次ニ右之居頭、其次ニ左之幣之役、
其次ニ右之幣之役、夫より左右入交こゝ、相伴迄被罷出候、左候而御土器あらたまり、

神事奉行・左之親父・右之親父、其次ニ頭奉行迄ニ而御通り相済候、支度上下、居頭
衆支度素袍袴ゑほし、

一　右御通相済候而、直ニ別火所へ御入被成、御支度乃まゝにて、御棚にて御三献参候、
「但此三献迄ハ重信名字之人参候、宮仕者かいそへ、支度素袍袴、

一　神事奉行・居頭衆・頭奉行、別火所迄御供仕候、左候而居頭衆へハ、別火所ニ而振舞
有之候、

一　別火所廣間ニ而、神事奉行・頭殿親父・親類衆迄』振舞有之候、此振舞相済候而、心
次第罷帰候後、別火中も神事奉行構不申候、

諏訪祭禮之次第記終」

右有故、使當家掌卅世諏訪祭祠故、曩祖頼久以降筆之、於書傳子孫、雖然年代久遠而、楮
國恐損失、不違舊本新謄』寫之畢、夫丁于上野介久隅時祭祠之禮繁多、我家獨難辨大祭、
以故氏族之内撰其器、為神事奉行、毎歳無闕如焉、」
往往當此職者、護斯書之旨敢勿忽、仍如件、

享保二稔丁酉六月朔日

（蔵書印）

川上久馬

久東判』

此一冊依御望、被為写候、其後致于舊本、糺合度旨、就御頼致校合之、全無相違候、尤可被為秘之者也、仍如件、

（蔵書印）

川久　馬

享保二年七月朔白

久東（花押）

川上縫殿殿

後　叙

一、本書は鹿児島県立図書館所蔵の「諏訪祭禮之次第記」を解読し飜刻したものである。『国書総

目録』によると、現在のところ同書は同館所蔵の一本のみの所在しか知られていない。あまりよい写本とは思われないが、他に類書が見あたらないので、敢て同書を使用した。

一、飜刻をするにあたり、本文どおりの行がえをしないで送りぐみとした。ただし、改丁の所には』を、改頁の所には」を付した。

一、文中の旧字体の一部を略字体に改めたところがある。変体がなはすべて平常のかなに改めた。

一、利用者の便宜を考えて、文中に読点・併列点を付した。

一、写本の閲覧をご許可いただいた鹿児島県立図書館に厚くお礼を申しあげると同時に、本書への飜刻の機会を与えられた金井典美氏に感謝の意を表する。

昭和五十三年正月　日

校　者　識

付　記

金井典美

長野県諏訪湖をはさんで南北に上・下社が分立する諏訪神社は、信仰圏の広いことで知られているが、日本本土西南端の鹿児島県にも、今日多くの諏訪神社の分社がある。

鎌倉時代の初頭から、薩摩・大隅・日向三国の守護であり、大豪族であった島津氏が、諏訪神社を領内に守護神として勧請したのは、島津氏が飛地の一つとして信濃国水内郡の太田庄に所領をもち、信濃国一ノ宮の諏訪神社の祭りに奉仕して、その氏子だったからである。

鹿児島に勧請された諏訪神社においても、信濃の本社をまねてこれらの祭がおこなわれたが、ここに紹介する「諏訪祭禮之次第記」は、鹿児島諏訪社の大祭仕様書である。祭の役人らが、これによって準備・実施の手引にしたものであろう。

これは筆者がかつて鹿児島県立図書館を訪れた際、その存在を知って写真に撮ってもらったものであるが、その責任ある飜刻は筆者の力に余ったので、今回早稲田大学古文書研究室の柴辻俊六氏に依頼して、発表の運びに至ったものである。

鹿児島諏訪社の大祭は、旧暦七月一日より一カ月にわたっておこなわれ、本社の御船祭《みふね》から御射山祭《みさやま》までを一連の神事として連続させている趣がある。その模様の外観は、むしろ白尾国柱の「倭文麻環《しずのおだまき》」に記された「諏方廟顕霊」の文章や絵によって、具体的に知られるが、それとこの次第記を対照することによって、その実態は隈なく照し出された感がある。この南九州の諏訪信仰は、中世以降信濃よりの伝播とのみ考えられてきたが、今日蛇行剣の研究の進展によって、五世紀においてすでに南九州の隼人系の文化が、諏訪に流入していた形跡がみとめられることから、それが再検討を求められている実状である。少くともそうした視点に立つことによって、従来諏訪信仰の謎とされていたものが、いくつか説明されやすくなることは事実である。

東北地方も諏訪信仰のさかんな地域であるが、ナマハゲ・カセドリなどの民俗も、南九州に多い来訪神の伝播と考えることも可能である。

諏訪信仰を媒体とした南北文化の交流は、今後追求さるべき重要な課題であろう。そのささやかな基礎的作業の一つとして、「諏訪祭禮之次第記」の翻刻の意義があるのであろう。

その公表を快諾された鹿児島県立図書館と、早大古文書研究室の柴辻俊六氏の労に感謝したい。

穴巣始《あなすはじめ》と外来魂《みたまほかい》
――古諏訪祭政体の冬期構成――

田中　基

神の占有地と人の占有地

前人未踏の原野に新たに人間集団が入りこみ、自然を使用するに際して、自分達の開墾し、生きてゆく領域と、自分達の手の及ばない領域を自然そのものに還し、畏るべき神の占有する空間として、ダイナミックに区分し、その境界そのものを社《やしろ》として祭り、神の祝《はふり》を置いた極めて原初的な伝承が、幸いにも『常陸風土記』に書き残されている。

ヤハズ氏の祖先マタチが行方《なめかた》郡家の西の谷を開墾して新田を治《は》った時、沢山の谷《やつ》の神（蛇）が現われて工事を妨害した。そこでマタチは武装して矛をとり、谷の神を追い払い、山ノ口まで追いつめて、そこに標《しるし》の杖を立て、『此より上《かみ》は神の地と為すことを聴《ゆる》さむ。此より下は人の田と作すべし。今より後、吾、神の祝《はふり》と為りて、永代に敬ひ祭らむ。翼《ねが》はくは、な祟《たた》りそ、な恨みそ』といって、社《やしろ》を設けて祭祀をはじめた。
（『常陸風土記』行方の郡）

ここでは、人間よりも前に占有していた神を谷《やつ》の神・蛇として認めている。その蛇の神の占有する地帯と、人間が耕作し、生活を営む地帯の境目に標の杖を突立て、そこから上は神域として区別している。

標の杖・忌杖を突立てる行為は、地名となって現代に至るまで残っている。日本の各地にある「杖立」ないしは、「杖突」という地名は、開墾のはじめにあたって、人間の占める空間と神の占める空間の境を定めた行為の伝承を意味する。(1) ここ赤石山脈の北端・守屋山脚にある杖突峠という地名も諏訪地域における神地と人間の地の境を定めた劇を告げている。古代において、杖突峠は神の道であり、神である大祝の専属道であったと想定すれば、(2) なお一層と理解が深くなる。この尾根づたいの麓に前宮神原《ごうばら》が存す。人間の耕作する沖積平野に接する谷地形であり、自然に湧出する水眼《すいが》の流れがめぐっている日陰の地形は、谷《やつ》の神を祀った物語を眼前にほうふつとさせる。

現在、諏訪神社上社は、前宮と本宮に別れている。しかし、神事の瞬間のみに生きた祭祀場が固定化し、常在化し、建築物として社《やしろ》が立つ以前の、人間と神の地境が画然と分割された原初の劇にまで遡るためには、神域全体を把え直さねばならない。それにはいまのところ中世守矢文書を読み込む以外方法はないが、『諏訪上社物忌令之事』にこのような箇所がある。

……罪科人ヲ誅スル、南ハ鳴澤ヲコシ、北ハコシキ原ヲコシテ可被誅也、御頭ニアタリタラム人モ其郷内ヲコシテ可被誅也、

死人を出してはならぬ神聖地域として、南は鳴沢から北は甑《こしき》原を境とする一帯が設定されている。今井野菊氏によれば、(3)「鳴沢とは中央線添い坂室と木舟の境の鳴沢であって境界第一号塚から赤石山脈頂上高遠領境（伊那境）の尾根を云う。此谷の水を集めて流れる鳴沢川は宮川に合流する。此鳴沢川を越えて南方地籍を竹原という。北の甑原は安沢を越えて甑原があり此原が現在の真志野領であり、此処を境として有賀領に竹原がある。竹原とは昔の刑場を云」う。又その裏側の境界は杖突峠を下った伊那郡藤沢村「御堂垣外《みどうがいと》」（現在の高遠町）までであったと言っている。そして杖突峠は、古代においては大祝専属峠であり、一般の人々の道は伊那側において松倉の硫黄沢をのぼる小飼峠であったとしている。

ここで、中世において、守屋山頂を中心にかこんで、鳴沢（坂室）・甑原（有賀）・御堂垣外（藤沢）を結ぶ聖三角地帯が不可侵の神域であったことが判る。これは古代にまでたどって考える事の可能性をもっている（またこの地帯内部で、七年に一度の御柱年に死んだ人は、神長といえども墓地に埋葬することを許されず、一たん山に埋葬されて、翌年になって墓地に葬られていた。神域であったがためである）。この聖なる三角地帯に前宮も本宮もスッポリと入ってしまう。であるから、前宮、本宮と社単位に考えるのではなく、この三角形の神域全体を祭祀場と原初的に考えたい。そしてこの神域は、守屋山という山名以前は「森《もり》山《やま》」と呼ばれていた事に留意したい。大和盆地の御諸《みもろ》山という呼び名と同様、ムレとかモリという神域を意味する山であるという自覚が、この山名にはある。杖を突く、という神境分割と、モリ山という神域をいみする山名が、鳴沢・甑原・御堂垣外（これは中世の垣外の名前であるが、三峯川が発する地帯である）を結ぶ地域が神聖不可侵の地帯であり、この地域全体の各所で、審神者《さにわ》である古神長・守矢氏と神体である古大祝（有員以前）が、神事を行っていた痕跡を教えてくれる。神域名である森山は『神長守矢氏系譜』によれば、物部守屋の次男である武麿が、物部守屋滅亡後、諏訪に逃亡し、一たん「森山に忍ひ居て後、神長の養子となり」（『信濃奇勝録』）、神長家をつぎ、「森山に守屋の霊を祀り、今守屋が岳と云ふ」（同）と伝えられている。神長・武麿の時、森山という神域を示す名前が、守屋山という名前に変って、今に至るといっている。

系譜が政治的背景か何かで、一たん途切れようとする場合、系譜作成者が繕ろおうとする手口がある。一つは中央の有名氏族の子息が急拠入りこむという方法であり、一つは儀礼内容を実際にあった事件とする方法である。例えば大祝系図で有員は、桓武天皇の子とし、名前もアリや阿礼があれいづるというシャーマンとしてふさわしい名前であることをもってきている。そしておそらくは樹下で神懸った古大祝の即位儀礼を利用して、ミソギ平の樹下で突然神懸ったとして、土着の人々の信仰内容に逆らわないようにしながらも、古大祝の存在全てを消し去り、大祝の始祖とした。私は、有員大祝は、逆に或る意味で大祝の終焉であり、それを頂点とする古諏訪祭政体の終末であると考える（やがて、東北地域の侵略にどのような役割を演じたか、軍馬養育の牧の拡大と共に、諏訪神が軍神となって全国に名を轟かせるに至るが、誰が誰に対しての軍神であったのか）。この『神長系譜』の物部守屋の次男の設定もそのように考えられるが、注意すべきは一たんアジール・森山に忍び居て、後に神長の養子になったと言っている点である。『神長系譜』をみると、同じような手口がもう一度用いられている。神長・頼実の項に「古記云守屋山蕨萱ト云処ニ七年草庵ヲ結ヒ隠住建久二年迎取為子」と。これは「古記云嘉禎三年将軍家より物忌令御尋之刻神長系図御改有入上覧云々」の時期直前にあたっている。『諏訪上社物忌令之事』のみでなく『神長系譜』にまで鎌倉幕府の強制的検閲があり、「御改有」の時期にあたっているのである。やはり滅亡寸前の平氏系の薩摩守忠度の子が信州洲羽に匿れ神長になった、としたのである。そこで武麿の「森山に忍び居る」という点と頼実の時の守屋山の蕨萱という所に七年間草庵を結んで隠れ住んでいたという構成法は、恐らく神長になるための厳しい試練として、長期間一人で守屋山中に籠るという儀式があり、その試練に耐えて、はじめて神長になることが出来たイニシエイションが存在したと考えられる。その儀礼の痕跡を、あたかも実在の敗北者の子息が、守屋山に逃げこみ、何年かをすごして、神長の養子になる事件のようにして、まったくの別系列の政治的要請を担った神長が生誕する場合のとり繕ろいとして利用したものではないかと考える。諏訪という地域は、大和朝廷に対して、特異な強力な勢力が存在していたのであろう。「蝦夷《あしひき》の凶首《こめかみ》、咸《みな》其古幸《つみ》に伏しぬ。唯信濃国、越後国頗《すこぶ》る未だ化に従わず」（『日本書紀』）と化外の地であることが示されている。タケミナカタやイセツヒコらが出雲や伊勢方面から脱走して、ちっ居亡命出来るだけの基盤が実際にある時代に有ったのであろう。単なる神聖治外法権地帯（アジール）以上の政治的に大和朝廷に従わない強力な勢力があったのであろう。

　この二つの説話に示された敗者の雄が、諏訪にかくまわれるという構成が、『神長系譜』において、蘇我に敗北した物部守屋の次男の脱走として、また源氏にやられた平氏系の薩摩守忠度の子の脱走として共に守屋山中に隠れるという構図が作られたものであろうが、ただこの二人が系譜に現われる前後に一つは天武・持統系の強力なテコ入れ、一つは鎌倉幕府の強力なテコ入れが、執行されていることから、政略的背景を抜きに「系譜」を読みとることは出来ない。

こういう発想が許されるならば、この中部山岳地帯の山湖のほとりの不可侵の神聖地帯＝森山《もりやま》の山中において、神長候補者が、長期間山中に籠ったり、大祝候補者が突然、樹下で神懸ったりする事件が、実際に存したのであろう。また、それぞれの岩坐や樹下で、神霊を招き、神事劇を行う場所があったのであろう。それは、社として前宮や本宮が固定を示す以前の神域内における古層な神事劇をほうふつとさせる。

臨時にその時その時で行っていた樹や岩や谷や道俣の祭場が固定化される時が来る。『神長系譜』でいう神長・宮戸守の時期である。十三所の設定である。宮戸守という名前が示しているように、祭祀の瞬間のみに生きていた祭場を固定化し宮となし常住化したのである。一所政殿、二前宮、三磯並、四大歳神社、五荒玉社、六千野河、七出早社、八柏手社、九久須井神社、十溝上社、十一玉尾、十二穂俣、十三瀬大明神（中十三所と下十三所は後の設定と思われるので略す）。

ここで注意すべき事は、後世において地域的に前宮神領と本宮神領に区別される十三社を一緒に包み込んでいるという点と、前宮は二番目に挙げられており、他の十二所と同じ価値づけがなされている点、更に本宮が出早社と記されている点（今井野菊氏教示）である。この三点から理解するならば、宮戸守の当時は、空間的に前宮、本宮という区別がなく、この神域全体の各祭祀場として、一つ一つが同等な価値を持っていたと思われる。

やがて、大和朝廷の東北侵略の前進基地として諏訪を位置づけるための政略を背景に有員大祝が導入されるに至って、タケミナカタ以前の土地神として十三社が理解され、大祝即位の後に即位のアイサツを土地神十三社にして廻るという構成がなされる。十三社はタケミナカタのオコガミとして末社化し支配構成される（大祝の十三社詣の出早社詣が本宮詣に変っている）。そして有員の時代に本宮の土壇が三段に構成され、七年に一度の遷宮が始まった、と『画詞』は言っている。ここで諏訪祭政体とその神事は政略を背景に歪《ひず》む。

この有員大祝導入に至る政治的激変の時期において、諏訪上社前宮は、神である大祝の居館（神殿《ごうどの》）の地とされ、諏訪上社本宮は、神体山守屋山を拝する本宮として十三社の一、出早社付近の祭場を荘大化したものであろう。そのような意味において、私は前宮という言葉よりも、神原《ごうばら》という名称の方が祭祀場の中心点の意味にふさわしいと考え、意図的に使用したい。なお前宮の前という語義がいろいろに解釈されている。タケミナカタトミの妃（ヤサカトメ）を祀った社であるから前宮《キサキノ》であるとか、本宮より時間的に先行した社であるとか、空間的にタケミナカタの神陵の前に斎いた社であるとかであるが、武藤武美氏(4)の「前宮とはミナカタトミの『前のことをとりもつ』ところであり、ミナカタトミの『前を拝く』場であり、総じてその宮はまつりごとの中心となる場所に相違ないだろう。」という見識をよしとしたい。武藤氏は「よく我が前を治めば、吾能く共に相成り成さむ。もし然らずば国成り難けむ」（『古事記』上巻・大物主のことば）「これの鏡は、専ら我が御魂として、吾が前を拝くが如拝き奉れ、次に思金神は前の事を取り持ちて政せよ」（『古事記』上巻・アマテラスのことば）「すなわち意富多多泥古命をもちて神主として、御諸山に意富美和の大神の前を拝き祭りたまひき」（『古事記』）、「美麻貴の天皇の世、大坂山の頂に、白細の大御服坐して、白桙の御杖取り坐し、識し賜ふ命は、我が前を治め奉らば、汝聞勝、看食国を大国小国事依さし給はむと識し賜ひき」（『常陸風土記』香島郡の条）という用法に注視している。しかし一歩進めて、ミナカタトミの「我ニ於テ體ナシ、祝ヲ以テ體トス」（『画詞』祭二）という神勅を理解すれば、現人神である大祝の「前を拝く」場であるとすべきであろう。又、狭義の前宮（十三社の一つ）は神陵（と理解された）の「前に位置」する斎屋であろう。

前宮＝神原は、赤石山脈北端・杖突峠山腹の秋葉山下の緩かな傾斜面を利用して、左右の尾根の山脚と背後の山に包囲せられ、前面は、肥沃な沖積平野を望んでいる谷地である。

この地点が、現人神大祝の居館（神殿《ごうどの》）が据えられ、祭祀の中心をなすに至った理由としては、稲作の沖積平野を見下す位置にあり、ミシャグジ神を祀る場所にふさわしいこと、杖突峠に至る古道が前宮奥にあって、伊那側とをむすぶ要衝であった事、そしてなによりも水眼《すいが》の流れを配した谷地であった事であろう。水眼の流れは前宮奥の谷底からにわかに湧出する泉であるが、水質中性に近く極めて良好であり、湧出量も、温度も年中不変であると考えられ、途中、地表又は浅層の地下水の混入の殆どないものと考えられる（三澤勝衛「水眼川源泉調査」報告文）こと、そして水眼川の水流は冬期にも決して氷結せず、降雨・旱魃の場合にも増減しないといわれる。「土地の者は諏訪明神が鎮坐せられたのも、此の良水のあるためだと言伝へてゐるといふ。」（『諏訪史』二巻前編）この口碑に耳を傾けよう。土地の人々の口碑は、前宮占地をいいえて妙である。このような湧泉を配した谷地形が諏訪祭政体の中枢をなす神原《ごうばら》となった。

神代童體故ある事なり

私には当初より二つの大きな疑問が口をあけたままになっている。一つは「生《う》まるるも　育《そだ》つも知らぬ人《ひと》の子に　神髪《こうかずら》きせて　神の子にせん」（『御七五三の事』）と室町期の諏訪の神楽歌にあるように、生存の苦悩も、その深い意味も知らぬ幼童を、諏訪祭政体の構成員全体の生存を左右する受肉の人間神としてその中枢に据えたか、という不可解さである。『画詞』の筆者小坂円忠は、春の御立坐神事の神使六人が幼童である点をあげて「神代童體故ある事なり」といいきっている。神使は構造的に仮の大祝であることが理解されている。ならば、大祝が「神代童體故ある事なり」という「故ある事」とはどういうことか。達眼者・小坂円忠は、古層な意味をもった神事を「故ある事なり」とか「かくこそありけめ」という言葉で洞察している。十二月二十九日の竪穴の御室に蛇体を三体導入する儀式において、「其儀式おそれあるによりて是を委くせず、冬は穴にすみける神代の昔は誠にかくこそありけめ」、九月朔日の秋尾の御狩りで三日間、秋尾平に逗留し神事を行うが、すすきの庵に大祝がこもり、土壇にすすきを敷き、餅・酒・馬草・粟穂を積んで供え、庭火をたく、山中の光景を「故ある事なるべし」と民俗学的関心を払っている。そして、この「神代童體故ある事なり」という洞察等である。

もう一つの大きな疑問は、厳寒の冬期から春にかけて、長期間神事が集中的に行われて、古層な御左口神とソソウ神がひんぱんに活躍するが、かんじんの農耕期に至ってパタリと止み、古層な精霊も出現しないということは、一体どのように理解すればよいのかという点である。

古諏訪祭政体（タケミナカタ神として国家統制に入る以前の原始的精霊とそれを中心に構成された基盤社会）は容貌怪異な一つの生き物である。それは、神事を神事としてのみ理解する事を許さない。基盤をなす生業と社会構成の表象として、生きた全体の中に位置づける事を強要する。「一年中七十余日の神事附頭役狩猟各四ケ度並に百余箇度の饗膳今に退転なし」（『画詞』）、中部山岳地帯の山湖畔の谷地・神原を中心に闇の杜で人々はいったい何のために神事につぐ神事、饗宴につぐ饗宴に生命を燃焼したのか。複雑多岐にわたる祭祀に、私は自分の当初より抱いた疑問を糸口として入っていく以外に道はない。

諏訪神権政治の中枢・受肉の人間神・大祝《おおほうり》は神氏族の童児より選ばれて、神殿において30日の精進をする。最初10日が外清浄、次の10日が内清浄、最後の10日が己身清浄である。その10日ごとに火と衣服、器物、畳ら全てを交替する。即位（職位）の当日、神殿の西にあるカエデの宮の三本の樹の下、烏帽子状の小岩坐に葦を敷いて坐し、お歯黒など成人戒の化粧をほどこされた後、神長守矢氏より狩衣を着せられる。この時、童児は神になる。そして十三社に詣で土地神にアイサツを済ませた後に大祝の魂床である内御魂《うちみたま》殿に入って「我身は既に大明神の御正躰《ごしょうたい》と罷成候ひぬ、清器《きよつき》申給はりて定《さだか》なり、今よりしては不浄なる事あるべからず云々」（『旧記』）と宣言する。清器《きよつき》とは、大祝の精進に出てくる器具類を呼ぶと同時に大祝そのものが「清器申給わ」ったのである。聖なる容器になったのである。

ミナカタトミの外来魂を装填した聖なる容器すなわち、俺は神だ！と宣言しているのだ。

　この中枢をなす、人間でないシュールな生き物＝神である少年の一挙手、一投足、そして一挙言が、それを底部で支えている農耕民の生業に作用をおよぼし、その一挙手、一投足が諏訪祭政体の宇宙を動かし、乱し、その運行を左右する、という転倒した世界観にもとづいて、この神それ自体である少年が聖なる器であることを保ち、おそらくはtranceにかかりやすい状態を保つため、様々な禁忌が枷せられている。「當社大祝ハ此レヲ神躰トシテ崇敬異他ノ重職ナリ、仍當職ノ間ハ郡内ヲ出ル事ナシ、況他國ヲヤ、潔斎厳重ニシテカツテ人馬ノ血肉ニ触レス……」（『画詞』）すなわち境を越すことの重禁、戦斗にまみえることとの禁忌を始め、百日間日光を見ることのタブー（源俊頼の風祝の歌「スキマアラスナ」）、土地に足を触れることのタブー（即位式のカエデの宮の岩坐から内御魂殿に至るまでの道は、スノコの上に白布を敷いて大祝のみの通路となし、大祝が通った部分を順にまき上げていった。土地に足を触れさせぬためである）、性交することのタブー（神使の選定規準として「婚姻未犯の童男」（『画詞』）とあり大祝も同質である。女性をほしがるようになると下位《おりい》、と伝えられている）、そして死すことのタブー（大祝在職中にもし死去した場合、死体は秘密裡に土葬にふすが、天保十一年九月大祝頼寿の死去の際の仕末は、九月十七日未明頼寿の落命、同日同人名義を以て、病気の理由により、安丸に家督相続を願出で一旦大祝職を退いている（『諏訪史』二巻後編)。これは死去に先立つ形式において退職させ、大祝を容器とする外来魂に死はないことを示そうとした現われである)などの重禁にとりまかれて、ほぼ人間的行為を否定され、厳冬期には守屋山脚下、神原《ごうばら》の御室という茅でふいた竪穴斎屋にほぼ三ヶ月にわたって幽閉され、春があけると、季節の循環に呼応して五月初旬の三日間の押立御狩神事、六月下旬三日間の御作田ノ狩押立神事、七月下旬三日間の御射山御狩神事、そして九月下旬三日間の秋穂狩猟神事と、四ケ度の狩猟祭宴において八ヶ岳西南麓の大扇状傾斜面・神野《こうや》(原山)に舞台を移し、山中の穂屋《ほや》(ススキの穂で造った斎屋・大四御庵)や円形にみえる穂屋(秋穂の御狩)に籠っている。一年間の大祝の行為を大まかに追ってみると、意外にも主要な行為は、植物でふかれた斎屋の暗闇の中にじっと籠っていることのように思われる。それは自己がその容器として抱き込んだ外来魂を静かに育《はぐ》くんでいるかのごとくである。その外来魂はタケミナカタという猛々しい神とは性格を異にする。少年大祝に憑いた魂《スピリット》の性格とは何か。諏訪祭政体の焦点である大祝が守屋山脚下から八ヶ岳西南麓の大扇状地にダイナミックに移動しながらも籠っては饗宴し、また籠っては饗宴し、という神事劇を繰返すことが、底部でこの祭政体を支える「勤にして貧」なる農耕民の生存にどのように括抗しえたのか。

宮地直一氏は『諏訪史』二巻後編で多くのページを割いて「祭祀考」を行なった。複雑多岐にわたる一年七十余度の神事と百余度の饗膳を、中世守矢文書のうち特に公開を前提の小坂円忠『諏訪大明神画詞』を経糸とし、非公開の神長の祭祀覚書である『神事次第旧記』を緯糸に解説を試みた。そして最後に、外側からこの大きな渦を全体的にもう一度眺め、上層に浮び上ってくる国家統制下に入った諏訪神に関連した祭祀をウワズミとしてとり払いつつ、最下層に鉛のようににぶく沈殿する滓のごとき最古層の祭祀を摘出しようとする大胆な分析を試み、こう言った。

空間的には、神原《ごうばら》（前宮）と上社（本宮）との複単位を基準として祭祀全体は成り立っているように見えるが、より古層な神事内容をなすものは、神原《ごうばら》（前宮）及びその附近の地をもってするものであり、季節の関係より見るときは、神原付近における春冬の二季を主として古態を残していると考え、神事において古層な核をなすものから新層なる祭祀への推移を「神原附近の行事にあっても、御室本体の儀より、神殿及び神原廓中心の式に移って、その間に年代的階梯を経た跡を偲ばせ」、「狩猟神事の如きも、恐らくは御室祭祀の古代に始まり、爾後発達の途中に於て神殿祭祀の系に摂取せられたものであらう。」と基本的な考えを明らかにしている。そして最古層な神事としては「神原の御室を祭場とするは、その式の珍奇を以って称せらるるだけでなく、原始信仰の反映として、諏訪祭中最古の年代に置かねばならない」と設定した。そしてその理由として、御室《みむろ》の神事において、御左口神《みしゃぐじ》とソソウ神という原始的なスピリットの祭祀を中心に、他に類例のない方式を執り、年末から年頭の間に継続して、三月の十三日間の神事に及ぶもので、この神事は、国家統制化のミナカタトミとして諏訪神が成立する以前の姿であると想定した。そうして国家統制化による諏訪神成立以後において大祝が常住する神殿《ごうどの》を祀る祭祀の始まりと考え、御室祭祀と神殿祭祀とを時間的に明確に区別した。なお、その後に上社本宮を信仰の主体と仰ぐに至って「これを此所（本宮）に統一せうとする運動を起し、遂に之を諏訪祭なる単一的名称の許に包括すると共に、その数に於ても、半ば以上に及ぶ成功を告げたとはいへ、仍ほ依然として神原本位の古い慣習を更め得ないで一種の複合的状態を以って進むの外なかった」と想定した。又、四ヶ度の御狩神事に関しては、「古代に於ける諏訪人の実生活の直写たるに外ならぬ」もので「その血を分けた祠官や氏人の人達は、常に峯を越え谷を渡る営み劇しい神業に身を委ねて、神と共に歓を一にせんことを期しつつあって、その間より自然に狩猟に関する方式の発生をも促がすに至った」とイメージを馳せた。

竪穴斎屋の原始精霊・ミシャグジとソソウ神

複雑多岐にわたり、混合して渦巻く神事を古層と新層に俊別し、その背景に政治的・社会的動向を見ようとする宮地氏のヴィジョンは的確である。ここから最古層として抽出された神原における冬期の御室神事と、四ヶ度の御狩神事のうち、御室神事の施設と神事の実況に立ち入り、この神事全体の意味をたずねたい。

私たちが公開の『諏訪大明神画詞』(一三五六)から御室祭祀に近づこうとする。すると「御體三所を入奉る其儀式おそれあるによりて是を委くせず」とか、「誦文あり外人に聞かしめず」と強力な拒絶に合う。中世においてもいまだ秘密祭儀であることを示している。やはり神長が祭儀の内容次第に関して詳しく覚え書風に記していた非公開の神事ノートである『年内神事次第旧記』(室町初期)を援用しながら、秘儀の内容に近づいて行かねばならない。

御室《みむろ》は、神原の一画、内御魂殿と前宮の間に冬十二月二十二日に建てられる竪穴斎屋である。『画詞』は言う、「同日、御室に入る。大穴を掘りてその内に柱を立て、棟を高め、萱を葺きて、軒のタル木土をささえたり」と。萱で葺いた竪穴斎屋である。『旧記』は御室の建築用材を負担する郷役の事を記して言う。「一、むな木・上下桑原、栗林両條、一、東の柱・武井條、上桑原、一、北柱・下桑原、一、西柱・武井條、一、南柱・栗林両條、金子、一、北けた・上下桑原、一、西のけた(南のけたの間違いであろう)・栗林、武井條、一、西のはり・武井條、下桑原、一、東のはり・くりばやし、上桑原、上原、金子」この建築用材から、御室の構造は理解出来る。しかし、高さ、広さ、深さなどは依然として判らない。宮地直一氏は、諏訪地方にいまだ残っている土室の例をあげた。昭和五年一月、玉川村神之原の原田清治氏の邸の前庭に設けられた土室を例に挙げて御室の参照にしている。これは十二月から来春四月に至る冬季用の藁仕事をする室である。それは間口二間、奥行三間の空間で、地表より垂直に三尺二寸位掘り下げた土室で、その上に南を正面にして切妻々入型の屋根で覆い、妻の一方に障子を立てて出入と採光に用いている。棟は北に向うに従って低くなる。先端は葺卸で、全体を藁で葺いている。棟から床までが六尺位、床は土間の上に藁を敷きわたしている。

御室の構造を考える上で多くの参考になるものである。しかし、神事用の御室とはまず広さの点でも大いに異なるようである。『旧記』は〈村代神主の御室へまいらする節料〉という項目で、竪穴の土間に敷かれる菅畳について述べている。それによれば、千野、古田、矢崎、栗林、上原、下桑原、真志野の神主達がそれぞれ菅畳三畳ずつ調達する。それ

御室を想像させる土室
（『諏訪史　第二巻　後編』より）

に加えて、ひくさ湛の神主、とちの木湛神主、御作田神主が、菅畳一畳ずつを調達している。これを加えると二十四畳になるから、最低限この土室の広さは十二坪あることになる。大室《おおむろや》である。

この神事用の竪穴斎屋は、古代においては各地にあったようである。オオアナムチが、さまざまな厳しい試練を受けた後に、スサノオに入れられる「八田間《やたま》の大室《おおむろや》」は、かなり広いことを形容している。ここでオオアナムチは、スサノオの髪の毛をその睡眠中に、竪穴内のタル木にしばりつけて脱走している。また「忍坂《おさか》の大室《おおむろや》に　人多《ひとさわ》に　來入り居り人多に　入り居りとも」という歌は、弟エカシが、宇陀高原の忍坂の大室で、ツチグモノヤソタケルに饗をした時にうたったものだ。また、冬の十一月に「片丘の大窨《おおむろ》の中に有して、独大牀に臥しまして」いたタギシミミ命が、ジンムの子らに殺されている。この大室、大室屋、大窨とすべて大の字がついている。これは単に空間的に大きい土室という意味だけではなくて、聖なる土室という意味で大がつけられたのであろう。一つはオオアナムチの成人戒用の土室であり、一つは大饗宴の行われた土室であり、一つは、王が大床に臥していた土室で、ふだんの日常住居としての竪穴とは異なる斎屋である。『記紀』の記述は、諏訪神社前宮神原の御室《みむろ》を理解するのに役立つ、と同時に逆に神原御室の竪穴内で行われる神事劇は、既に他地域では神話化されて、全て消え去ってしまっている古代の実体的な神事劇を、中世に至るまで秘儀として唯一持続していたことを物語っている。

この大室の竪穴式斎屋内に一つの重要な神事施設が組まれている。「萩組の座」(『画詞』)である。伊藤富雄氏は言う。「はきくみは萩組である。絵詞に『萩組の座』とあるから、御室中の一の座席である。組は構造の意であると思われる。十二月廿二日の條に御左口神の祠を作ることを、『みさくしくみ申あしは御室奉行役にて出』と記して居るその『組』の義である。御室は土室であるからその中に萩を以て組みたる座席を設備し之を大祝の座に充てたるものであろう」(『諏訪上社中世之御頭』)と。しかし『旧記』の〈みむろ作中郷々役の事〉では、御室の用材を記した、そのすぐ後に続けて「一、はきくみの東の角・上原、上桑原、一、南の角は真志野、栗林、一、むなき・ましの、上原、上桑原、一、けた・にし・真志野、くりはやし両條、ひかし、かみくははら」と記してあるので、棟木をとおし、東西に桁があり、東と南の角に柱をもち、恐らく西と北の角は御室にもたせかけた、御室内の建築構造物であり、萩を以って組まれた大祝の座席以上の建築構造物と理解される。宮地直一氏は、萩組の座を、御室の外の入口近くに設けたように理解しているが、私は神事の運び方やその内容から考え、又、角が東と南だけしかない点で、御室内部中央の北の桁に接して、棟木を真直角にわたし、西の桁、東の桁をもうけたものと理解する。家屋内家屋という点では、前号で北村皆雄氏が生島足島神社の分析を行った中で、神の性格は大和朝廷系列の国土生成神であるが、祭祀は古諏訪祭式によっている点を明らかにした。竪穴の土室そのものを神体とし、覆屋の中にまた一つ斎屋があって神座としている点、御こもり神事では、冬期の長期間に諏訪神がこの御室の中に入って春になって出てくる点で、諏訪神を御笹の御左口神におきかえれば、前宮から御室に入り、また春になって前宮に入れられる諏訪神社の御室神事における御左口神と酷似している。おそらく生島足島神社は、祭祀場の御室が固定化され、遂に竪穴の土室そのものが神体化されたものであろう。小坂円忠氏にならい「冬は穴にすみける神代の昔は誠にかくこそありけめ」と言いたくなる。その中にある斎屋は、御室の中にあったであろう萩組の座を理解する援けとなる。

もう一つ「うたつの御左口神」(『旧記』)という構造物であるが、十二月晦日、寅の時に「うたつの御左口神之御前にて」ひの木のふしに「御あかしをまいらせて」いる。新たなる神聖な火をおこす行事をこの「うたつの御左口神之御前にて」行っているのであるが、その上の破風は葦組でもって塞いでいる。「御室内の御左口神上破風、葦巣奉塞之事、毎年如斯」(伝「信重解状」)、また「みさくしくみ申あしは御室奉行役にて出」(『旧記』)とある。これは、竪穴式住居の「大穴の上に架せられた切妻造の覆屋に相当するのであり、この妻の部分が御左口神の上の破風で、之を塞ぐに葦組の簀を似てするのである。」(『諏訪史』第二巻後編）という宮地氏の見解が説得力をもっている。神長本『画詞』の祭一月一日は言う。「去年神使皆うたつの御左口神よりすめりてをりゐと成させて御左口神をしたて申、御符したためて神長役にて所々へ差当るなり」と。一年間の重役をはたした六人の幼童神使達が、このうたつの御左口神より退出することによって正式に退位《おりい》するのである。重要な祠であることを示している。この同じ部分を『旧記』にみると、「神使殿はきくみよりすへり給候」と記してある。もしどちらの描写もが間違いでないとすれば、「うたつの御左口神」＝「萩組の座」となる。あるいはその近くにあったものであろう。

後に検討するように萩組の座に十二月二十三日に御左口神が導入されている。この萩組の構造物を強調する時に、「はきくみ」と呼び、その構造物の中にある御左口神を強調する時に「うたつの御左口神」と表現していると理解すれば、疑問を解けるが、一応近くにある別の二つの施設と考えておく。

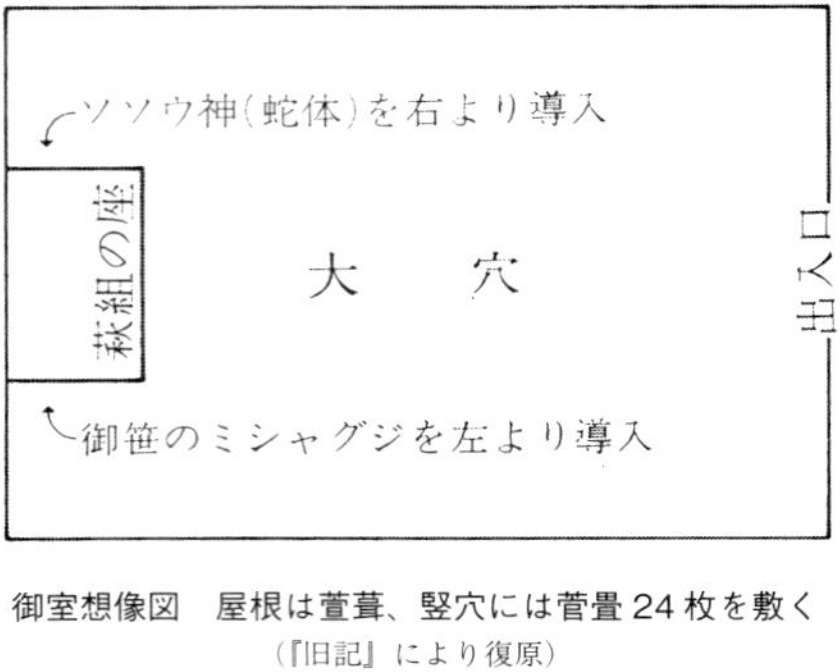

御室想像図　屋根は萱葺、竪穴には菅畳24枚を敷く
（『旧記』により復原）

萩組の座は御室内西より棟柱をもち、前面の南と東の角に柱をたて、背後に西北側にたてかけて両側に桁をもち全面を萩のしなる枝で編んだ祠を想起する。またうたつの御左口神は西側の妻の部分を葦組でもって塞いだその前面に置かれたものであろう。西奥側を御左口神としたのは、小坂村の御頭屋敷が西側の二坪を御左口神の場にあてている点や、御左口神を踏査された今井野菊氏が、屋敷の西側に御左口神を祀っている点を指摘されているのを参考とした。

ここで、何故「御左口神上破風、葦巣奉塞之事」（伝「信重解状」）としたか。私は御左口神を、上空より降ろす時に、葦という植物が一番依り憑き易いと考えた古代人の思考を意味すると考える。他の建物でみるならば、春の御立坐神事の頭郷の頭屋が参考になる。

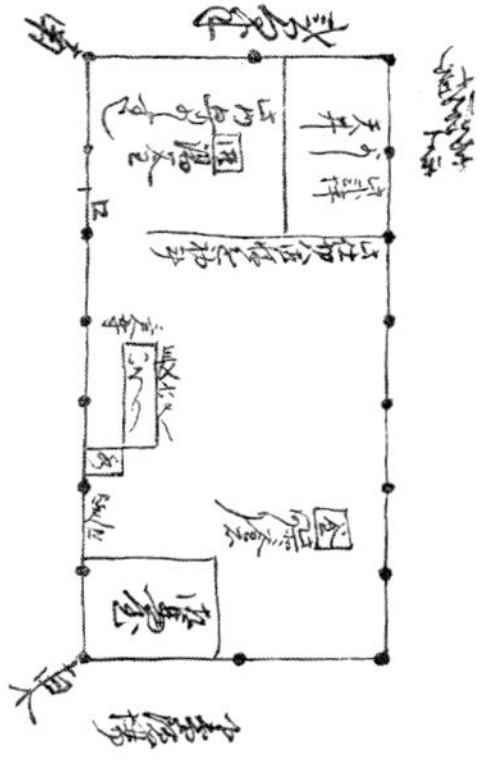

小坂村御頭屋平面図
（『諏訪史　第二巻　後編』より）

天明四年の御頭規式帳に描かれた小坂《おさか》村の御頭屋敷の平面図の西側の二坪を上座にあて、この上座に御左口神を勧請したものであろうが、その天井をよしで葺いている。又、後世最も重要な場となる大祝の内御魂殿の天井もわざわざ守屋山中でとれた葦でもって葺いている。天空より御左口神を憑けたものであろう。

建造物に限らず、大祝即位の時、三本のひいらぎの樹の下で要石の上に葦を敷き、その上に少年が座り、大祝になる。又、春の御頭祭に出現する御杖柱という神霊の降りる柱の下にもわざわざ葦を敷いている。これらを総合して考えると、御左口神が上空より降りてくる磁場として葦という植物を最良のものと考えたものであろう。

御室内部にしつらえられた斎屋として、はきくみは神事内容において最重要な役割を果しているように想われる。『旧記』を中心に追ってみると、次のような点が判ってきた。

一、「穴巣始《あなすはじめ》」から「御室御出《みむろおんいで》」に至る冬期神事劇の拠点となる竪穴式斎屋の御室《みむろ》の内部にしつらえられたもう一つの建築構造物で、原始精霊である御左口神とソソウ神が婚姻し、孕む精霊の叢祠である。

二、御室内部には、神事集団（五官祝）や氏人要人達が入ることが出来るが、この萩組の座に入ることの出来るのは、神体である大祝と、二次大祝である神使で、その神体を背後で見守る神長のみである。いわば玉座である。

三、古諏訪祭政体の幼童の現人神・大祝が、ここに入って大のっとする重要な宣詞台である。

四、一月一日の深そう、この座において、大祝と神長が、薄の実でもって丁半の草占をして、今春の頭役と神使役を定める神秘的な占いの場所である。

五、一月一日、前年度の神使が、一年の神役を終るに際して、その座を退出することによって、神的状態を脱して、通常の人間的状態に復する人格転換の場である。逆に言えば、この座に入ることによって神性を帯びる神聖装置である。

古諏訪祭政体の中枢をなす御左口神とソソウ神、神である大祝と審神者《さにわ》である神長が、厳冬期にこの土壙内の萩組の座に集中して相座する最秘所である点が判ってきた。おもしろいことに、タケミナカタ神などは、最も重要なこの場所に全然姿を現さず、古層なスピリットである御左口神とソソウ神が、堂々と占拠している。

御左口神とソソウ神を格納する事について『旧記』をたどってみよう。

厳冬の十二月二十二日、所末戸社神域において稲束を重ねた上に夏鹿の皮を敷き、その上に幼童の大祝が座し、饗宴する。その後に御室入りとなる。これを『絵詞』は「穴巣《あなす》始《はじめ》」と呼んでいる。この穴巣始の直前に催す所末戸社の儀礼は御室に導入する御左口神とソソウ神、それに神である大祝への外来魂を強化して、いよいよ長期間の籠りに対するいそしぎであろう。この神事を一の御祭として特別なとりあつかいをなし、十三所中の筆頭

前宮神原の入口にある所末戸社
（『諏訪史　第二巻　後編』より）

に前宮ではなく所末戸社を置いている意味は深く理解する必要がある。

「ところまつ殿の葦又みさくうし組申葦は御室奉行の役にて出之」（『旧記』）を見れば、御左口神に関連した葦が出現している。それに、所末戸社の申立（祝詞）ではソソウ神の出現をうたっている。冬期の長期間をこもるにあたっての大祝の外来魂の降霊ないし強化、御左口神、ソソウ神の集中的出現であり、神原の入口にある道俣からいよいよ、神原御室内に穴巣始するのである（その他、山の御手幣八、似馬二疋、板馬二疋、御柏八重など御室に導入されるものも既にここにそろっている）。

さて十二月二十三日夜小蛇三体が御室内に導入されている。神使と同様に大県、内県、外県より一体ずつ出され、かざりの麻、紙を出して御房をかざり神霊をつける時に申立（祝詞）を行っている。夜の神事である（『画詞』の権祝本と神長本・擬祝本は大幅に日付、内容が異なるので『旧記』を中心に以下復原する）。

二十四日において「萩組にて御笹左より入せ給、御正躰は右より入せ給」（『旧記』）と描写しているので、いよいよ萩組の座に御笹の御左口神が左頭より、小蛇三体が右頭より導入されるのである。この御笹の御左口神は三月丑の日に御室を出て、前宮に運び込まれるまで、この萩組神座に位置するのである。

二十五日夜、大蛇三体が導入される。やはり、大県、外県、内県より一体ずつである。神長本『画詞』は「萱の御正体」と言っている。体長五丈五尺、太さ二尺五寸の大蛇である。又折《またおり》（長さ四尋一尺、まわり一尺八寸）といわれるものがつけられている。

この大蛇体を導入し、むさてと呼ぶ粧りの麻、紙をつけて神霊を付着し終わり、この精霊を迎へ出た、神長、神使がこの蛇体に向って口習の申立をなす。この申立が終ってこの五丈五尺の大蛇体はとぐろを巻いたかたちにおり重ねられて、やわらかくしなうはんの木で結びとめられる。そこで歓迎の廿番の舞曲を行っている。この一連の神事は徹夜でもって行われた。これを「大夜明《おおよあかし》」の神事と呼んでいる。

この蛇体は三月卯日に至る三ヶ月近く巣喰っている。

「或ル人之云ク、十二月ノ祭ノ従日、次年ノ三月ノ祝之日時迄籠蛇形也」とは、『神道縁起』の表現であり、この本では、御室の事を巳室すなわち蛇の家であるとまでいっている。読込みすぎであろうが、蛇体が翌年春まで壙内に巣喰っている様が浮かんでくるではないか。二十三日夜に導入された小蛇三体と、二十五日夜に導入される大蛇三体は一連の表現で小蛇の急速な成長を表現したものであろう。『常陸風土記』の那賀郡茨城の里の説話に、ぬかびめのもとに何者かがきて求婚し、夜来ては昼帰り、夫婦になって一夜のうちに懐妊し、ついに小さな蛇を生む。浄めた杯《つき》に入れて祭壇をこしらえて安置すると、一晩のうちに早くも杯一ぱいに満ち、さらに瓮《ひらか》に入れて置くと、また一ぱいに満ちた。というぐあいに急成長する小さ子の神の急成長の表現を、ここ諏訪では小蛇三体が二晩のうちに五丈五尺の大蛇になることを儀式的に表現したものであろう。神霊であることの証拠である。

ここで御左口神とソソウ神の性格を明らかにしておこう。御左口神は樹や石におりてくる外来魂である。それを昇げたり、降ろしたりすることを御左口神アゲ、御左口神オロシと呼んでいる（「神長実廷手扣」）。これは神長守矢氏の専業である。また二十の御左口神として、神使六人と神主十四人の事をいっているから、人間にも憑けることの出来るものである。その憑ける作法は、『諸神勧請段』に「絲ガ百ムスフ、モモムスフ、ヤエニホコレテゲギョウメサレル」と言っている。又『御符禮之古書』は「神使に六根の心を表す六心の結目を置く結麻を懸け、咒印を結ばしむる」と言っている。これは修験道の影響下にある表現であるが、上空から降ろした御左口神を、麻糸で結んでその結目に封じこめ、体に憑けるのである。それを解き放つとき、御左口神アゲである。このスピリットは上空より垂直的に降りてくる。そして畏怖すべきスピリットである。『画詞』は言う。「若し触ある時は、此神必祟《たたり》をなす、鷹犬に至るまで其罰を被る」と。

一方のソソウ神であるが、十二月二十二日の所末戸社の神事の申立（祝詞）と、翌二十三日夜の小蛇三体に対する申立と二十五日大蛇三体に対する申立と、二十五日の二十番の舞曲のうち第三の外県惣領申、それにまた春の三月未日の所末戸社の神事の申立と、何度も繰返し、ソソウ神の出現のさまが申立てられているが、その言葉の中にソソウ神の出現する場所として、「みちのくち」「みちのなか」「みちのしり」と出てくる。みちのくちは真志野、みちのしりは有賀と二十三日の申立には出るが、よりくわしく外県惣領申の舞曲では、道の口の真志野は「のやきの原」、道の尻の有賀は「こしき原」と御狩場所を言っている。みちのなかは不明である。以上によって宮地直一氏は言う。

「さうすると、神原を本位として、此処に入る西北よりの街道沿ひに道の口・中・後の三所を区別し、就中より近い真志野を以て口に、やゝ遠い有賀、即ち四至の限りを以て後に当てたのは、略ぼ明瞭であらねばならぬ。……仍つて按ずるに、此神は西北の方湖口の辺より来って、或は近く或は遠く沿道の所々に現はれ、神原に饗を受くるを年々の習ひとせられ来つたのである。」と。

湖の方角から、神域の北限、有賀のこしき原附近、そして真志野、それに、神原の入口の道俣《ちまた》にある所末戸社《ところまつ》（土地をまつるという意味）に出現する水平に訪れて来る神であり、地主神の性格をもっているようだ。そしてこの神は「そそう神あまわり給たれは、うれしみよろこひてつかへまつりぬ」と申立にあるように狂喜してむかえる神で、動物犠牲を要求する神である。そして、御室内の小蛇や大蛇三体に向ってこの申立をするところをみると、ソソウ神は蛇体であると一応考える事が出来る。

以上、萩組の座に登場する古層な精霊、御左口神とソソウ神の性格を対比してみれば、御左口神は上空より垂直降下し、ソソウ神は諏訪湖の方より水平的に訪れ、御左口神は崇をなす恐怖すべき男性的精霊であり、ソソウ神は狂喜して迎える女性的精霊である。それは蛇体をもって現わされる。全く性格を異にする精霊が御室の内部、萩組の座において婚姻する。

古諏訪祭政体を支える構成人の心中奥深く鉛のごとくにぶく重心として沈み、存在を左右する核は、いま厳冬の神原の一画に掘られた竪穴暗室の萩組の座で、天空にましますなる御左口神と、大地にましますソソウ神がまぐわひ、穀霊の胎児・大祝を孕む。

ここで一言付け加えて置きたいことがある。萩組の座に二十四日に導入された御笹の御左口神の行方である。この神体は、三月丑日に御室を出て前宮に導入されるのであるが、この直後に、内県神使が湛《たたえ》巡りから帰って来るのである。三月未日、所末戸神事のため「奉幣に先立ち御室御出のことあり」（『画詞』）と記されているように、大祝以下「御室御出」の後、もうこの御室に帰ってくることはない。そして、古諏訪祭政体七十五ヶ度の祭祀のうち、最大の饗宴・酉の祭（大御立坐神事）が、神原十間廊において催されるが、「禽獣の高もり魚類の調味美を尽す今日堂上堂下郭外の儀式計会す」（『画詞』）と描出されているように神原廊とその前の地上と、神殿郭外の三そうの道を祭場にとり込んだ重儀であるが、その儀礼の中心の神体となるのは、御杖柱であり、「神長御杖を立てて叉申立あり」と御杖柱に向って申立を行っている。神体である。

　この御立坐神事から内県の神使が各たたえ巡行を終えて帰ってくるまでの六日間、御笹の御左口神は御室内の萩組の座の暗闇の中でひっそりと立っているのである。そして内県の神使が帰ってくる直前に、前宮に運び込まれるのである。祭祀構成上より納得の行かないものである。私はより古層な神事においては、御室から出された御笹の御左口神が、酉の祭において御杖として神体を意味し、それが終了して前宮に運び込まれたものだったのではないか、と憶測する。宮地直一氏はいみじくも言っている。「御杖の性質が精進屋に於ける御左口神の木等と択ぶところなく、器物を超越した霊体として観念せられた」と。暗室内の御室においてはともかく、「堂上堂下郭外の儀式計会す」（『画詞』）る酉の祭において、古諏訪祭政体の中心をなす神体が御左口神であることを公けにしては都合が悪かったのである。そこで、御笹の御左口神はまだ御室に籠っていただいて、終了時に前宮に運び込むように仕組んだのであろう。その御杖柱はあくまでも堂々たるタケミナカタの神の神体でなければならなかったのである。『画詞』は「外県に大明神をとらす」と御杖柱を大明神と言っている。

このような操作は御杖柱にとどまらない。大祝をタケミナカタの神体として「我に別躰無し、祝《はふり》を以て御躰となすべし。我を拝せむと欲せば、須らく祝を見るべし」(伝「信重解状」)とタケミナカタに言わせているが、大祝が樹下の岩上で即位する儀礼そのものが御左口神降霊を意味しているではないか。「前宮は廿の御左口神」と言って神使六人、神主十四人を御左口神と認め、「神使御社宮神」「十四人之神主等の御社宮神」といい「古は御頭に長たる人あり、比御社宮神也」(「守矢神長官古事」)と御頭も御左口神であることを認めておりながら、ただただ大祝のみはタケミナカタといいはっているのだ。神使は構造上どう見ても仮の大祝であり、神使が御左口神であるならば、大祝は大御左口神であってタケミナカタではないと考える。

更に、前宮の神坐には、例の御笹の御左口神が運び込まれている。いいかえれば、前宮神原の神体は御左口神である。そこで、例の出早社を荘大化して本宮を建て、諏訪神社上社の御神体はタケミナカタであることを誇示する。

　恐らく、古諏訪祭政体が中央統制化に組込まれるに際しての中央朝廷と固有勢力との力関係が、このタケミナカタ神と御左口神との関係に表現されている。神使までは御左口神と認容し、大祝に関しては受けつけない。前宮は御左口神と認容し、本宮だけは認めない。御室内の御笹は御左口神であるが、神原十間廊に現われる御杖柱は大明神であると。ここには、固有勢力が断固政治上信仰上引くことの出来なかった一線と、中央朝廷が、最後の一線だけは認容できなかった点との境目が手にとるように観ることが出来る。諏訪祭祀七十五度を分析した果てに宮地直一氏はいみじくも言っているではないか。「もともとかように生き生きした神事に刃向はうとしたところに、非常な無理を横たへ、そこに失敗の成因を蔵したといふを適当とする」と。

　もう一つの問題として考えてみたいのは、大祝の呪言の問題である。諏訪中世の神事では祝詞を「申立」としているが、神である大祝の祝詞だけは明確に区別して、「大宣詞《おおのっと》」といっている。この中立自体の内容は、いささか中世的にパターン化しているようであるが、大祝が即位した時に「俺は神だ」という一人称発想の宣詞として、神長をはじめとする他の神官たちの「申立」（奏上）とは俊別している点は極めて原理的だと想われる。

　正月一日の薄の実による丁半の御頭定の占いの神事、冬十二月二十五日の聖の手の神事と大夜明の神事、これらは、春の酉の祭の御頭郷ならびに新らしい神使を占定する神事と、冬、御室の内に大蛇三体を迎えての饗宴の徹夜神事と極めて重要な神事であるが、もしも大祝が都合で出御されぬ場合は、神長主導のもとに、神使と神長が行っている。すなわち、正月一日の御占之事「祝殿之指合などの時は神長殿斗申て御占をうち申侯畢、冬のひしりのての時も祝殿指合の時は神長殿はからひとして申なり、大夜明之夜も指合の時は神長殿はからひとして大のつと申出さね共、役は習々此日記に任て如先例可勤行申侯」（『旧記』傍点は田中）と。

　神事は神長と仮の大祝達である神使で執行できるのであるが、大のっと（大祝の宣詞《のりと》）だけは決して代行してはいけないのである。ここに「大宣詞《おおのっと》」が大祝自身の本質であることをかいまみせている。

　又、神使達は「口習《くちまね》の申立」といって、大祝の大宣詞のあとにそのままを復唱する申立をやるが、これは、第二次大祝である神使の構造を示している。以上断片的に残存した大祝の呪文を貴重視した痕跡をあげてみたが、八才で樹下で神懸ったという、いわゆる大祝の始祖・有員《ありかず》の伝承らを考えるにつけても、パターン化される以前の尸童《よりましわらわ》の突然の神言すなわち「小さき者の声」を貴重視した原始社会を考える一つの手がかりとしたい。

　以上、御室という土壙内の最も中心的神座である萩組の座について、『年内神事次第旧記』をたよりに考えてきた。それは、十二月二十二日、所末戸社という神原の入口にある祭場で、外来魂（稲魂）を充填強化した大祝が、天空から垂直に降ろした笹に憑けた御左口神という恐怖すべき精霊と、諏訪湖の方から水平的に訪れた歓喜して迎えるソソウ神という蛇体をもって現わされる土地の精霊と共に、春所末戸社神事の御室御出より三月酉の祭の大饗宴を催すに至るまで長期間こもる、萩でもっておおわれた斎屋であった。この山湖の畔、守屋山麓の神原内の御室という地下壙内において、冬期の長期間にわたって行われた秘儀の意味を、十二月二十六日の御室内での申立が一言のもとに言いきっている。「かけまくもかしこ、つねの跡に仍てつかえまつる神殿みたまほかゐの……」と。この申立は御室のことをまさしく神殿といっている。それは夏七月二十七日、八ヶ岳山麓の御射山神域に薄の穂でもって造られ三日後に破壊される大祝の斎屋を「神殿」（『旧記』）と言っているのと同じである。重要な神事ごとに茅や薄など山の植物を利用して建てられ、その中に神である大祝が籠り、神事が終ると破壊される斎屋こそ古層な意味での神殿であり、前宮神原に建てられた建築物である大祝の居館を神殿と呼び、宝殿を内御魂殿と呼ぶ考えは二義的なものである。その御室神殿に籠った大祝の外来魂に対するほかいこそ、この冬の長期にわたる神事の意味である、とこの申立は言っている。

折口信夫氏は冬《ふゆ》の語義は「魂《みたま》の増殖《ふゆ》」から来ていると言った。ならば、大祝を容器《きよつき》にして、侵入した新たなる稲魂の増殖に対する農耕民の厳重な配慮期間こそ、「冬」という季節構成の意味であり、十二月二十二日「穴巣始」から三月末日「御室御出」迄の期間こそ、古諏訪祭政体の「みたまのほかゑ」であったのだ。

萩組の胞衣と嬰児・大祝の生誕劇

さて十二月二十六日、御室の中で「神殿みたまほかゑ……」の中立を行うのは、禰宜の役であるが、この後に奇妙な神事を行っている。「神縄御室に籠もらぬ人をかゝくる」（『旧記』）ことで、御室の神事は極めて重要であるので、この神事をおこたる人を刑罰として神縄でしばり上げるというものである。だが、唐突に行われるこの神事はがてんがゆかない。近代的な刑罰の説明は疑ってかかる必要がある。この神事に対応した形で、春の三月辰日禰宜送りの朝《あした》でも、同様に「刑罰を行ふ、面縛の儀を表して、縄を人の頸にかく」（『画詞』）と言っている。

この二十六日の神事は独立した神事ではない。十二月二十五日夜、大蛇三体を御室に迎えて後、廿番の舞曲などで徹夜の饗宴が早朝まで続行される。大夜明《おおよあかし》の神事である。その大夜明に続く禰宜送りの朝《あした》の神事なのだ。禰宜が朝の御室内で「神殿みたまのほかゑの、きよみさき〈清祓〉のやいらは（八葉盤）まいらする、又のやいらは（八葉盤）まいらするやまの御手幣まいらする」（『旧記』）と申立を行った後に、濁酒と柏酒で神事を行ない、「ゆう祝殿かけ申」す。木棉《ゆう》を大祝の体に懸けるのである。この神霊を装着する姿は「弱肩に太手繦を被けて御手代として」（『日本書紀』）という状態を想起させるが、その直後が「神縄み室に籠らぬ人に懸る」である。「禰宜送り」という呼び名は禰宜自体が縄を懸けられ送られたことを想起させるが、本当は申立を行う禰宜でなく、当の大祝自体を神縄で縛ったのではないか。「神縄を懸ける」は「木棉を大祝に懸け申」と同様、神霊を斎い込めることである。それを簡略化して木棉《ゆう》を懸けるようにし、禰宜の方を縛ったのではないか。

神縄で縛られた姿については春の三月酉の日の三そうの道を巡る神使の姿を想い浮べる。「神長神使に木綿繦《たすき》を懸く」（『旧記』）とか、「神使を藤にて縛る」（「歳中神事祭礼当例勤方之次第」）という姿である。また『信府統記』の「前宮の内に入れて七日間通夜させ、祭の日出して、葛を以て搦め、馬に乗せ、前宮の西南の馬場を引廻し、打擲《ちょうちゃく》の躰を為す」とか、百日行をなさしめた上、藤蔓を以て後手に縛して馬に乗せる（「神事次第大概」を宮地直一氏より引用）という描写である。

これらから想像をたくましくするならば仮大祝である神使ではなく、当の神体である大祝その人が神縄である藤葛で縛られたのではないか。御左口神もソソウ神も導入され大饗宴の徹夜をした早朝、最後に神体である大祝自身が藤葛でまかれて神霊を装着したのだ。前宮の水眼の流れを配した谷地形に御室の土室内の萩で組まれた斎屋に籠る藤葛で縛られた大祝の姿は、蛇体（ヤツの神）そのものではないか。

中世の神事においては、実際は大祝は御室にずっと籠っているのではなく、居館である神殿から御室の重要な神事の時のみに入っている。しかし古層な姿は長期間御室内の萩組の座に籠っていたことであろう。その有様を伝えてくれるのが、平安末期に編まれた『袋草子』に歌われている「風《かぜ》のはふり」の歌である。

信濃なる木曾路の桜咲きにけり　風のはふりに透間《すきま》あらすな　源俊頼

この歌を註して藤原清輔は言う。「信濃の国は極めて風の早い所である。そこで諏訪の明神の社は風《かぜ》の祝《ほふり》という人を置いて、その人を、春の始めに百日間暗い地下に籠らせ、潔斎させて、慎重に祀っている。そうすれば、その年の風はおだやかで農耕がうまくゆく。もしもその建物に透間があって日光が射し込んで、その風の祝がその光を見ようものなら、その年は強風で農耕はうまくゆかない。そういう意味である。」（現代語訳）

新年のはじめに隔離された地下の暗室に、百日間、陽の光をみずに閉じ籠っている斎人、それを人は風の精霊という。この自然部分王・風祝《かぜほふり》ないしは風祝子に対してはいろいろな見解があるが、素直にこの註解に耳を傾けるならば、前宮神原の一画に「大穴を掘りて、其内に柱を立て、棟を高め萱を葺きて、軒の垂木土を支えた」(『画詞』)御室の地下暗室に、十二月二十二日の「穴巣始」から翌年春三月末日の「御室御出」に至る長期間を絶対に太陽光線を観ずにじっと籠っている古層な大祝そのものの姿を想起する。これは農耕を左右する風のスピリットそのものとなった斎人を冬期の長期間にわたって祝い、尊重する「みたまのほかゐ」(『旧記』)の秘儀であった。農耕を基盤とした古諏訪祭政体の真剣な冬期神事劇の有様が、よく伝って来るではないか(上社に現存している上社御射山の天正の古絵図には大四御庵という大祝の穂屋に「昔風祝御庵」と記してあるから風祝=古大祝であったことが推定出来る)。

この歌には、冬期の長期間にわたってこの斎人が太陽光線を絶対に観てはならないタブーが語られているが、この地下暗室の御室《みむろ》は構造上はともかく、内容上は太陽の光線、を絶対に入れない無戸室《うつむろ》であったことを示唆している。この御室は、御笹の御左口神がここを出て前宮に運び込まれた翌日の夜に撤去されている。その日は小県神使が湛巡りから前宮神原に帰り、全神使が揃っている。神使が帰着した時の様子には、注意を要する。内県神使は峯湛《たたえ》の樹を廻って、御左口神上げをして、解放している。小県神使はトチの木湛において御左口神上げをしている。これは、大祝即位の時、樹下の岩上で霊魂を装填しているが、丁度この逆で、湛の樹を媒体として、御左口神のスピリットを上空に解き放っている。藤森栄一氏(5)は諏訪神社下社の構造を分析し、神座が、背後の樹であることを明らかにしたが、この前宮神原においても、当時、峯の樹湛やトチの樹湛の樹そのものが神坐であったのではないか、前宮そのものはあくまでも斎屋である。そこで廿番の舞曲が奏されているが、これは冬の大夜明の神事、徹夜の神事に対応した神事構成である。その翌日、射礼の神事が行われるわけであるが、「弓場歩射の同所去夕御室を撤す」(『画詞』)とわざわざ注意書きがしてあるように、御室を破壊撤去したその場所で「乱舞興宴の後、弓親立て重て雌雄を決す」(『画詞』)祝宴は、冬の大夜明神事の御左口神と大蛇三体を迎えた御室内の「乱舞興宴」(『画詞』)と対応する意味をもったものであろう。冬の徹夜の乱舞興宴の大遊(『画詞』神長本)に関しては、伊藤富雄氏(6)が、

冬になれば、新たに室を作って此処に移り住んだ。この室の新築祝を室寿《むろほぎ》と称したのである。此の室寿については顕宗紀に其様が見えて居る。

白髪天皇二年冬十一月、播磨国司山部の連の先祖、伊興の来目部の小楯赤石郡に於て親ら新嘗の供物を辨ふ適、縮見の屯倉の首新室遊びして夜を以つて晝を継ぐ

に曾ひぬ云々

即ち室寿の習俗は我国の古俗で連日に亘って盛んに行われた様が窺はれるのである。諏訪社の室も又盛大な室寿が行はれたのであって廿二日以后は悉くこの御室の祭祀であり、廿八日に至つては絵詞に『同廿八日瓶子調へ、神官氏人乱舞興宴あり』とあって、盛大なる様を想はしめ次の廿九日は『大夜明大巳祭』と称して廿八日から引き続いて徹宵祝宴の行はれたことを物語って居るのである。之を顕宗紀に比して古今全く其揆を一にするの感あらしむるもので如何に諏訪社が古俗を保存して居ったかに驚くの外はないのである。

という鋭い検討をしている。

そうであるならば、御室を撤去したその場所で行われる「乱舞興宴」は、室寿ぎに対応して無事長期間にわたって「みたまのほかゐ」を完了した御室破砕の祝宴であろう。

霧ヶ峯にある下社の旧御射山を発掘された金井典美氏より伺った話によれば、一面に土師の破片が散乱していて、祭祀に使用した土器を神事終了に際し破砕したことがうかがわれるが、穂屋跡からも、多量の藁炭が出土するので、御射山祭祀終了に際して、焼去したのではないか、ということである。また宮廷大嘗祭も終了後、解斎として「明日焼却斎場」

(『延喜式』)と、斎場施設を焼却している。ひょっとしたら御室撤去も、炎上させるのが古い形であったかもしれないという考えが浮んでくる。大祝という神体が籠り、そして神事終了後撤去破砕する仮屋を、『旧記』は神殿と呼んでいて、前宮常住神殿よりも古層な姿を伝えているが、神事終了後、破砕、焼去するのは、重要な意味をもった一つの儀礼である。

ここでさいごに私の憶測が許されるならば、真床覆衾《まとこおふすま》にくるまり、高千穂の槵日峯《くしふるのみね》に垂直下降した火瓊瓊杵尊《ほのににぎのみこと》と性交し一夜のうちにはらんだ鹿葦津姫《かしつひめ》が、無戸室《うつむろ》の産室に入り、その室に火をつけて室を炎上させ、その炎上の中から火酢芹命《ほのすせりのみこと》・火明命《ほのあかりのみこと》・彦火火出見尊《ひこほほでみのみこと》という三人の稲魂の嬰児を生むが、これは春の酉の祭に桃灯一五〇、大松明四ヶ所に一せいに火がつけられ、燃え上がる火に映える神原は「白昼のごとし」(『画詞』)となった中に、馬で神殿を三巡する紅炎の衣をまとい、藤葛で体をまいた内・外・大県の神使の姿を想い浮べさせる。冬の長期の物忌籠りが終り、御室撤去でもって、新たなる稲魂の赤子が生誕した。この御室産室内のもっとも重要な神座である柔らかい萩組の座こそ童神大祝という稲の胎児をつつみこむ胞衣《えな》であったのだ。稲の胎児・ホノニニギをつつみこんだ真床覆衾とはそういうものであったろう。

大山祇神《おおやまつみ》の娘、磐長姫《いわなが》と木花開耶姫《このはなさくや》との二人と婚姻したホノニニギは形相の醜いイワナガを却けて、コノハナサクヤと性交した。植物霊を選んだのである。又の名を神吾田鹿葦津姫を選んだのである。鹿と葦に象徴される植物霊を選んだのである。よって『古事記』では、大山祇神をしてこういわせている。私の二人娘を献上したのは、イワナガヒメを側におけば天子の命は、岩のように永遠に堅ろうであり、コノハナサクヤヒメをめさば、花の開花のごとく栄えると想ったからである。しかるに、イワナガをさけて、コノハナサクヤだけを留められた。よって天子の命は木の花のようにもろくてはかないだろう、と。「故、ここをもちて今に至るまで、天皇命等の御命長くまさざるなり」。

植物精霊になった巫祝は、花に嵐のたとえのようにはかない命だ、と植物精霊祭祀者のはじまりを伝え、儀礼的に意味深い物語である。

古諏訪祭政体は、このような神話伝承の発生の基盤となった実体的な神事劇を山湖のほとり、守屋山麓の杜・前宮神原を斎庭にして、すくなくとも中世に至るまで強固にとり行っていた。それは、底部をささえる郷村の御左口神という原始精霊と、その統括である総御左口神としての前宮、そこに棲む神体・大祝を頂点として構成された地域的な氏族王制社会を背景にした神事劇であった。血縁団である神氏族「三十二家」(『太平記』)を支配層とし、地縁団である郷村との交錯した関連の中で第二次の枝葉神氏系として神使《こうのと》を生み出し、祭政一致の神権政治を遵守していた。この祭政体が、神話においては神武の児子達神八井耳命と神沼河耳命において分割される時代が来るのは、諏訪神社上社においては、室町時代、有継大祝の子孫の兄弟がそれぞれ政権・諏訪総領家として信満が、祭祀権・大祝家として頼満が立つ時を待つ(7)。

われわれは、諏訪上社前宮の神原一画に掘られた、冬期神事劇の拠点である竪穴斎屋・御室の内部に構えられた斎屋内斎屋・萩組の座について検討を加えてきた。その性格を一言のもとに言えば、神使が三十日間の籠りをする清進屋にしつらえる御左口神について、『諏訪上下宮祭祀再興次第』は「御左口神作立ル、王子胎内ノ表体ナリ」という見解を示しているが、まさに、百日間にわたって日光より遮断され、竪穴暗室に幽閉される嬰児・大祝と、それを包み込む萩組の座は「王子胎内の姿を現わす」。

さて祭場の前で神官たちが行う申立《もうしたて》（祝詞）は、つねに次のような言葉で始まっている。「かけまくもかしこ、つねのあとによりてつかえまつる……の」（『旧記』）と。この言葉を吐くことによって祭場が始源状態に、「常《つね》の跡《あと》」に一挙にひきもどされる。いまここで行っている神事劇は、遠い過去より始祖たちがとり行って来た神事と単一な状態になる。その光景は「かけまくもかしこ」という畏怖すべき状態である。「注連《しめ》のうち宗《おも》さの鈴（鉄鐸）を振りならし」御左口神が降りてくる。祭場の樹々や岩坐が光を発し始める。祭だッ！

註

（1）柳田國男「地名の研究」柳田國男集二十巻
（2）今井野菊『方位から見た前宮・神領地・御左口神』
（3）今井野菊（2）に同
（4）武藤武美「タケミナカタと諏訪」『文学』昭和五十年一月号
（5）藤森栄一『諏訪大社』中公美術出版
（6）伊藤富雄『中洲村史踏査要項』
（7）伊藤富雄（6）に同

諏訪祭政体の分析は、民間信仰伝承による以外は、室町時代の守矢神長家の古記録を中心にすすめられています。堅実な学徒は、その資料内容を室町以前に遡らせることに難を示しています。一理あることであります。しかし、そこに示されている祭祀内容を再構成して考えてみた時、「崇神紀」に残存している古三輪祭政体の祭祀内容と、奈良盆地に成立した国家広域社会の中央政権（大和朝廷）のそれとのはざまの構造と同質、あるいはそれ以前の内容を堅持していることはいなめません。そこでわれわれは、諸条件によって中世の諏訪湖盆に残存した祭政体の構成を、古三輪祭政体と国家広域社会との転期、ないしはそれ以前に位置づける事の可能性を追います。

日本列島に割拠していた、いわゆる「出雲系祭政体」の実体構造に端的に迫りうる最大の拠点は、変質化し、破片化した祭祀内容を残す大神神社や出雲大社ではなく、諏訪神社上社前宮の解明にあると確信するからであります。

山中謝肉祭へ

――古諏訪祭政体の空間構成――

田中 基

木曾の桧原の風の音を聞きて、昔岩角に馬蹄を轟かせて狩をせしは、自分なりしやうに思ひ候。

（柳田國男『石神問答』）

●阿久と秋尾（秋庵）

昨年の10月30日、長野県考古学大会が原村公民館で開かれた。茅野駅を出たバスが、坂室の谷間を左に曲がり、中央線のガードをくぐっていよいよ長峯台地を登っていった。ここ坂室は赤石山脈の入笠《にゅうがさ》山麓に端を発し、断層崖に沿って流れてきた宮川と、八ヶ岳の中

霧ヶ峰より八ヶ岳を望む（西麓大扇状傾斜面）

央火口・阿弥陀岳脚下に端を発し、大扇状地を縦谷した弓振《ゆんぶり》川が合流し、諏訪湖盆の沖積平野へと流れ込む咽喉部であった。バスは長い裾野のスロープをゆっくりと登り、原村公民館へ到着した。途中この拡大な据野に、両端を縦谷川によって削りとられた丘陵をいくつか通過した。土地の人はこれを長峯《ながみね》と呼び、この丘陵上には、ほぼ確実に縄文の遺跡が存在する、と隣に座った佐久の方から来た年配の研究者が、信濃なまりの言葉で教えてくれた。何故か、丘陵上には、村の先祖の墓が立並び、地蔵菩薩の石像が道行く者を眺めていた。バスを降りて最初に横に長く展がり多くの峯が突出した八ヶ岳が眼に入って来た。背後にくるりと回ると、柔かいスロープを描く蓼科山の独立峯が待っていた。

　中世以降、神領であったこの御狩場一帯を原山《はらやま》と呼んでいた（原山号神野御狩場也『画詞』）。原山とはいいえて妙な表現だ、と想った。八ヶ岳西南麓に拡がる大扇状地傾斜面は、広野ではあるが平野ではなく、山のようなスロープを持っているが山岳ではない。

同　右（八ヶ岳主峰部）

やはり「原山《はらやま》さま」でよかったのである。

広大な山ふところをもつここ八ヶ岳西麓は、縄文中期文化を育くんだ母胎であった。生業にかかわる生産用具、生活容器である土器、呪的信仰にかかわる祭祀器具にわたって驚異的な内容を示す器物を発掘し、日当りの良い各尾根ごとの泉を中心に定着的な集落生活を営んでいたことが考えられている。遺物間の文化構成に着目した藤森栄一氏が「縄文中期陸耕論」を展開する拠点としたのは八ヶ岳西南麓の遺跡群、なかんずく井戸尻遺跡群であった。扇状台地の東南端に位置する井戸尻考古館と、西北端に位置する尖石考古館はいまそれらの歴史史料を展示して生存の意味を視覚的に教えてくれる。生活舞台であった八ヶ岳を背景にする考古館でこそ縄文中期の土器は蘇って見える。

最近、中央道の造成に伴って、諏訪郡原村の阿久《あきゅう》尾根の台地上に姿を現わした、縄文前期前半・中葉・後半にわたる阿久遺跡は、現在発掘中間段階ではあるが、既に集落構成、生産活動、祭祀、葬制を包括した縄文前期の共同体に対する総合的研究の一大契機となろうとしている。と同時にそれは、八ヶ岳西南麓の大扇状地を舞台として全面開花する縄文中期文化への先駆的意義をも担っている。

　私は本年二月十一日、諏訪市民センターで催された『阿久遺跡を守る県民集会』に行った。階段状の座席の上の方から見下ろして、二、三人寄集った和服にショールのおばさん達の存在感に圧倒された。おまけに彼女らは、難かしそうな資料を高価な金をはたいて買っていた。世に「信州教育」といわれているものの末端に触れた。私はその時、何故かこの八ヶ岳山麓の繁縟な縄文土器には、このおばさん達がよく似合うという気がした。

　この集会の帰り途、島、八木橋、出口さんと一緒に、扇状地の入口にある坂室に伊藤貞彦さんを訪ねた。そこで伊藤さんから、阿久遺跡の阿久《あきゅう》という地名は、中世の『諏訪大明神画詞』（室町初期）に載っている諏訪神社上社の四度の御狩神事の最後の秋尾《あきを》（秋庵）の御狩のあきをがなまってあきゅうと呼ばれるようになったと教わった時には、ビックリした。原村村誌の編纂にかかわっている小林健次郎さんからも後に同じことを教えられた。不注意であった。と言うのは、現在、人工的な土壇となっている一帯を御射山神域として残しているが、それは阿久遺跡とは2㎞ばかり東に離れた一画であったことと、四度の御狩のうち第三の御射山祭のみが、鎌倉幕府の擁立でもってあまりにも荘大化し、他の三つの神事、すなわち五月の押立御狩神事、六月の御作田御狩神事、九月の秋尾御狩神事にはあまり注意が向けられることがなかったからである。阿久という地名から、よもや古諏訪祭政体の神事劇がよみがえってこようとは思いもよらなかった。あらためて地名とは一つの文化遺産であり、地形に対する見方や、その地形と生業との関係や、その場所で行われた行為を直接われわれに知らせてくれる媒介物であるというあたりまえのことを改めて思い知らされた。そういえば払沢や柏木や室内という地名もそのまま理解出来るような気がしてきた。またこの大扇状地の東縁と西縁を限る縦谷川はそれぞれ立場《たつば》川、簗《やな》（柳）川と呼ばれ、一つは獣道《けものみち》に沿って、追い込んだ動物を待伏せて射る立場《たつば》であり、一つは簗《やな》を仕掛けて魚をとった川であることを直截に知らせてくれるではないか。

一度、古諏訪祭政体に取組んだ誰もが最初に行き当って思い悩む問題がある。諏訪神社上社の古い中心地であった前宮神原《ごうばら》は、原始精霊である御左口神《みしゃぐじ》を統括する祭祀場である。その祭政体の底部を支える郷村には御頭《おんとう》御左口神が祀られ、神氏系の家々の西側には祝神《いええじん》として御左口神が祀られ、なお沖積地と丘陵の堺をなすような立地に御左口神が祀られているが、それは多く男根を形どった石棒や女陰を象徴する石皿であり、これははっきりと縄文中期のもので、火山によって形成された、目の粗い、加工しやすい安山岩製のものである。しかしこの御左口神が中核をなす前宮神原の神事を中世の文献によって復原しながら、分析していくと、どう考えても農耕儀礼であること。古諏訪祭政体の中枢をなし、それ自身神体である大祝《おおほうり》と呼ばれる少年は、その垂迹の姿を狩装束とし、御狩の神事には、「穀業藍摺鷹羽箙矢菅笠同むかばき垂跡の行装を表するなり」（『画詞』）と菅笠をかむり、梶の葉の紋が入り、藍《あい》で紋様を摺《す》った水干を着て、鷹の羽根でつくった箙矢《のや》を負い、足に菅のむかばきをつけた狩猟姿を正装とし、「遊興中に畋猟殊に甘心する所なり」（『画詞』）と仏教全盛時代になお断固主張しながらも、大祝の実体を分析してゆくと、植物精霊として稲魂であることに行きあたる。これらの矛盾から、時間幅としても、文化の幅としても中世の文書から復原した祭祀内容をどこまで遡行させることが出来るかをめぐってそれぞれの研究者の間に差異があった。

私は、この狩猟神事は、農耕儀礼としての狩猟であるという考え方に立ち、採集・狩猟民の文化がもちこされて神事化したという考え方には疑問を持ち、また民間に祀る御左口神は縄文中期の石棒、石皿ではあるが、どうしても祭祀内容の分析から、田畑の耕作の時に出土した男根状石棒や女陰状の石皿に対する驚きが、土地豊穣神として農耕生産儀礼に一致し、結びついたものではないかと考え、その間隙を一挙に結びつけて遠く縄文祭祀に直結することには無理があると思っていた。

●諏訪アジールの地体構造

中部山岳地帯の中央部を占める諏訪湖盆一帯は、極めて特異な地形を示している。異国から訪れた二十一才の白面の地質学徒、エドムンド・ナウマンは、明治8年11月4日、東京を出発し、碓氷峠を越え、浅間山に登り、更に現在の小海線（当時はなかった）に沿うて南下し、八ヶ岳東麓の美ヶ森附近で、西側にそそり立つ三、〇〇〇m級の赤石山脈の断層崖をみて強烈な印象を受けた。北西に延びる関東山地に直角交してその断層崖が横断してみえたからである。後に彼は、この時の視覚的驚きを、地質構造線に結びつけた。糸魚川――韮崎――静岡にわたって本州を横断する大地構帯（フォッサ・マグナ）である。これは素直な直観力をもった異国人の若き地質学徒であるからこそ出来たダイナミズムであった。

一方、豊川をのぼり、天竜川筋に走っている中央構造線（メディアム・ライン）と呼ぶ地質断層線が、この本州を横断する地構帯に出合って切断された交点が諏訪湖盆となって、南アルプスと北アルプスというフォッサ・マグナの西側の壁の中央に位置している。この特異な地形こそが、日本海側からは姫川を遡上してタケミナカタが、太平洋側からは、豊川・天竜川を遡上してイセツヒコが、共に荒々しき神々たちの流ざんの亡命地となった諏訪アジールの地形的背景であった。

この諏訪アジールの地体構造を、外側から視覚的に一挙に抱き込もうと、東京↓富山行の小型飛行機に乗り込み、既にフォッサ・マグナに入り、釜無渓谷上で木葉のように揺れる飛行機の窓から〈国見《くにみ》〉をしている若き藤森栄一の描写は極めてラディカルである。

煙霧の中に置き忘られた鏡のように、鈍く光る諏訪湖の水溜を遠く、左の窓には南アルプスの北端、入笠《にゅうがさ》や釜無《かまなし》や守屋《もりや》の赤石山塊の深い幅のある蟠りを、それから八ヶ岳・蓼科火山群の皺だらけに痩せ切った岩稜をば右の窓に望みつつ、ちょうど機はその二つの山脈の狭んだ深い谷の頂をば縫い縫い行くのである。

左の若い隆起山脈の顔貌をそなえた赤石連山は、鋭くはないが急峻に谷にせまり、右からはその断層谷の底の赤石の山壁まで、広大な八ヶ岳・蓼科火山の裾野が、空から投げかぶせた扇のように巨大な弧を描いて、海抜二、六〇〇mの山頂からただひたすらになだれて、その裾野の高原のあちこちには、集団する村落や、取り残された美しい雑木林や、赭々と横たわるローム質の開墾地などの描き出す絵紋様の中に、ちょうど清々しい竹の扇骨のような幾筋もの渓流がきらきら輝き渉りつつ、裾野いっぱいに縦の浅い谷を割って流れ、長い放射状の丘陵を造りながら、赤石の壁に集約されて聚まり、裾野と壁との接触線・糸魚川断層に沿うて、長々と蜿りながら諏訪湖に注いでいるのが地貌模型《リリーフ》の様に浮き上がって見えてこよう。信濃の国の南端・諏訪である。
（『古墳の地域的研究』）

と。

北の大早川と東南の阿久川という二つの縦谷川によって裁断されて出来た尾根の丘陵台地いっぱいにその姿を現わした阿久遺跡は、「空から投げかぶせた扇のように巨大な弧を描」く八ヶ岳西南麓の大扇状地の末端部に位置している。縄文前期後半の諸磯A・B期の様相を、現在知られている範囲でたどると、台地の中央部に直径約100mの円を描いて、ドウナツ状の環状集石群がめぐらされている。この環状集石には拳大から幼児頭大の大きさの河原石や、時には磨製石斧片や凹石、石皿、擦石等の石器を若干混えて、30万個前後の石が使用されている。これは、一基が100～500個の石を集め、50cm～120cmの円形や方形をした集石を核にしてなりたっている。現在280基見つかっているが、未発掘な部分を含めれば600～700基の集石群がはりめぐらされているという。この環状集石群の内側には土壙の上に石を立てた形の、「立石を持つ土壙群」と呼ばれるものが配置されている。そしてドウナツの空洞部分にあたる中心部からは角柱立石と、平たい三角形をした列石が8枚発見された。中央の角柱立石は、高さ120cm×幅40cmの花崗閃緑岩で、釜無川方面に行かないとない岩石で、二、三人でも運ぶに困難なものである。その片側は焼けていた。この石をめぐって半円をえがいて人頭大の石が配置してあり、その附近に焼土があった。側から祭祀的臭いの強い台付土器が出土した。これらの角柱状の立石と列石群は、蓼科山の方角を向いて並んでいた。この大環状集石群の外側の東と南にそれぞれ住居跡が発掘されている。

以上の復原をみると、季節循環のある一夜を撰んで、各地よりこの尾根上に集まった縄文前期諸磯期の衆が、中央の立石で庭火をたいて、何かを送る儀礼をした。その送る方向は、柔らかいコニーデ型の山容をなす蓼科独立峯であった。それが死者の霊送りであったか、豊穣物の送りであったか。縄文前期民の選んだ山中聖地の一画であったことは確実であろう。

中世室町期の『諏訪大明神画詞』は、四度の狩猟神事の最後の秋尾御狩神事を敍して言う。「九月下旬巳亥日秋尾の祭御狩あり、大祝以下の大小神官、深山に登りて三ヶ日逗留す。其儀御射山に同じ。御庵の円形、一面の庭火のみかわれり。又饗膳、餅、酒、馬草、粟穂、毎人の前に是を積置く。故あることとなるべし。」

九月末、秋尾平（＝阿久平、現在の闢廬社を山宮としてその下方の室内一帯を呼んだと考える）に三日間滞在し、狩猟の儀礼をいとなんだが、七月末の御射山御狩神事と異なるのは、薄の穂で葺いた穂屋《ほや》を円形に配置し、夜空に庭火を焚き、各人の前の土壇に枯尾花を敷いて、餅や酒や馬草や粟穂を野積に供膳のかたちで置いた点である。『画詞』は、このことはきっと深いわけがあるだろう、といっている。

縄文前期後半に催された夜空をこがす祭祀と、中世に行われていた庭火の神事が、共に円形をくんで、夜空のホリソントにはコニーデ型の柔らかいスロープをなす独立峯・蓼科山が北に浮かび、東南に八ヶ岳のあまたの峯が、背後に赤石山脈の北端の平坦な綾線が静まってみえる山中聖地・秋尾平（阿久平）で行われた。縄文前期と中世の神事の極似と、彼らの撰びとった山中聖地が、何故にかくもダブルクロスするのか。中世の連中は、前期縄文の衆が行った祭祀の位置と内容を何か伝え知っていたのか。小坂円忠が言うごとく、このことはきっと深いわけがあるのだろうか。

私達は、あまりにも、鎌倉幕府の擁立によって荘大化した御射山御狩神事にとらわれすぎていた。

●山の神域・原山さまの広がり

神域の範囲についてもそうである。現在、人工土壇化されている御射山社の一画をのみ、原山さまと考えて来た。だが今、私達が抱いている何社、何社という発想自体が疑われるべきである。自然的地形そのものと、ある特定の地形を占めて、われわれを視つめている樹木や岩盤の意味をこそ蘇生させるべきであろう。

　諏訪神社上社は、現在、前宮と上社本宮とに分れているようにみえる。だが、神域を占める自然的地形そのもの全体を見据え、その中で前宮の占める意味、本宮の占める意味を見極めるべきであろう。

『諏訪上社物忌令之事』は言う。「有罪人を誅するは、南は鳴沢をこし、北はコシキ原を越して可被誅也、御頭にあたらん人も、其郷内をこして可被誅也」。処刑場の竹原を神域外に置いている。「鳴沢は中央線添い坂室と木舟の境の鳴沢であって境界第一号塚から赤石山脈頂上高遠領境（伊那境）の尾根を云う。此谷の水を集めて流れ下る鳴沢川は宮川に合流する。此鳴沢川を越えて南方地籍を竹原と言う。此甑原《こしきばら》は安沢を越えて甑原があり、此原が現在の真志野領であり、此処を境として有賀領に竹原がある」（今井野菊『方位から見た前宮・神領地・御左口神』）。なお杖突峠側の神域は、峠を下った伊那郡高遠町藤沢の「御堂垣外《みどうがいと》」であった。

　赤石山系北端の守屋山頂を中心に南は鳴沢、北は安沢、背後は御堂垣外を結ぶ領域全体を神域とし、その内部の樹下や岩坐でもって瞬間的に原始精霊である御左口神《みしゃぐじ》を垂直降下し、祭祀・饗宴をなし、ふたたび御左口神上げをして、神事を終了していた。その祭祀場自体が固定化し、十三社として常在化されたのが『神長系譜』に云う宮戸守である（上十三社）。そこでは前宮は、神原の地形的咽喉部である所末戸社につぎ、第二に置かれている。この古層な十三社は同格的な祭祀的意味を持っていたことがわかる。と同時に、いまだ祭祀場として生きていた、冬期に大祝が籠る竪穴斎屋である御室《みむろ》や、鹿頭七十五がならぶ春の大饗宴場である十間廊は、さすがに社格化はしなかった。後に御室社、長廊社として祀られた。固定化された。

森山（守屋山を神長・武麿以前はこう呼んでいた。御諸山という呼名同様、それ自体古層な神域名であった）神域の中の十三社は、大祝有員導入と同時に末社化されるが、この十三社が集中化し、神事の中心であり、神体・大祝の居館の有った斎庭が、前宮神原として一方の中心と化し、政治的要請によって十三社の一つ出早社を荘大化したのが、上社本宮であったのであろう（現在、上社本宮入口近くを、出早なわてと呼んでいる。出早社のテリトリーを示している。又『画詞』は一月一日「初官以下の輩は伊豆早社より次第に巡礼して、内宮の壇上にいたりて神拝す」といっている。この構成に伊豆早社の古い意味がある）。

御射山神域も、同様な構造を持つ。五月初旬の押立の御狩のコースは、前宮↓酒室↓長峯山↓大柏木↓台弖良山であり、六月末の御作田御狩のコースは、前宮↓酒室↓長峯山↓

御狩神事進路想像図（『諏訪史』第二巻より）

秋尾沢（阿久沢）↓御作田（柳川側）、七月末御射山神事は、前宮↓酒室↓長峯山↓物見ケ丘↓御射山山宮・深山↓鹿草原、九月末の秋尾御狩は、前宮↓酒室↓長峯山↓秋尾平（阿久平）↓大葦沢である。

大扇状地の地形的咽喉部である酒室社（現在の坂室）で膳をなし、まず山口で山霊にあいさつをなし、長峯山を通過し、大柏木《おおかしわぎ》（現在の柏木部落）の樹の下で「狩集会《かりつどえ》」をなすまでは、ほぼ同一のコースである。狩集は「狩に入る際に、人数を整へ部署を定めた場所のことで、そこには山神の祭なども行はれたものらしい」（柳田國男『山村語彙』）。ここで山神に対するあいさつは、まず始めに大扇状地の入口である酒室社でまず一度、そして柏木附近の狩集場で一度すませ、それぞれの狩倉に進んでいる。いわば柏木附近がターミナルになっている。

穂屋を建て、大祝らが野営するのは七月の御射山祭と、九月の秋尾の御狩だけであるが、それぞれ山宮を構え、この狩集場附近の御射山と秋尾平附近で、野営を営なみ、それぞれの御狩場に行ったのであろう。一定の箇所に固定するのでなく、場所をかえて季節祭式をするのが古い姿であろう。ただ御射山祭が荘大化し、その野営の一画が人工土壇化され、御射山神域として残り、ここを原山さまであると後世考えるようになっただけの話である。本当は狩を含め全ての斎場全体をつつみこんだ形で神域・原山があったのである。「惣名原山地、大堺、東は獄山迄、南は高場川（立場川）迄、此川中に堺塚有、原山地柳川川中堺、西は宮川を堺、下は新井村赤田新田三本松迄、夫より上原村之九頭井宮より見通し、北之境は中道槻木沢東うけの咽と秡沢、鬼場川堺」（『諏訪郡諸村並旧蹟年代記』）この文書をうけて『原村史蹟踏査要項』（昭和十四年、諏訪史談会）は次のように言っている。「もと原山と称する地域は、北は柳川、南は立場川を限り、西は宮川にも及ぶ八ヶ岳裾野一帯の概称であって其中に上原山《うえはら》、南原山《みなみ》、下原山等の分れた名称があるのである。が現在では原山と言へば御社山附近の称呼のやうになったのは不思議なことである。」と。

これらが教えてくれるところによれば、原山地域は、なんと八ヶ岳西麓の大扇状地帯の主要全域にも及んでいたのである。阿弥陀岳のなだれから水源を発する二つのコンセクエントリバー・立場川と柳川によって扇形に切断された大斜面が、フォッサ・マグナの西壁・赤石山脈の断層崖の下を流れる宮川によって裁断される広大な地域全体を原山神野《こうや》としていたのである。

この大扇状地は、「是者皆山林神を祭躰にて候」（『年内神事次第』）と記されているように、祭祀の対称となる祭躰そのものであり、又金井典美氏の指摘によれば、「此地草木樹林に及ぶまで皆是我が身分の所現なり」（『諏波御記文』）という神体山を示す山岳聖地だったのである。

そして、この神域では、四ヶ度の御狩神事以外の狩猟を禁じていて、神事専門の狩猟場であったので「抑狩猟の事は本誓の如くば、一年中四ヶ度、各三ヶ日、彼是十二ヶ日なり。然るを頭人氏人自由の料簡を加えて、日々夜々在々所々、恣に是を行う。風俗の変化澆季のしからしむるなり。豈神慮に叶はんや、彌能々是を慎むべきものか」とか「中古の頃より、神事のひまと号して、神官氏人竊かに神野を犯し狩猟をして、禽獣を見る。厳重の怪異によりて、事顕はれ、罪名の裁断に及ぶ」（以上『画詞』）とくずれはじめた禁忌を、さかんに強調し、神域内で狩猟することを戒めている。又、『諏訪明神祭祀再興次第』では、永禄八年十二月武田信玄は沙汰を下して御射山の原は、古来耕作すべき所でないからと言う理由で、みだりに田畑を作るもののあるのを禁じている。近世以前は深き林と高き草に蔽い隠されて、烈しく恐ろしい神と魔との棲家であったのだ。

二月十一日の『阿久遺跡を守る県民集会』で、坪井清足氏は「縄文時代研究と八ヶ岳山麓の遺跡群の保存」と題する講演で、宮坂光昭氏の研究をもとに八ヶ岳西南麓の遺跡群は、信濃境から茅野にかけて10グループの縄文中期遺跡群が存在することを指摘し、群としての遺跡保存を呼びかけた。それと同時に諏訪神社についても、上社本宮だけでなく、御射山らの神域保存も呼びかけていた。広大なヴィジョンをもった話であったが、さて今日の直接の問題である阿久遺跡の保存にどのように通ずるのかと思っていた。だが思いもしなかったその八ヶ岳西南麓の10遺跡群のうち5遺跡群を含む地域と原山扇状地神域は、大幅において奇しくも一致を示したのである。坪井氏の語っていた縄文中期の火山山麓立地の問題と、中世の山宮神域の占地の問題が、ここ八ヶ岳西南麓において奇妙な一致を示したのである。

八ヶ岳東南麓の辺見から、金峯山・秩父へ通ずる秩父筋と、一方山麓から釜無渓谷を経て、赤石・白峯山脈へ通じる釜無渓谷筋との一筋に、等高線上に回帰する鹿の「かよいみち」が現在も残されており、又『画詞』には古老のいいつたえとして、自然に出来た鹿穴が存することを記しており、「八ヶ獄の広漠なる裾野は大小丘陵の起伏する間に、無数の野獣や野禽の類を包擁して、之が宝庫とせられた」(『諏訪史』二巻)縄文の生活舞台であり、と同時に中世の神事舞台であった。

現在まで、原山神域での中世祭祀関係の遺物として、「頭殿沢(中新田)埴部式・祝部式土器、梨木沢(中新田)祝部土器、深山附近(中新田)埴部土器、御射山社前・埴部式土器と古銭、御射山境内三輪社附近・祭器破片、狼火尾根附近・祭器破片、五丁歩・祭器破片、西ノ宮附近・祭器破片・古銭、闢盧社附近(室内)祭器破片」(『原村史蹟踏査要項』)に、それぞれの祭祀場に散在して祭器具が見つかっている。それは、森山(守屋山)神域内の上十三社のごとく、その瞬間、その瞬間と場所を変えた古層な祭祀場が、原山扇状地神域の内部に散在した形であろう。扇状地入口の酒室祭祀場、大柏木を中心とした狩集会《かりつどえ》、御射山土壇、秋尾社（現在の闢盧社）を山宮としたその下方の秋尾平、簗川（柳川）側の御作田等の祭祀場や、穂屋設立による神事野営場、それに深山、大葦沢、長峯山、台弓良山、鹿草原らの狩倉にその都度、その都度山霊を呼び降ろして神事を行った古層な祭祀であったろう。

●四度の山籠りと農耕サイクル

ここで、諏訪神社上社の「一年中七十餘日の神事附頭役狩猟各四ケ度並に百餘箇度の饗膳」（『画詞』）全体を一括して把え、基本的な構成のみを示すならば、赤石山系の北端・守屋山麓を画した神域（坂室の鳴沢川、有賀の安沢川、藤沢の御堂垣外を結ぶ全域）と八ヶ岳山麓の大扇状地神野（立場川・柳川・宮川で結ぶ全域）の二つの広大な自然的地形そのものを神体とし、一つを里の神域（里宮というにはあまりに広大な地域なので、一応、里の神域と呼んでおきます。地形全体を舞台として、山の神域と対応化させる意味で用います）、一つを山の神域（これも山宮に相応する用語です）として設定し、里の神域の中心的ターミナルとして前宮神原《ごうばら》を、その咽喉部として所末戸社を祀り、山の神域の中心的ターミナルとして大柏木周辺の狩集会《かりつどえ》を、その咽喉部として、酒室の大岩盤・赤石附近を祭祀場として位置づけていたと、大きな意味で把えることが出来よう。

そして、古諏訪祭政体の中核として、人間と異なるもう一つ別な生き物・神それ自体として畏怖すべき外来魂・御左口神を装填した清器《きよつき》少年・大祝を据え、血縁的な神徒《こうのと》と呼ぶ直系の神氏《じんし》族と地縁的二次神氏族（神使《こうどの》）が背後で祭祀的・政治的支配権を掌握し、神事的には嬰児である大祝の、後見役的な物忌父として、土着氏族代表の守矢神長官が目を光らせるという複雑な社会構成を敷いている。そして、神体・大祝の主要な役目は、一年の季節循環の折り目折り目に、大きく分けて五度の物忌籠《ものいみごも》りを、里の神域・守屋山麓と、山の神域・八ヶ岳西南麓の大扇状地を移動往還するダイナミックな空間構成でもって行うことであるように想われる。神体・大祝は原則として、この〈里の神域〉と、そこから12km離れた〈山の神域〉の大扇状地への年間の季節構成による往還以外は、この神域内を出ることのない（出てはならない、県巡りさえも出ない）物忌籠りを中心とした貴種《きよつき》であった（諏訪神社上社本宮と前宮は、下社の秋宮・春宮のように循環または双分的な構成をもっているものではない。祭祀構造から分析すればはっきりと前宮神原を中心に構成されている。もし、双分あるいは循環的な構成を見出そうとするならば、前宮神原をつつみこむ里の神域全体と、八ヶ岳西麓の神野である原山との大きく二つに分れた神域間の関係にそれを伺うことが出来る。金井典美氏は下社御射山祭と上社御射山祭の古さを比較しているが、下社の秋宮↕春宮と季節循環する神と、山嶺高層湿原祭祀の組合せと、上社の年四回の農耕結節期の八ヶ岳山麓の狩猟神事の性格は異質である。あえて言えば、上社は「陸田種子《はたけつもの》」(『日本書紀』)系統の焼畑農耕神事であり、下社は「水田種子《たなつもの》」(『同』)系統の水稲農耕儀礼であろう。文化層としては、無論『陸田種子』系の上社祭祀の方が古層である)。

一番長期的で重要な物忌籠りは、冬期極寒の十二月二十二日の「穴巣始《あなすはじめ》」(『画詞』)から、春三月未の日の「御室御出《みむろおんいで》」(『旧記』)までの長期間、前宮神原《ごうばら》の一画に「大穴を掘りて、其内に柱を立て、棟を高くして萱を葺きて、軒の垂木土を支へ」(『画詞』)た竪穴の斎屋内部の萩組の座という構造物内部に、原始精霊である御左口神を笹に憑け、ソソウ神を萱製の蛇体に憑け、一緒に籠るのである。この意味は、稲魂である少年大祝の蘇生と生誕に懸けた神事劇であり、萩組の座は、稲魂の胎児・大祝を包みこむ柔らかい胞衣《えな》だと想われる。そして春三月酉の日、暗い土中より生誕した嬰児・大祝は、十間廊という直会殿の一番上段に鹿皮を敷いて座し、まな板の上に供えられた鹿頭七十五頭が見つめる中で、大松明四所が夜空を染め、嬰児生誕の大饗宴が催されるのだ。

後の四ヶ度の物忌籠りは、五月二日より三日間の押立御狩神事、六月二十七日より三日間の御作田の御狩神事、七月二十六日より三日間の御射山御狩神事、そして九月下旬巳亥日、三日間逗留の秋尾の御狩神事と、舞台を八ヶ岳山麓の大扇状地に設定して、山中聖地に神体大祝が薄の穂で組んだそれ自体が招代の穂屋《ほや》内部に籠り、そして供膳には、狩倉で射た鹿を供える（五月と六月の神事は「其間或は宅に帰り、山に留りて狩猟をいたす」（『画詞』）となっているが、古い姿は、山籠りをしたことであろう）。

この四ヶ度の山中聖地の物忌籠りの意味は、「稲を植える準備をして、御狩の得物を獲って捧げ、苗を植えて御狩に出て神饗をし、稲の無事を祈って狩をして得物を捧げ、収穫して狩に出て、その年の感謝と来る年の豊年を祈って、獲物を神饗していますよね。田の神にも山の神にも狩猟の生贄の供え物をしている。それが狩猟族の面白さが残っている神事じゃないかねえ。やっぱし、田の神だから田の物っていうんじゃないわね。狩猟して来て供えたり食べたりしていますね。そういう事面白いと思いませんか。」（今井野菊「御左口神祭政の森」より）の一言に尽きる。農耕周期の重要な節ごとに、山中聖地に籠る古諏訪祭政体の意図的な季節構成と空間構成だったのである。そして、この重要な節ごとに、その都度、その都度、山中聖地に籠り、神体・大祝が山霊を憑けてくる方式は、諏訪神社下社のように、山の神は春には里に下って田の神となり、秋は山に帰って山の神となる、柳田國男氏の言う春宮・秋宮の循環的な神の去来信仰以前の古層な姿であると金井典美氏は言っている（『湿原祭祀』）。それと共に、前宮神原の御室や御射山祭、秋尾祭の穂屋のように、萱や薄の穂などの植物で葺かれた仮屋が、神体・大祝の物忌籠り終了と共にその都度撤去破壊される姿も神社建築以前のプリミティヴな姿である。

物忌籠りが最重要な役務である神体・大祝は境を出ることの重禁を課せられ、戦場の血にまみえること、女体に接する事のタブーらを課せられ（「當職の間は郡内を出る事なし。況や他国をや。潔斎器重にしてかつて人馬の血肉に触れず」、「婚姻未犯の童男」これは神使の事であるが大祝と同質である・筆者『画詞』）清器《きよつき》であることに細心の注意を払われ、三日間の山中聖地籠りの前には、七日間の厳重な潔斎（『諏訪上社物忌令之事』）でもって、いよいよ山霊の憑きやすい身体状態をつくり出して、農耕周期の循環にパラレルに対応する形で、籠り脱皮し饗宴し、また籠り脱皮し饗宴する植物精霊であったのだ。

●山林神を祭躰にて候

『画詞』の記された室町時代には、第三の御射山祭と第四の秋尾祭には、前宮神殿《こうどの》から12kmを離れた、八ヶ岳西南麓の山中聖地に三日間、薄の穂で全面を葺いた斎屋・穂屋に籠って野営して、祭祀と狩猟を行っていた。御射山祭には、里の神域の十三社をひきつれ、神体・大祝が籠っているので、その間、里の神域はカラッポの状態である。全存在をうつす大移動である。

「本社より三里を隔て、辰巳に当て、穂屋野《ほやの》といへる地《ところ》に御射山の社あり。七月二十四日、青萱《あおかや》にて数十軒の仮屋を造り」（『信濃奇勝録』明治初期）とあるから、江戸時代には、数十軒の穂屋が立並び、「茶店売物を出して町屋の如し」（同）さながら臨時の市街である。「三日三夜を歴《へ》て、祭終り仮屋を取払ひ、もとの原となる」（同）八ヶ岳西麓の山中聖地に忽然と地図にない市街が現出する。そして三日三夜を経て、ふたたび忽然と消えてゆき、人々は潮のように退き、ふたたび深閑とした八ヶ岳山麓に戻る。「茲に祭事全く終れば、仮屋は取りはらわれ、元の人無き野原に帰す。」（『官国幣社特殊神事調』）

尾花《おばな》葺《ふ》く　穂屋《ほや》の周囲《めぐり》の　一群《ひとむら》に
瞬時里《しばしさと》ある　秋の御射山《みさやま》

金刺盛久

これは下社御射山祭を歌ったものであるが、忽然と出現し、三日間の大饗宴ののち、忽然と消えてゆく山中の市街の光景をうまく伝えてくれる。

山中聖地（ここでは御射山）における七月二十六日黄昏迫る夕刻から二十七日の狩猟に至るまでの『画詞』の描写は、秀逸な映像作品を見ているごとくである。中世的現実の雰囲気が眼前に迫り、人々のどよめき声が聴えてくる。

漸晩頭に及びて、物見が岡に至る。見物の緇素群集す。さて大鳥居を過ぐる時は、一騎づヽ声をあげて通る。前官男女の部類、乗興騎馬のたぐい、前後につゞきて櫛の歯の如し。凡諸国参詣の輩、伎芸の族、七深山より群集して、一山に充満す。今夜参着の貴賤面々、信を起し、掌を合せて祈念す。諸道の輩衆芸を施す。又、乞食、非人此所に集る。参詣の施行更に隙なし。都鄙の高客所々に市をなす。盗賊退治の為に社家警固をいたす。巡人の甲士昼夜怠らず。

絵　在　之

二十七日早旦、一の御手倉《みてぐら》、大祝以下大小神官榊を捧げて、山宮に詣づ。去夜より所々の神楽鉦鼓の音、巫女が託宣相続してかまびすし。又散供打まき、積物雨の足の如し。下向の後、四御庵の前にて、大祝御手払、衆人展轉して是に随ふ。山谷響きて傳え、馳馬頻に驚く。次に恒例の饗膳畢て後、揚馬打立つ。服餝鞍馬の美麗、五月会に超過せり。人数は時に随て不定なり。いにしへは百騎ばかり、近来は僅に二、三十騎などに減少す。然して神官氏人の外に、諸人随意の行粧、前後連続の儀式比類なし。……（中略）……大祝至る時にのぞみて、狩奉行山口を開きて、則面々競ひ争ひて左右の旗を守りて狩場に出づ。千種の花高くして、人馬をかくす。僅に弓の筈、笠の端など見ゆ。
此時、禽獣飛揚り、馳走りて狩人猥騒す。

時間を超えて、読者を山中聖地で行われた中世神事の当事者のように錯覚させさえする小坂円忠の絶妙な筆致に何を加えることが出来ようか。ただわれわれは、夜から明くる朝にかけて山中で行われた、混とんとして豊饒な中世の神事劇の、基本的な構成だけは捉えておく必要がある。

　この山中の夜、一番重要なことは、何度も言うように、薄の穂で全体を葺いた穂屋（ここでは大四御《おおよつのみ》庵《いお》）に、神体・大祝が籠ることである。薄は山霊の招代《おぎしろ》であり手草《たぐさ》であるが、ここでは穂屋という、薄をもって全面を葺き更に床にも薄を敷いた斎屋全体が招代となって、その中に籠る大祝を山霊で充填させている。

　それと共に忘れてならない点は「去夜より所々の

上社御射山内穂屋（『諏訪史　第二巻　後編』より）

神楽鉦鼓の音、巫女が託宣相続してかまびすし。又散供打まき積物雨の脚の如し」という描写である。この点について宮坂清通氏の理解は深い。

二十六日のいわゆる宵祭りに際して、諸国から集まった巫女や白拍子・田楽・呪師《のろんじ》・猿楽師等多くの祈禱師や芸人達が、広い御射山の境内の各所に屯して神楽を奏し、太鼓や鉦鼓を打ちならし、田楽や猿楽を舞う状は、今日でいう大道芸人とは決して思えない。少なくとも真剣な心情をもって不乱な行を捧げて、御射山の山霊神に祈りを捧げ山霊の神々の御心を体して、その神意を庶民に告げたのであろう。

（宮坂清通「諏訪上社御射山祭について」）

賽銭や米のおひねりを投げ、捧げ物を積重ねる様が、さながら雨足が立つようだと『画詞』は記している。前記したように、御射山内に散在する祭場跡から、古銭等が表面採集されている。打まきは、祭場である土壇そのものに打ち投げ、積重ねていたのである。これは日光・男体山頂の祭祀遺跡から出た祭祀具と同様、山そのものを神体とした発想に立ち、直かに土地に向って、願いを込めて、投げかけていたのである。それはかけ声においても同様に直接的である。物見ケ岡から「大鳥居を過ぐる時は、一騎づゝ声をあげて通る」、この〈オーッ〉という声は、山に鎮まる山神に向って、直かに発声したのである。

　その神体である山そのものの夜の霊気に触れて、トランス状態に陥った巫女が、神懸りの託宣を行っている様が描かれている。『画詞』は「諏訪縁起五」においても、頭役の小諸太郎の召使と守護代の果圓の従人との間の刃傷事件について「御射山の祭の庭にして、童女の託宣にいふ……と奇特厳重なり神託疑殆なし」と、童女の託宣で果圓の一族が滅亡した物語を載せている。これは「崇神紀」に、三輪山附近の神浅茅原《かむあさじがはら》という山中聖地に集まり神託を待っていると、蛇シャーマン・ヤマトトトヒモ、ソ姫が突然神懸り「オレは大物主である……」の託宣を下す状態と同じように、山中聖地の夜の雰囲気と、そこでかん懸る巫女の託宣の重要な意味を知ることが出来る。特に注目すべきは、女性をけがれとする諏訪神社の中世神事関係の中で女性がいきいきと描かれている数少ない場面である。古層な姿をうかがわせる一場面である。

　この諏訪神事集団以外の各地から集まった庶民や、祝言職者たちの描写の雰囲気には、背後に歌垣の存在をうかがわせるが、無論、神氏族であり、仏教思想に配慮した小坂円忠はそれを記してはいない。もう一つ注意すべき点は、「都鄙の高客所々に市をなす」（『画詞』）という交易の状景である。山岳と平地との中間に位置する高原の聖地で、山のものと湖のもの、農耕物の交易が、神事とあわせて行われていたことの室町的残存である。交易の起りをうかがわせるものである。『日本書紀』武烈天皇が物部麤鹿火《あらかひ》の娘・影媛をさそう「妾望《やつこねか》はくは、海拓榴市《つばき》の巷に待ち奉らむ」とこたえ「歌垣《うたがき》の衆に立たして影媛が袖を執へて躑躅《たちやすら》ひ従容ふ」と記されている。これは古代の市は同時に祭祀の歌垣の場であったことを示している。交易の発生をこの山中聖地の祭祀との関係でうかがうことも出来る。さて、神事集団と大門峠や釜無谿谷をたどって集まる各地の庶民や、芸能職全体のかもし出す光景は御射山土壇区域をこえて物見ヶ丘全体に及んでいる。「芝居列坐の次第、祭場廣博なり」(『画詞』)。

諏訪神事集団以外の周囲でかもされる混とんとした状景については、神人集団の中心人物・守矢神長官の神事控えノートである『年内神事次第旧記』には無論記されていない。本当は室町幕府を背景にした仏教思想と、田村麿を背景とする東北侵略に前進基地として果した諏訪神社の役割をけん伝するつもりで記した『諏訪大明神画詞』で、小坂円忠のあふれる感性が、極度のなつかしさに襲われている。彼は、神氏族の手前、「かまびすし」(騒々しい)などといいながらも、彼の豊かな感性は、御射山祭の描写において興奮が頂点に達している。それは七十五ヶ度の神事のうちの春の大饗宴である酉の祭よりも紙数を費している。円忠はこの山中聖地で行われた神事に何度か行き、その夜の光景が忘れがたかったのだろう。

この山中の大庭で行われる神事の基本的構成は、穂屋籠り・山宮御手倉・狩猟・饗膳・矢立であるには違いはないが、同時にこの大庭で、芸能流浪民・庶民の間でかもし出された田楽・猿楽らの芸能、呪術師・巫女の託宣、また祭躰である土地そのものに向って直接投与する散供、山のものや土地のものの交易市、そして「〽粋な神だよ　原山さまは　ぬしさとわしの縁結び」という俚謡にうかがわれ、また中世においては白拍子の参加でも知られる歌垣的要素らの全体を包み込んだ山中聖地という存在を理解したい。性に対する、交易に対する、託宣に対する始原的な考え方をこの山中他界の中に投入して考えたい。

二十七日早朝、穂屋（大四御庵）を出た大祝は山宮に御手合をする。これは早朝、二十九日早朝と三段に構成された御手倉で、第一の御手倉と呼ばれている。大祝以下の神官が山宮に薄の穂を招代として捧げる儀式である。この時、外県《そとあがた》の神使だけは、ジシャの木を御手倉として捧げている。ジシャの木は、黒モジの木といわれ、皮黒く香気が強い。柳田国男氏は「鳥柴考」において、サカキは古くは「榊葉の香をかぐわしみ」という歌にあるように、現在の榊でなく香の強い黒モジの木であったろうと推定している。そしてこの木の臭いに触発され、原初の記憶が蘇えってくる。一挙に祭場を原初状態にひきもどす「鼻の記憶」を重視したのである。

さて、黒モジの御手倉の臭いに触発されて、原初状態になった山宮において、守矢神長官が、山神に奏上する申立（祝詞）はこうであった。

かけ《掛》はく《巻》もかしこ《畏》、つね《常》のあと《跡》に仍つか《仕》ゐまつる《奉》御射山の御狩山に、あゐちの御手幣を申ては、こそうむしとてこむし給ふに、政所くつは《轡》のもと《許》に、しゝ《鹿》かた《肩》をなら《並》へのさは《野澤》をわたる《渉》とも、いやるやま《射遣山》にあてさせ給はす、し、のこ《鹿子》のふとはら《太腹》にやかけ《矢懸》させ給へ、やかけ《矢懸》のなか《中》に、にこいけ《柔毛》にあらいけ《荒毛》、あらいけ《荒毛》ににこいけ《柔毛》、ふことなく《事無》とら《捕》せ給へ、かしこ《畏》みも〳〵ぬかつか申

（『旧記』）

（このよう畏怖すべき始原状態になった御射山の御狩山に、薄の穂を御手幣にして捧げて、よくつかえている。御狩山祭場に轡をならべ馬にまたがった射手の近くに鹿が並び、野や谷を渡っていても、矢がはずれて神体である山に矢をあてることなく、鹿の太腹に命中させたまえ。たとい毛の荒い雄鹿でも、毛の柔かい雌鹿でもよいから、ともかく鹿の太腹に命中させたまえ。山神に畏敬をもって申立てる）

この山宮に向って、早朝第一の御手倉を捧げながら、申立をする状景を「是者皆山林神

を祭躰にて候」（『次第』）と捉えている。古層な神事方式である。次の日の早朝も同様に第二の御手倉を捧げながら中立を奏上する。第三日目早朝も同様に第三の御手倉を捧げながら、同様に中立をする。想うに、夜山林の中の穂屋に神体・大祝が忌籠り、早朝に出て山宮に御手倉を捧げるという夜から暁方に至る一連の行為が一番重要な祭祀構成であったのであろう。三日三夜にわたって繰返したのであろう。

この御手倉が終ると、中立（祝詞）に言ったように、神饗《かむあへ》のための狩猟である。そして第二夜と三夜には饗膳がある。第三日目には、御狩で鹿の太腹にあたった矢を抜きとる、という行為そのものを呪的な神事としている。そして、その矢数の多いものに、尖矢《とがりや》に薄をそえて与えている。何らかの呪性をもつ意味をもった神事であろう。その後、相撲二十番が占手供御として左・右頭人に分れて戦う。その後「水干を脱ぎて来集の輩に分ちあたふる」。これは施行と解されている。伊藤富雄氏は言っている。「水干を脱ぎて、山と積み置き当日の神事奉行は、之を諸道の芸人其の他の貧者に分ち与えたのであります。之を水干脱と言い、恒例の行事となって居ました。当時他社でも施行の行われた例はありますが、自己着用の衣服を脱いで之に宛てる如きは、他に類無く、誠に珍しい行事と言わねばなりません」（『御射山祭の話』）。

この「水干脱」については、三日三夜、山中の穂屋に籠り蘇生脱皮をくり返した最後の日に、その山霊のこもった水干を、あたかも蛇や蝉の変身後の脱け殻のように投げてあたえ、蘇生したことを意図的に示したものではないかと思う。五月の押立御狩の三日三夜の山中聖地籠りが終り、上社に帰着後五月五日、六日に流鏑馬・揚馬・射礼・相撲の後に「次に着坐の仁等悉く、水干を脱ぎ山の如く積置くを、当日の奉行人、道々の輩に分ち与ふ。白拍子・御子・田楽・呪師・猿楽・乞食・非人・盲聾・病痾の類、游手・浮食の族、稲麻竹葦の如くに来集りて、相争ふ。其體比興なり」(『画詞』)と記している。この五月会は押立御狩と一連の神事と考えれば、山籠りから帰って、最後に水干を投げ与えている。山籠りで再生復活した生命の脱皮を表現したものであろう。それに群がる中世流浪民・ほかひ人らの姿を、小坂円忠の残酷なカメラ・ワークは「稲麻竹葦の如くに来集りて相争ふ。其體比興なり」と生物のように描いている。

以上御射山祭の基本的構成は、穂屋籠り、早朝の山神への薄穂の奉幣、申立(祝詞)、狩猟、饗膳であり、三日三夜にわたって三度繰返すことであった。この構成を知ることは、ここで問題とする第四の秋尾御狩神事をつかむ上で必要だったからである。『画詞』は、秋尾御狩神事については、「其儀御射山に同じ」と略しているので、その神事の構成は、以上のような内容であったろう。

●秋尾（秋庵）の御狩と月見饗宴

九月下旬巳亥日秋尾の祭御狩あり、大祝以下の大小神官、深山に登りて三日間逗留す。其儀御射山に同じ。御庵の円形、一面の庭火のみかわれり。又、饗膳、餅、酒、馬草、粟穂、毎人の前に是を積置く。故あることなるべし

（『画詞』）

こんどは、秋尾平《あきを》（阿久平＝諏訪郡原村室内、現在の闘鷹社を山宮として、その下方一帯であろう）に野営地を選び、穂屋群を御射山祭の様に四方形に配置するのでなく、円陣を組んで、その前の土壇に直に枯尾花を敷き、その上に酒、餅、粟穂や馬草までも積み置いて、野外饗宴である。あたり一面には、庭火が澄みきった夜空を焦がす。

三日間逗留のうち、第一日目と第二日目の朝と夜、計四回の野外饗宴を行う（中世は一日二食が基本である）。大庭の敷萱、とあるから土壇一ぱいに萱を敷きつめ、大祝を始め各神人達の前に、計御穀七十五杯、餅籠十五、筒（酒筒。『熱田之記』には「つゝ入五升入清酒なり」とあるのは参考になる）十五が一饗宴分として、その萱の上に積まれる。別に、馬のためには、

稲馬草百束、篠馬草百束が用意される。夜の饗宴には、庭火の燃料として、株《くいせ》長さ六尺口一尺二寸百二十、小木百束、こたい百束が使用される（『旧記』による）。

それに、守矢神長役として「神鳴りの餅籠」（『旧記』）が一神事に一つあて用意されている。これについて宮地直一氏は「餅籠の一種に、神鳴《なり》の餅籠というのが旧記に見える。それに就いては満実書留寛正六年十一月の條に於ける「神ナリノ棰」、御頭役請執帳元亀元年五月の條に於ける「かんなりのちまき」によって類推するの外ないが、未だその何たるかを明かにし得ない」（『諏訪史』二巻後編）と言っている。神鳴《かんな》り、とは神の発現状態を表現したもので、雷もその一種であろう。この神鳴りの餅籠について参考になるのは、十月十日の十日夜《とおかんや》であるが諏訪の湖東村で「案山子の神様が天へ昇るに目籠に米を入れては、持ち帰ることができないからといって、餅に搗いて目籠に入れて供える」（『諏訪の年中行事』諏訪教育会）と伝えている。目籠は空からする神の招代であり、これを掲げるのに竿頭高く結びつける。神去来のアンテナである。その目籠に餅を入れて供えているが、神鳴りの餅籠とはこのようなものであったろう。竿頭高く掲げられた「神鳴りの餅籠」を中心に、円形に座った土壇には枯尾花の上に、御穀、酒、餅が積まれ、庭火に一せいに火が放たれる。饗宴だ！　この神事の意義を、『旧記』ははっきりと「此御神事は祝殿、神長殿、両奉行と御穀を服するなり」といっている（ただし、八月十五日に「祝殿始めて新米めす」（『旧記』）とある。御作田の新米を神である大祝がはじめて食す神嘗は、旧八月十五日の満月の日に済んでいる）。一年の豊作を感謝して、山中の聖地で庭火を焚いて、神と一緒に饗膳し、作物を送っている。

古層な、自然に立脚したこの神事の光景について、小坂円忠は「故ある事なるべし」と、深い感概をもらしている。

翌朝、山中の朝である。

第三日、朝霧に四方の鹿を巻落して、大葦澤にて狩猟す。山路の紫菊霜を帯びて、籬疎たり、嶺林の紅葉、風に随ひて散乱す。折にふれたる景趣感を催さずといふ事なし。

（『画詞』）

翌日は下山の日、上社大宮の正面神域は、新しい砂を俵で運び、まいて神域を蘇生させる。大祝は帰着後、国司の祭使と対坐して饗宴する。中央政権は、諏訪祭政体の一年七十五度の神事の内、春の大立坐神事の外県・内県・大県神使が全員帰着した時点の三月寅の日にも同様に国司の祭使と大祝を対坐させる神事を仕組んでいる。この春の農耕開始の祭祀の終りと、秋の最後の豊穣感謝の山籠りの秋尾神事の終了後と、この重大な農耕の結節期に、ぬけめなくも、大祝と国司の祭使を対坐させ、政治的な威圧をかけている。
それはともかく、秋尾平の夜の饗宴は、小坂円忠ではないが、由緒ある古層な神事だナァ。オレも一緒にやりたくなるナァ。九月に薄の穂と、酒や餅を枯尾花を敷いた上に供えたのを庭火で送っているのを見ると、これは月見じゃないかナァ。それにしても、ダイナミックな月見だナア。

旧の九月十三夜に、月見をやっているところが各地にある。八月十五夜と九月十三夜に二度も月見をするので、九月十三夜を「後の月」と言う。月見が二度もあるのは、日本だけで、これは九月十三夜の方が日本古来の月祭りであったのに、中国大陸の暦法から仲秋の月見が輸入された時点で二重になった。ちょうど、日本の旧い正月が一月十五日の小正月であったのに、一月一日の中国暦が入って、大正月、小正月と二度も正月行事を行っているのと同じである。「片月見をするものではない」というい いつたえは、八月十五日夜を祝ったからといって、九月十三日夜の月祭りは省略してはならないという戒めで、九月十三夜が古層な月見であったことを物語っている（『日本を知る事典』「十三夜」大森志郎、を参照）。

『諏訪の年中行事』（諏訪教育会）によれば、九月十三夜は「十五夜に曇りありとも、十三夜には曇りなし」と言われ、「今夜、天が晴れれば、来年は豊作だ」といっているそうだ。

収穫への感謝と来年の予祝をかねた月祭りであったことを物語っているが、この九月十三夜は、芋名月という名にあるとおり、里芋《タロイモ》の収穫儀礼であり、当日は、芋畑で里芋を盗んでもよいことになっている。民俗学の分析ではこの月祭りを、稲作以前の根栽農耕文化に関連する儀礼であるといわれている。秋尾祭には、里芋ではないが、栗穂、餅が並べられていることを考えて、稲作以前の農耕神事を再検討する必要がある。それは、三月辰日の「大祝、神官の外、氏人水干本人数を卒して大宮の前を経て、北の鳥居の外一妙山の鼻より野火を放ちて、野焼の社に至る」という焼畑農耕の火入れ儀礼を想わせる野焼神事に、胡桃《くるみ》や田螺《たつぶ》と共に饗膳に出る野老《ところ》（山芋）らとの関連で、稲作以前の儀礼をつつみこんだ諏訪祭政体の神事をもう一度検討する必要がある。

　以上のように九月十三夜と秋尾御狩を関係づけて、今井野菊氏にたずねてみた。月見ということはいいだろうが、『画詞』には九月下旬巳亥日とあるから二十三夜《おさんや》待ちではないか。昔は、一定の集まり場所に行って皆でいろいろなものをつくって食べて二十三夜待ちをやったが、この日は月が三重にみえるといい、おさんやさまは、かならず願いごとを一つかなえてくれる、といった。秋尾祭は山の神に今年の収穫を感謝して、来年の豊作を祈る、大きなあとふきまつりじゃないかねえ、ということであった。更に、秋尾神事には庭火を焚く火祭りをやっているが、諏訪では、こたつの火入始めをみづのえにやるが、これは水の神である蛇の日にやることによって火を鎮める配慮をして行ったのではないか、こういう点を一緒に皆さん研究して下さい、ということであった（今年の旧九月己亥日は十月二十二日と二十八日にあたっている。下旬とあるから二十八日より、下山の日が寅の日の三十一日まででである）。

山神と火祭りとの関連で折口信夫は「火を焚いて山の神に詞り、祠の周囲を火で囲んで、焼きかける十日夜は、地方によると、玄猪と一緒になっている所もある。山神祭りは大体火祭りで、土地を暖めて、翌年の作物の出来をよくするのである。昔の日本人には、土地の一部を暖めれば其全体に効果が及ぶと言ふ類推法であった」（『折口信夫全集』第15巻）。私は、秋尾祭の「一面の庭火」はやはり農作物の送りの儀礼と考えるが、聴くべき見解である。以上、これらの見解を含めて、今後大きく考えてゆこう。

ともあれ、最後の御狩神事・秋尾祭は、農耕物の収穫を終えて、神体・大祝が山中聖地の穂屋に三日三夜籠り、土壇に敷いた枯尾花の上に積んだ、酒・飯・餅らを、祭体である月をみながら、夜空にあがる庭火で送り、神人一緒に饗膳することであった。一年のしめくくりの重要な儀礼であった。

「供え物は飯台に並べるか、斗桝又はゆるわに入れて、縁側、庭先、軒屋根、土蔵の屋根などに上げる」（『諏訪の年中行事』）という民間の年中行事における月見に比して、文字通り日本の屋根の中部山岳地帯の八ヶ岳西麓の大扇状傾斜面全体を大庭（『旧記』）として、その自然地形の土壇そのものを神柵として、枯尾花の上に饗の品々を野積し、八ヶ岳連峯のホリゾントから出現し、大きな弧を描いてフォッサ・マグナをわたり、やがて赤石山脈北端の守屋岳に沈んでゆく晩秋の月を対象として、一面の庭火で送る極めてダイナミックな、古諏訪祭政体の月見の宴であった。『画詞』は「所々の神楽鉦鼓の音、巫女が託宣相続してかまびすし、又散供打まき積物雨の脚の如し」と御射山祭の夜の光景を描き出したが、秋尾祭の夜の光景も同様に、この秋尾平全体に及んで、神事集団の穂屋と共に各所に庶民達の穂屋と、芸能集団の行う饗宴が行われ、それぞれが月に吠えたことであろう。

　そしてこれらの御頭にあたった者は「総じて一年中役人十餘輩、丹誠を抽で一生の財産を投ぐ。されば謀叛八逆の重科も、頭人寄子、悉く武家の免許を蒙りて、生涯を全くする事古今断絶せず」（『画詞』）と言われている。山中他界での山霊に対して「一生の財産を投」げ富の破壊するポトラッチ的全的支出の饗宴が、同時に農耕物の豊穣を約される一つの神的黙契であり、そしてそれにあたった人のプレステイジが高められ武家の免許を与えられるという古層で厳しい古諏訪祭政体の神事劇であったのだ。

●阿久遺跡の占地と秋尾祭祀場の占地

秋尾御狩の神事を理解しようとしてきたが、それは諏訪祭政体の季節構成と空間構成の全体的な把握と切り離しては理解困難であった。赤石山脈北端の守屋山麓を神域としその中の前宮神原をターミナルとする広大な「里の神域」と12㎞をへだてる八ヶ岳西南麓の大扇状地を「山の神域」とする大きな神事空間構成。その二大神域の間で、神体・大祝が、大きく別けて五つの物忌籠りを行っていた。一つは田植前の五月初旬の「押立御狩」、二つは、田植時の六月下旬「御作田御狩」、三つは、稲の無事を祈る憑《たのみ》の七月下旬「御射山御狩」、最後は収穫後の感謝と来年の豊作を祈る九月下旬「秋尾御狩」と、八ヶ岳西南麓の山中聖地に籠り、最後に、十二月末から三月末日まで、厳冬期の長期間を稲魂・大祝が竪穴斎屋に籠って、蘇生・生誕をし、そして生誕の大饗宴が、三月酉の日、神原郎においで行われるという、農耕周期にパラレルに貴種・大祝を大きく移動させ、物忌させ、蘇生させ、そして饗宴するというもう一つの意識的な季節構成であった。それは、倭人社会を「其の俗、正歳四節を知らず。但し春耕・秋収を計りて年紀と為す」(『魏略』)と記した思いあがった「高等民」の堕落した天文数理上の正歳四節と異なり、自然の農耕循環とパラレルに、八ヶ岳西麓と赤石山脈山麓を舞台にして、移動し、物忌する植物精霊・大祝の運行を宇宙の年間運行と考える年間の神事劇そのものが、まさに「春耕、秋収を計りて年紀と為す」行動する暦であったのだ。それは諏訪湖盆から八ヶ岳山麓にわたる地形全体と、地域的な気候循環を知悉し尽した神事集団が、「勤にして貧」なる農耕民の生存に拮抗する形で季節循環を空間的にとりこみ展開した意図的に構成されたコスモロジーであった。地形空間を季節循環にとりこみ、呼吸する巨大なもう一つの生物《いきもの》をわれわれは古諏訪祭政体と呼んだ。

もう一つの大きな問題は、八ヶ岳西麓の大扇状地に、大きく分けて10群の縄文中期遺跡群が存在するが、中世諏訪神社の原山神域はその半分をだきこむ広大な地域を占有している。縄文中期の生活立地と中世神域の占地のダブルクロスの問題を今後併行して究明して行かねばならない。そして、その一画にある縄文前期の阿久遺跡（なかんずく後半の諸磯A―B期）の祭祀遺跡が、中世諏訪神社の第四の秋尾御狩神事の野営地と近接しているばかりでなく、夜火を焚いて円形を組み、送りの儀礼をやったらしい神事内容までが酷似している。その占地と神事内容は広漠たる時間を越えて関連する点があるかどうか。また中世御狩神事には、「北信濃の人は大門峠を越え、甲州や佐久の人々は、上の棒道にかかって」（『原村史蹟踏査要項』）この山中聖地に参集しているが、阿久遺跡の祭祀には、どのような範囲にわたって前期縄文民が参集したか。

最後に、中世に至るまで存続した諏訪神社の四ヶ度の御狩神事は、神体・大祝の狩装束を、明神「垂跡の行装を表するなり」（『画詞』）とし、「当社の御頭にあたらん人はいかにも御狩を本として」（『上社物忌令』）と狩猟神事に重点を置いて仏教全盛時代にも、断固として行っているが、これは、その始めから農耕儀礼としての狩猟神事であったのか、あるいは宮地直一氏の言うように、狩猟神事は「古代に於ける諏訪人の実生活の直写たるに外ならぬ。実際行為が祭祀の仲間入りをして、儀礼の一部とせられながらも、実際行為より離れないで、何れを何れとも判定し難い間に居る。狩猟行為そのままでありながら」（『諏訪史』二巻後編）、同時に全神事の一齣となったのか。そして古代の「血を分けた祠官や氏人の人達は常に峯を越え谷を渡る営み劇しい神業に身を委ねて、神と共に歓を一にせんことを期しつゝあって、その間より自然に狩猟に関する方式の発生をも促がすに至った」（同）のが四ヶ度の御狩神事であったのか。もしそうであるならば、それは時代的に何処まで遡行しうるか。そして狩集《かりつどえ》という、狩猟行為の参集点が、四ヶ度の御狩神事の重要なターミナルになり、この附近を中心に秋尾の山神が祀られ、神事的野営駐屯が営まれているが、阿久遺跡の占地は狩猟行為の狩集《かりつどえ》地点と関係しているかどうか。

以上、われわれは縄文前期・阿久遺跡の発掘に触発されて、その地名と占地と儀礼内容から中世の秋尾狩猟祭宴の意味をふたたび問うて来た。小坂円忠の映像的描写『諏訪大明神画詞』の八ヶ岳西南麓を舞台とする一大パノラマに魅せられながら、その背景にある生業基盤との関連を問い、『年内神事次第旧記』によって個々の調度、大祝や神事集団あるいは芸能浮浪の衆、一般庶民の個々の行為をあらためて見てきた。その過程で明確になった重要な点は、一つには、〈狩集会《かりつどえ》〉という狩猟を開始するにあたって、山神に向かって祭を行う地所であった。その山神の祠は地勢から判断して秋尾社であろう。年内四ヶ度の狩猟祭宴のうち三ヶ度にわたって、狩猟前の山神祭を行っている。ただ御射山祭のみが、現在の原山土壇に直接行っている。何故か。本来は四ヶ度ともに〈狩集会〉地点で山神祭を行い、狩猟に散っていたのが古層な姿であろう。有員大祝の導入という、諏訪における一大政治的転期にあたって、丁度、神事の中心地で御左口神の本拠地・前宮神原と別個に、伊豆早社地点を荘大化し、諏訪神社上社本宮としたように、四ヶ度の山神祭の中心地・狩集会と秋尾社山神と別箇に原山土壇を築き、御射山祭のみを荘大化していって、遂に原山土壇＝狩猟祭宴の中心地のごとくに画策していったのではなかったか。以上の考察によって私は、里の神域の中心地は、前宮神原であり、山の神域の中心地は狩集会周辺（秋尾平）であることに固執し、後世の政治的画策である有員導入以降の中心地・上社本宮と、原山土壇という考え方を古層な空間構成としては排除する。

秋尾社一帯が現在の原村市街中心地となったのは、狩猟にあたっての山神祭広場と、市街中心地の地形的判断が、たまたま軌を一にしたのであろう。それに比較して、御射山土壇は、狩猟コースの途中のような位置であり、酒室社の山口からはいって最初の山神祭を行う地所ではないと考える。

さて、狩猟にあたっての最初の山神に対するアイサツが、狩集会祭宴であるならば、狩猟を終えた後の最後の山神に対するアイサツは、矢立神事である。

御射山祭の三日三夜逗留の最後の日に、来年の頭役を定めて後に「面々に打立ちて山に出づ、槇木立てて上矢を射立て手向とす」(『画詞』)という記事がある。「一年中役人十余輩」の頭役の分の槇木(まっすぐな柱)を立てて、矢を射たのであろう。同様な神事は、春の野焼神事(三月辰日)に野に火を放つ神事と饗膳を終えた後に、大熊という地所で「矢立之木にて矢射給」(『旧記』)とある。いづれも神事の終わりに行っている。

伊藤富雄氏は、この矢立を神事の重要な点であるとして、こう言っている。「狩猟終れば、カリアツマリ、或は一定の地点に集合して獲物を分配し、狩猟神に生贄を捧げて之を祭ったのであります。此の時、定まった樹木或は其の時に立てた柱に、矢三発を射立て、御礼参りのしるしとしました。此の木をヤタテ木と称し、其の矢をヤホコ或はヤオクと呼んだのであります。又此の祭をヤタテ祭或はヤザキ祭と言いました。諏訪神社の御射山祭は、此の氏族共同狩猟と其の矢立祭から発達発展したもので、後世に至る程次第に儀式化されたものであります」（『御射山の話』）と基本的な祭祀構成を鋭どくつかんでいる。

古諏訪祭政体が中央政権化される祭政体の岐れ目にあたって重要な伝承を『画詞』は、載せている（これは『神道集』「秋山祭の事」にも伝承流布されている）。

桓武天皇の時、軍団をひきいた田村麿が、信州に進軍し、「伊奈郡と諏訪郡との境に大田切という所にて、先一騎の兵客に参会す。穀葉の藍摺の水干を着て、鷹羽の箆矢を負ひ、葦毛なる馬にの」（『画詞』）った古大祝（有員以前の大祝）に出会う。この狩衣姿の地主神のごとき男は、田村麿の東北侵略に対して水先案内人の役を果す。田村麿は戦勝ののち、その都入りをすすめる。古大祝は「今更に上洛に及ばず、此砌に留るべし。又遊興の中に畋猟殊に甘心する所なりと。将軍申していふ。神兵は是得通の人なり。何ぞ殺生の罪障を好みたまふや。明神答へたまわく。偸蕩邪執群萠為利殺生之猪鹿於真如之境棲山海之辺也」（『画詞』傍点著者）と。

ここにおいて古諏訪祭政体は死んだ。が、ここにおいて八ヶ岳山麓を狩場となす諏訪祭政体の遺伝的運命的嗜好＝ハンティング・パッションは強力に残った。この強力な狩猟に対する甘心は何処に由来するのか。初期柳田も同様な熱情について記している。「大番役に京へ上る度に。むくつけき田舎侍と笑われても。華奢風流の香も嗅がずに。年の代るを待兼て急いで故郷に帰るのは。全く狩といふ強い楽があって。所謂山里に住む甲斐があったからである。殺生の快楽は酒色の比では無かった。罪も報も何でもない。あれほど一世を風靡した仏道の教も。狩人に狩を廃めさせることの極めて困難であったことは。今昔物語にも著聞集にも其例証が随分多いのである」（『後狩詞記』）と。むべなるかなむべなるかなである。

　私はこのハンティング・パッションの由来と変遷を解くかぎは、諏訪祭政体においては、地母神化した狩猟女神＝そそう神という原始精霊であると考えている。そそう神については、「穴巣始と外来魂」でも少し触れておいたが、御左口神とならぶ重要な神であるので別の機会に詳しく考察することにしたい。

註

○　阿久と秋尾の地名は伊藤貞彦氏の教示による。

○　原山神域の広さは、小林健次郎氏の教示による。

○　阿久遺跡の現況は『どるめん』16号と『考古学ジャーナル』一四二号に従った。

○　原山の史料は、『原村史蹟踏査要項』諏訪史談会　昭和14年11月刊による。

○　上社御射山神事については宮坂清通「諏訪上社御射山祭について」『古諏訪の祭祀と氏族』（一九七七年　永井出版企画所収）　金井典美『湿原祭祀』再版（一九七七年　法政大学出版会）　『御射山』（一九六八

年　学生社）伊藤富雄『御射山祭の話――下社旧御射山遺跡』（ヒュッテ御射山）等を参照した。

○

基本史料としたのは、神事の光景が眼前に浮んで来る『諏訪大明神画詞』と、守矢神長官の詳細な神事控えノートである『年内神事次第旧記』である。又、その復原をあたう限り試みた『諏訪史』二巻後編である。いまさらながらこの三書のもつ深い意味には驚いた。

諏訪神社下社祭政体の研究（一）

宮坂光明

一、原始信仰考

(1) 諏訪神社下社の古記録より

諏訪神社の祭りについては、上社、下社とも年間七十五あるが、その記録は上社関係に多く残されている。それは、上社に関係ある「年内神事次第旧記」「年中神事次第」「守矢文書」とか、「神長官日記」などが残されていたからであろう。下社については、極めて少ない。下社の分はおそらく、中世末の上社と下社の内輪争いの際、上社方が下社社殿を焼打ちにし、金刺大祝興春の首を討ち取るという事件の際、紛失したものと考えられる。

そういう事情のなかで、なるべく古文献と正確なものを観てみよう。幸せなのは、「諏訪円忠」の著した「諏訪大明神縁起」に記録されていることで、概要が知られる。

「諏訪大明神縁起」は絵と詞書でなり立っているが、これは製作当時一流の画家、書家を網羅して、各巻の外題は後光厳天皇の真筆をいただき、また奥書を足利尊氏が書いている豪華なものである。内容は縁起三巻、祭祀七巻ほか二巻追加というものであり、この「絵巻」の発願内容は、貞和年間から約十年かけて作成したもので、円忠が諏訪神社にかつては存在した「諏訪社祭絵」と称するものがあって、いまそれが紛失していたので、この紛失を惜しんで、その再興を志し資料の蒐集をしていたのである。

小坂円忠は地元諏訪においては、中央に出ている上級役人の唯一の人物で、鎌倉幕府の崩壊以来、衰微した諏訪勢力の再興に期待をかけられていた人物であった。この事業には一族、神官、社僧のすべてが協力したものと考えられる。この「絵詞」には、天皇、足利氏、公卿などの参加を得ているのをみても、彼の室町幕府内での実力がうかがい知れよう。

諏訪神社関係者の一致協力ぶりは大変なもので、その証拠には、円忠が京都在住なのに、このうちの社伝の部分、祭祀七巻はすべて諏訪神社が調査をまとめたものと考えざるを得ない（伊藤富雄「諏訪円忠の研究」）とされている。この正確な祭祀七巻は、その絵師達がしばしば諏訪にきて、実地に検分してかいたものとみてよい。それには諏訪社の協力と便宜があったものだろう。

また円忠自身もこれに関する実録を集め、さらにこれ以上の考え方、資料があるかを、彼の幅広い交友関係の学者に聞いている。

このようにして出来た「大明神縁起」は、絵巻物は天正十五年頃まで京都に存在したようであるが、その後紛失しているのは、実に惜しまれる。一方詞書の方は「絵詞《えことば》」と称されて、今日に現存している。これは「権祝本」「神長官本」「擬祝本」「武居祝本」「続群書類従所収本」がある。このうちもっともよいのは「権祝本」で、高野山において本書を、下伊那文永寺の僧である宗詢（知久氏の一族）が書き写したもので、その後、知久氏の氏神である上社に、権祝矢島家より入ったもの。すなわち権祝家に所蔵されていたものが、弘化二年、権祝矢島真賢なる人物が、神長守矢家に聟入りして守矢実顕となるが、このとき持参して、神長守矢家蔵となっている。これは宗詢の書き写したものだけに、誤りが少なく、現在、諏訪史料叢書に収められている。

神長官本はこの権祝本によったものであるが、違いは祭祀部分で、特に神長官司祭を詳細に加えている。成立は室町期と考えられるが、守矢神長官の行事をみるには、もっとも詳しく史料価値も高い。

武居祝本は幕末の下社武居祝・金刺信古により自家蔵本を権祝本と神長官本と比較したものであり、この武居祝本も、権祝本系である事がわかる。

この「諏訪大明神絵詞」をみると、一月一日には、「又湖水ヲ隔テタル遠山ニ、下宮ノ夢見ユ、今日ノ神幸思ヒヤラレテ之ヲ拝ス」とある。詳細については、それよりくわしい描写がないので、それ以上は不明であるが、社殿のある事がうかがえよう。

下社神官桃井禰宜太夫家蔵の江戸末（安永七年）の「下諏訪神社祭事式」をみると、

神輿渡御之式並祭禮御舟之事

下ノ諏訪ハ春秋兩社也相去ル事十町餘、所レ崇ハ健御名方命也、年中祭祀七十五度、毎歳正月元日神輿秋社ヨリ春社エ有二神行一、此日午ノ上刻大祝武居祝禰宜大夫、權祝擬祝副祝並若宮祝宮津子祝先ツ詣二テ幸魂奇魂社一ニ有二祭祀一以二テ柏葉一ヲ包二ミ神供一ヲ献レ之ヲ、次ニ謁二本社秋社一ニ神拝有レ式、自レ夫神幸、具ノ備レ之ヲ先ツ御旗十流矛十本内鎌数十本出レ之ヲ次ニ為二先驅一ト二人烏帽子素袍ニテ以テレ矛ヲ列二ス左右一ニ、次ニ御手代筺小神子五人着二麻上下一ヲ守二護ス之一ヲ次ニ幸魂奇魂ノ御輿兩基神荷ノ者荷レ之ヲ　次ニ神輿並神璽ノ御箱神荷十二人着二自張一奉荷レ之、神樂男八乙女奏二ス神樂一ヲ大祝五官祝若宮祝宮津子祝各騎馬ニテ供奉、社僧神宮寺觀照寺三精寺ハ神輿着御時於二廻廊一有二讀經一其他祭禮式多トイエトモ不レ及レ毫スルニ

とある。これを書きなおしてみると次のようになる。

前駆二人（素袍陣笠）――薙鎌二人――八本御紋付白麻御旗八人（麻看板）――八本御矛八人（絹看板）――萠黄地倭錦御旗二人（木綿看板）――小御正台（奇魂）白丁八人――赤地倭錦御旗二人（木綿看板）――大御正台（素魂）白丁八人――二本乱刃御矛（素袍二人）――紺地金襴御旗二人（木綿看板）――榊二人（素袍）――御筐（白丁三人）――神輿（立烏帽子）白丁八人――大祝（騎馬）

鎗―若党
薙刀―若党
狭箱―若党

――五官祝（騎馬）

鎗―若党
薙刀―若党―
狭箱―若党

――両奉行（徒歩）――伶人横笛太鼓（神楽屋）――氏子

道順は秋宮――友之町――矢木崎――大門――春宮であって、春宮にいたれば御筐を内陣に納め、神殿に御霊代を奉遷（奉楽）し、「揚柳」の幣を奉納する神事がある。

(2) 揚柳の幣《ぬさ》

下社の遷座祭は、一月一日と七月一日の半年ずつに行なわれていた。現在は明治改暦

遷座祭行列（53年2月1日）

の際、氏子の願いにより、一ヶ月ずらした二月一日と八月一日に行なわれているが、これは正月という事と、七月は養蚕のもっともいそがしい時期に当る事からだと言われている。

　半年ずつの選座は、一月一日には秋宮宝殿から御神霊が春宮宝殿に移され、七月一日にはその逆に、春宮から秋宮に遷社されるものである。その際、いくつかの神事と行事が行なわれているが、注意を引くのは、武居にある内御玉戸社への参向と、御舟祭の人形二体の焼却をそこで行なう行事である。また二度の遷座祭において、御霊代を宝殿内に奉遷するとき、「揚柳の幣」を、神官一同で手わたして、宮司から奉納する儀式である。

　内御玉戸社に対する神事は別に考えるとして、「揚柳の幣」についてみてみたい。揚柳とは、諏訪地方では一般的に「ねこ柳」の事であるという。ねこ柳は水辺、すなわち、水田の畔とか、小川の縁に生えているが、「えんのこ」とも呼ばれている。その芽吹きは春一番早いもので、ふっくらと浅黄色の棉帽子状に芽吹いた様は、春近づくのほほ笑ましさをみせてくれる。農業にたずさわる人達にはそろそろ春耕の準備をと、促しているようである。

今年の二月一日の遷座祭は、親しく拝殿近くで参観させてもらった。「揚柳の幣」そのものを手には出来なかったが、見たところ、二〇センチ程に切りそろえた柳の枝先であって、百本ぐらいを奉幣したと思えた。かつては、三〇〇本ぐらいの数のようである。その後氏子の方々は、「榊の幣」を奉納していたから、「揚柳の幣」は、御霊代に奉納するためのもので、神官のみにて行なうものであるようだ。

諏訪地方、いやあるいはもっと広範囲の地方に、水稲耕作の農耕儀礼として例があるようだが、苗代を作ってその周りに柳の枝を立てる、水田の水口に柳とかぬるでの枝を立てる、という事が行なわれている。

諏訪盆地の水田で行なわれている例をみてみよう。

遷座祭用の薙鎌

諏訪市豊田文出では、苗代には水口の所にけえかき棒、（一月十五日小正月に作った柳とぬるでの棒）を立て、おひねり（白米）や苗敷様のお札（山梨県北巨摩郡上条南割にある穂見神社あるいは苗敷山権現から、苗が丈夫に育つようにとお札をもらいに行く。これには、苗敷講が作られており、毎年当番でもらいに行っている）を立てている。また水苗式（保温式のビニールなどをかけない方法）では、苗床の中心に、柳ノ木・イチイ・桑・田植花（こでまり）など一尺ぐらいに切ったものを三本立てて、苗の丈夫に育生するを願った。この棒を押棒と呼び、苗取りのとき、嫁がこれに当れば男の子が生まれるといわれている。

岡谷市小口区では、苗代づくりには、水口にけえかき棒（ぬるでの棒）を二本立てる。けえかき棒は小正月（一月十五日）に餅がゆを作るとき、この餅がゆを煮ながら、けえかき棒でかきまぜながら、「苗代しめろ」とか「天下泰平、五穀豊穣、家内安全」などの願いごとをしながらかきまぜるのである。苗代の籾まきがすむと、水口にそのけえかき棒を門柱のように二本立て、苗代の四方、東西南北に四本の柳の枝を立てる。柳の枝を立てるのは、柳はすぐ根づき、青い芽吹きをするので、苗も丈夫な芽が出て、強く早く育つように願うのだという。また柳の枝が垂れるように米が沢山みのる事をも祈っているという。

戸隠神社では、笹の枝を配って、これをもらった農民は、苗代に立てて丈夫な苗の育つ事を願うという事を聞いた事がある。諏訪神社の「揚柳の幣」に使用された柳の枝が、どういう使われ方をしたかは、今の儀式ではそれ以上判らない。かつての時代に、この「揚柳の幣」が氏子の農民に下されて、苗代に立てたというような記録とか伝承があれば大変面白いと思うのである。

しかし、春の農耕を前にしての遷座祭は、春宮に御霊代を移す、すなわち山より神を迎えるという事と解釈したいのであって、これからの農耕、ことに水稲耕作に関係する春祭りを含んでいるものであり、「揚柳の幣」はそうした類感的な行為とみられよう。

(3) 筒粥の神事

筒粥の神事は現在下社において行なわれているが、かつては上社にも行なわれていた。守矢文書の「年内神事次第旧記」によると、

晦日夜の御幣之串のあしを、正月十四日夜筒口切て、五穀をあてあてに書き付て筒粥を煮る。是にて五穀をうらなう。此筒粥を同十五日御神事之時五官氏人是をはいす大明神にむけ申時申

とあって、作物の出来高を占っている。この筒粥の神事は、「十五日筒粥参みむろ神事」とあり、前宮の御室の中で行なわれたといわれている。

また桃井禰宜太夫記録には、

毎年正月十五日卯の刻春社に於て、古格に従い、神殿の大床に於て、五穀成就ノ祈禱を執り行なう。耕作四十二種の吉凶を占う。古今神占に違はずと言う。

とある。

上社における筒粥の中世記録は、作物三十三種とされているようだが、下社の江戸期の記録では四十三種に増えている。

菅江真澄の遊覧記には下社春宮で行なわれている筒粥神事の様子が、くわしく記録されている。それによると、筒粥が煮上る夜中すぎに、小門をあけると、人々は競って門内に入ろうと、刀の鍔で頭をこづかれ、門の釘やささくれで衣服を破りながら押合って社前に並んだ。しばらくすると白衣の祝が階段を上り、筒を取り出しこれを破り、農治のよしあしを呼ぶ。人人は短い筆を出して書きとめて、今年は世の中よかるべしと、この占の尊さを話していた。

今年の筒粥の神事をみると、筒は小刀で切りさかれて豊凶を占うが、農作物の数は四十三種であった。もう一本ある筒は世の中の景気占いとされており、これは世の中「二分八厘」、すなわち「中吉」と出ていた。

上下社にあった筒粥神事は、いま下社にのみ伝わっているが、神事に奉仕する雑掌の方や長年氏子役をしていた人の話を聞いた。

「今は毎年同じ鉄釜を用いているが、昔は土釜ではなかったか」

「以前は土釜であって、一回使うとすててしまった。筒粥を占った筒もすてていた」という事である。


私は、土釜の形を知りたかったのである。毎年すてていた場所が知れ、土釜が発掘できれば、土釜の形からその古さも考古学的に判定できようというもの。

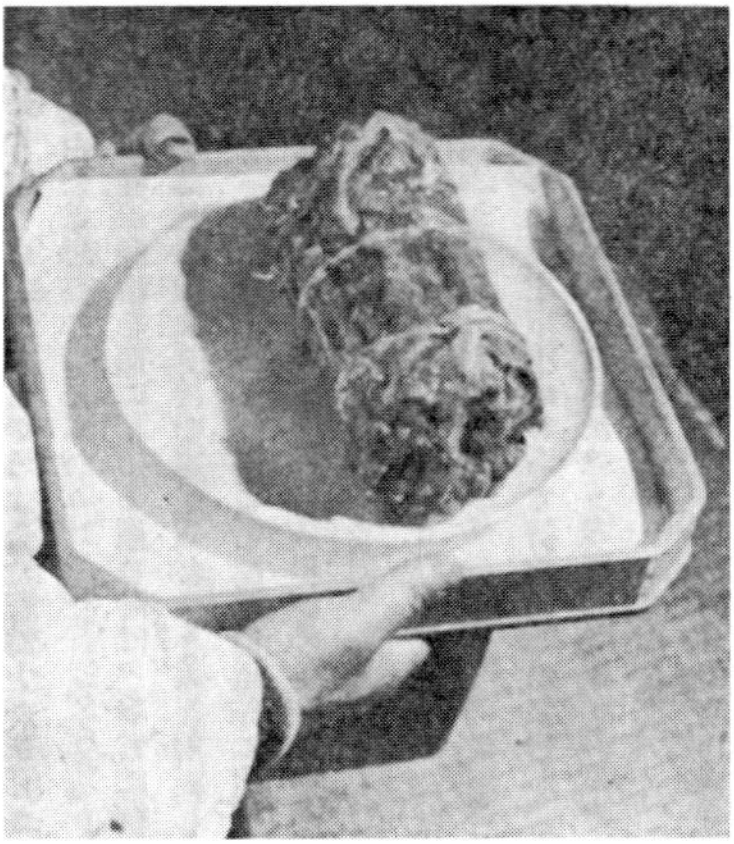
下社春宮筒粥神事の煮あがった筒（午前四時）

上社に筒粥神事の失なわれたのは、御室神事がなくなった事によろう。それは、慶長六年（一六〇一）諏訪頼水が高島藩主として復帰したが、その主原因は、諏訪明神を祭る家柄であるという事が考えられる。頼水は大祝頼広（頼水の四男）の住居を、宮田渡（諏訪市神宮寺）に移し、本宮の方に中心を移したのであった。この改革以後、前宮の神事は消失したものが出てきたのである。

御室神事も当然であったが、御占神事のみは本宮に形骸化して残されている。筒粥神事の方は、全然あとかたもない。上社に失なわれて下社の方に残る原因は、筒粥神事の本質的な発生原因によるように思う。

上社の多くの神事の発生は、原始信仰にある。下社の方は水稲耕作の時期にその確立した時期がうかがえ、水稲農業生産地域という周囲の環境が、筒粥神事の必要性を強くもっていたものと考えたいのである。

(4) 湿原祭祀形の山宮

旧御射山社というのは、奥霧ケ峯といわれる霧ケ峯高原の北方にある、八島湿原という高層湿原（国指定天然記念物）に接してある。

八島湿原は、七島八島ともいわれ、池塘には浮島状に水草の繁茂する部分と、泥炭化した植物堆積層がレンズ状に中央辺が盛りあがっている部分がある。

湿原周囲には旧石器時代の遺跡である、雪不知遺跡・つつじケ丘遺跡・八島遺跡・旧御射山遺跡・物見岩遺跡などがある。これは近くの鷲ケ峯周辺に噴出口をもつ、いくつかの黒耀石の鉱脈の露頭があって、石器の原材の供給地である点と関係づけられよう。

旧御射山遺跡は、旧石器のポイントなども採集されているが、縄文早期、それに中世の土師系土器（かわらけ）とか、常滑陶片・中国系青磁片・白磁片・宗銭・薙鎌・直刀・刀子などの方が多い。旧御射山遺跡は盆地状になっていて、その中央に御射山神社があり、周囲の丘の中腹には、人工的なスタンドが造成されている。これは中世末から戦国期にかけての御射山社の祭りのためのスタンド、あるいは仮屋（穂屋）を建てるためのものである。

この御射山社は、諏訪神社下社の山宮とされているが、御射山社の足下から湧き出ている水は、観音沢の谷を流れ、砥川となって山麓の湖北の東側一帯を潤している。その砥川が、谷から湖盆に出る境に春宮は鎮座しており、春宮の西側を砥川の清流は流れているのである。

本来日本では山の神は里に降りてきて、また山に帰るのがならわしである。下社の山の神は旧御射山にあって、農耕期には里に降り、農耕の安全を助け、秋には山に登ったと考えてよいであろう。下社の神が好んで住んだ山とは、八島湿原の縁であった。

山上にある湿原とか、池には、中部高地から東北にかけて、神の住むとされた場所は多い。なぜなのかと考えてみれば、二つの理由が強いと考えられる。

それを「湿原祭祀形」と呼んでいるが、まず一つは、水源地としての理由があろう。その湿原が、下流の農民の水稲耕作にとって不可欠であればあるほど、祭祀は強いであろう。

また一つは、山地の湿原であるから、春は遅い。雪どけと同時くらいに、湿原には、ヌマガヤ・アヤメ・オゼヌマスゲ・ミタケスゲ・カリヤス・アシなどの禾本科植物が一斉に芽を出し、みじかい一年をいそぐのである。その有様は水たまりは、あたかも苗を取った跡のようである。水稲農耕を知った農民は山上の湿原でみる見事な苗代様《よう》の風景に、山の神の作った田と思うのは当然であったろう。山上の湿原か池に、苗とか田の名のつけられている例があるが、湿原祭祀形といえよう。旧御射山社も、八島湿原に現出する苗間のような風景をみて、諏訪神社下社の神が、山の上に田を作ったと考えたのであろう。

八島湿原雪不知遺跡

春宮の遷座祭は、秋から山に在る神を、春になったので田の神として迎え降すもので、「揚柳の幣」の儀式にみるように、苗代の健康育生を祈願するものであるとみたい。

七月一日の春宮から秋宮への遷座祭は、六月三十日の田植え神事に続いて行なわれている。田植神事とは、御作田社において稲苗奉幣をなし、「御作田」の田にこの稲苗を植える神事である。このとき植えた苗は、三十日にして熟稔し、神供にあてられるとされ、その短期間の熟稔は、不思議とされ

（同　右）

ている。

七月一日の遷座祭は、一月一日のそれとは道順は逆になり、行列については同様である。

この祭りの方の本儀は、秋宮への遷座、すなわち、神が山宮に帰られるものと考えてよいだろう。九月二十七日の旧御射山社の祭りは、霧ケ峯に登って行なわれており、神はそのとき山に棲むのであると考えるからだろう。豊作予祝とか、豊作祈念を願う祭りの意味もあるのかも知れない。

下社の春宮と秋宮の二社の在り方は、日本の山神のあり方から理解すべきものだと思う。すなわち、山神は秋・冬は山に棲み、春になると里に下って田の神となり、農民の水田耕作を助ける、という考え方である。上社のように、ミシャグヂと樹木・磐座の三者一体の形ではない。春宮の御神体は「杉ノ木」であり、秋宮のそれは「いちいの木」であることも、神降しと神上げの意味が強いように思うのである。

こうした下社の形態の理解のしかたは、水稲農耕と深い関係にあることがうかがえるが、この場所が水稲農耕開始時に、信仰をとり行なう場所として成立したものだろう。この水稲農耕と関係深い信仰形態は、まもなく現人神、金刺大祝を作り出し、下社祭政体の確立となって行くものである。

いま私の心にかかるのは、下諏訪町武居にある（秋宮の裏手）、内御玉戸社・外御玉戸社の事、武居の里にいたという土豪である「タケイエビス（タケイエミシ）」の存在である。

春の遷座祭において、秋宮から春宮に神霊移行にさいし、出立の前に、幸魂社・奇魂社前にて大祝以下五官神官の祭式が行なわれている。幸魂社・奇魂社とは武居にある大祝邸のいわゆる神殿の中にあって、上社前宮にある内御霊殿に担当するものと考える研究者（宮坂清通「下諏訪町誌上」）もいる。遷座祭の行列では、前にも記した通り、大御正台・小御正台というのが、幸魂・奇魂の奉安される大きな櫃状の朱塗のもので、上箱を取ると、その内には朱の鳥居が取りつけられているものであり、これを担荷するものである。神輿に奉安される本社の神体より、神霊送迎の神輿として応しいとみるむきもある。幸魂・奇魂社（内御玉戸・外御玉戸社）の本質が解明されれば、面白い結果となるだろう。

下社祭政体が、上社祭政体よりおくれて確立したと考えている一つの理由に、上社の「神使巡幸」の神事（大御立座神事）が、下諏訪の中で行なわれている事がある。それは小県を廻神するものをみると、下諏訪では両社で昼湛、友の町で一夜宿泊するとあって、下社領域内で行なわれている。このことは下社の祭政体の確立する以前からの行事として、農民層に深く根を下していた事にほかならない。水稲農耕文化が入ってきて、新しい祭りが発生し、新しい政治（まつりごと）が出来あがっても、原始信仰である、湛神事はその根が強く深いものなのであろう。

神使巡業の湛神事は、水稲農耕の神事より古い形の農業神事という事になるだろう。タケイエビスについては、タケイエビスの奉祭する信仰があって、その上に下社の祭政体がかぶさり、さらにのちに金刺祭政体が確立したのではなかろうかと予想するのであるが、金刺祭政体確立以後は、タケイは祭政体の外にはみ出てしまったのではなかろうか。

本章では下社の原初の形を追求する目的であって、下社祭式の中からうかがえるのは、水稲農耕の要素が強いという事が判ってきた。以後、項を送って研究をしてみたい。

ちかとさま

今井野菊

御左口神をひたむきに踏査していました昭和三十六年五月のはじめ、二度目の上州入りをしました。

同行は細川隼人先生・今井才輔・日達利一運転手、四人で小諸から鳥居峠越えに河原の湯で一泊し、大笹街道を中之條町へ入り、常に書面でご指導を頂いた山口武夫氏をおたずねしました。そして五反田附近を踏査したその日は天候つづきの暑い午下りでした。

高い樹の若葉が美しく映える神社の森の中に車を寄せさせて頂き、のびのびと冷たい空気を吸い乍ら見上げた高い社殿に、「親都神社」の額が掲げられ、又、足元に建つ石柱の標《しるべ》にも「親都神社」と太々と刻みこまれています。社前に額ずきながら、

「先生、このお宮さんの字は、なんと発音するでしょう」

「サアナア――」

と社殿を見上げていらっしゃる先生は小頸をおかしげになる。わたくしは森のすがすがしい空気につつまれて社のうしろへ廻り乍ら榛の古さに無言の由緒と威圧をおぼえました。そして植樹されて年の浅い外境内の木立を抜けて小道に出ましたとき、近くの家から藍地織の着物に手織りの帯を無雑作に結んだ小柄のおばあさんがひょっこり出て来ました。

「こんにちは」

と声をかけますと、私に気づいて挨拶をかえしてくれました。

「おばさん、このお宮さんの名の呼びかたはなんと呼ぶ神様ですか」

わたくしの顔を見かえしたおばあさんは、

「ちかとさまだよ。おめえさんはどこからお参りに来たとや」

「わたしは信州です。いま初めてお参りをしたところです」

するとおばあさんは元気の声になって、

「ちかとさまはな、むかしむかし信州から来た神さまだと言うよ、なんでも大むかし信州から来た火伏《ひぶせ》の神様で、ここのほかにはないあらたかの神様だよ」

ちかとと発音すると知って今度は私が張り切っていました。そしていつのまにか、私はおばあさんと森の倒れている木の幹に腰をおろして仲よくキャラメルを食べ乍ら話しこみました。おばあさんは向い合う赤城山に向って、

「なんでもナ、大むかしちかとさまは赤城の山の赤城神の妹を嫁にもらったそうナよ」と話し、弓矢の神様であること、お乳の出ない人の祈願神であったこと、境内の「うぶいさま」は安産の神で、御礼には底なしの杓子を奉納する事、ちかとさまの榛は上州第一の古木であること、この樹はおばあさんの子供の時の大きさとちょっとも変らないこと、お諏訪さまご夫婦がおまつりしてある事、など教えてくれました。

そして上州は昔から信州から来て聟縁組みして住みついた人が多く、あそこの板屋根葺き屋、ここの石屋、種物屋、鋸屋の聟の話をかたり、お宮やお寺の燈籠や手洗い鉢には信州の石屋が彫ったものがあっちこっちにあると話してくれました。私は、

「いまね、向うの山畑の中に小さい神様があったが、そこの手洗い鉢も信州高遠の石屋さんの彫ったものでした」

と話しましたが、おばあさんは膝元の事はあいまいでした。

昔はどこでも四つ足を煮て食べる時、諏訪の人に先きに箸附けをしてもらえば毒気にあたらない、と言う話も出ましたが、あとは月並みの話になりましたので、厚く礼を言い、キャラメル一箱をさしあげ、

「おたっしゃで長生きをして下さい」

と手を握って、さよならをしました。

千鹿頭神の祭祀が信州から上州にのびている事は、武蔵の国の熊谷町の「千方神社」、深谷町の「智形神社」等、御左口神同様、宛字にこだわらず考え直さねばならない事に興奮をおぼえ、ちかた・ちかち・ちかつ・ちかと・の「た・ち・つ・て・と」の発音をつぶやいていました。そして木かげの車の中や社前に休んでいる一行のところへ戻り乍ら、上州・秩父・武蔵の御左口神とちかと神社祭祀の重層、又更に常陸・久慈のちかとさま踏査に向って心は動きはじめていました。

こうしたきっかけで、御左口神とともに千鹿頭神の調査も合せて行ない、多数の先生方のご協力で昭和三十九年に『洩矢民族　千鹿頭神』をまとめることができました。その分布を見ると、未だ調査途上でありましたが、

長野県十三社　山梨県八社　群馬県二十社　埼玉県十二社
栃木県十二社　茨城県七社　福島県十五社

でした。これは、侵略者・司政者によって変転してしまう祭神には重点をおかず、神社名の変化、の語尾の「たちつてと」の発音に重点をおいて辿った結果です。

千鹿頭神へのアプローチ

野本三吉

Ⅰ　洩矢神から千鹿頭神へ

ぼくの家の近くに「ミシャグジ」があるなどということを、これまで考えたことがなかった。ところが、驚ろいたことに「ミシャグジ」はあったのである。

二月の初旬、土地の古老、石川伊之助さん（78才）と話しているうち、まさかあるとは思わず「ミシャグジ」のことを聞いてみたのであった。

「あゝ、ミシャグジ様なら、田谷の臼井さんの裏山にありますよ。オシャモジさんと言ったりね、咳の神様といったりしますけど、小さい頃、オヤジから聞きましたよ。」

いとも簡単にミシャグジの存在が確認されたのである。ぼくの住んでいる家は、東海道五十三次で有名な「戸塚の宿」のすぐ近く、谷戸《ヤト》が多いので「多谷」から「田谷」になったところである。

このあたりでも、小高い丘陵にある畑からは、旧石器や縄文前期にあたる諸磯式土器が出土したり、縄文後期、晩期のものでは、加曾利B式土器（原宿）や、東北の亀ケ岡式土器と区別するのがむつかしいといわれた桂台式土器（公田町桂台）が出土したりしている（「戸塚区郷土誌」「戸塚の歴史散歩」）。

しかし、ミシャグジ神とは、ストレートに結びつくと思ってもいなかったのである。

その日の午後、ぼくは、さっそく、まだ幼ない二人の息子の手を引いて、県道添いの山中にあるというミシャグジを訪ねたのであった。道路から少しばかり山に入ると、細くて急な山道にぶつかる。今は、人も通らぬ忘れられた裏道だが、その山道は昔「牛坂」と呼ばれ、八王子と鎌倉を結ぶ主要道路であり、「鎌倉往還街道」とも言われていた。

この牛坂を少し登った右手に小さな祠があった。巨木の下の小祠は、臼井家の氏神になっていたが、祠の中に平たい石と尖った石が重ねて置いてあり、ミシャグジであることが確認できた。

近くには「九ツ井戸」とよばれる泉があり、関谷川という川も流れていたらしい。

十数年前に郷土史家たちが「古蹟」保存のために建てた白塗りの枠が、牛坂の入口に立っており、そこには「御社守様、関谷川の堰を守った神」と書かれてあった。

「御社守様」という文字は、ミシャグジでは、はじめて出合う当て字だが、ミシャグジ神であることには間違いなかった。

石川伊之助さんは、関谷川の「関」の字から「咳」の神と呼ばれたと父親から聞いたと話してくれたが一般には、ミシャグジ神は「子供の守護神」になることが多く、風邪や咳・夜泣き・つんぼ等々の神様と伝承されているので、そうした流れの一つと考えてよいのだろうと思う。

そしてまた、古村と古村をつなぐ古道の要所要所にミシャグジは祭られ、古代人の物交（あきない）や塩の運搬路として利用されたと思われ、そのミシャグジ神の祭られた高台からも、あたりの様子が一望のもとに見渡せるのであった。

中部高地を中心にして、東日本全体に分布しているといわれるミシャグジ神が、ぼくの身近な所に存在していたとしても、さまざまの状況から考えれば、少しも不思議ではないのだが、これまで、ミシャグジ神を、このような形で身近に感じたことがなかったので、この発見は、ひどく心踊ることであった。

このような形で、各地の古村や古道添いに散在しているミシャグジ神の、いわば中心になるのは、茅野市高部にある御頭御社宮司総社である。この御社宮司総社は、神長官守矢氏の邸内にあり、ぼくも何度か訪ねたことがあった。

神長官守矢氏は、建御名方がまだ諏訪へ侵入してくる以前から、この地方に土着していた国津神「洩矢神」の末裔といわれ、このあたりは古代には「たけいの里」とか「鷹部屋」とか呼ばれていたという。

この土着神「洩矢」は狩猟の神であり、狩猟や漁撈に従事しながら、山中を自由自在に駆けめぐっていたのである。

いわば、山岳狩猟民族の祖ということにもなる。しかし、建御名方命を中心とした、稲作農耕民族の侵入により、闘いに破れた洩矢民族は、徐々に新興勢力に融合され、やがて「大祝」――「神長」という構造の中に組み込まれ、諏訪神の体制が出来上ってゆくのである。けれども、土着神としての洩矢民族の力は強く、建御名方も、「神長」として洩矢を登用せねばならなかったし、洩矢民族は、「神長」職を受け継ぎながら、代々「一子相伝」の秘法を伝え、口づたえでその民族的な系譜と神事を残しつづけたのであった。

古来、神長の「一子相伝」「大蟇目《おおひきめ》の神事」他、同家の「御口伝」は、神長祈禱殿の中において、真夜中、火の気のないところにおいて幼少の子に血詞《のっと》として一対一の伝授であったため、その口伝血詞は外にもれることなく七十六代神長実久氏に伝えられ、明治までつづいたのであった。

しかしながら、明治元年の神仏分離、同四年の世襲神官廃止があり、更には明治六年、家宝の御宝印・御頭お占法用具・鏡・太刀等が上社に奉納され、かろうじて佐奈伎の鈴一連（六個）が残ったありさまであった。

そして、決定的なのは、明治八年の新律令による祈禱殿とりこわしである。

こうして、実質的に神長家の解体が進行し、神長実久氏には子どもが恵まれなかったこともあり、実久氏は、「一子相伝」を全て受け継いだ最後の人として、文献の整理と口碑の文章化をはじめたのである。

こうして、実久神長は、祖先口伝の血詞をはじめて文字化したのだが、神長系譜としての「実久系譜」を完成させたところで、亡くなったのであった。時に明治三十三年七月十三日のことである。

残念なことだが、神長口伝の御室神事・御射山神事等の秘法は、こうして永遠に伝えられることはなくなってしまったのである。

この「実久系譜」によれば、「一子口伝」の「血詞の骨子」は、次のようにはじまっている。

洩矢神……洩矢ノ神――守宅ノ神後ニ守田ノ神――千鹿頭ノ神――児玉彦命――八櫛ノ神――美射津彦神――大嶋辺神――安賀多彦――宮戸守――宮田守……

このようにして七十七代の神長真幸氏までこの系譜はつづくのである。

ここで気になるのは、洩矢ノ神から守宅・守田ノ神になっているくだりである。守田とか守宅というかぎりでは、農耕的な感じがするし、その後に、いかにも狩猟的な千鹿頭神がつづくあたりが、どうにも納得がいかない。その点について、特に「血詞ノ古代ヲ註ス」という文章がつけ加えられており、「守宅神」から「千鹿頭神」を経て「児玉彦命」に至る経過が述べられている。

「守宅神」後ニ守田ノ神ト云フ。生レテ霊異幹力アリ、父ニ代リテ弓矢ヲ負ヒ大神ニ従ヒ遊猟シ千ノ鹿ヲ得。一男アリ、コレニ名ヅケテ「千鹿頭ノ神」ト云フ。

「千鹿頭神」継イデ祭政ヲツカサトル。

（古代神楽歌＝千鹿頭ノキタノハヤシノススムシワ、ススムシワヤチヨノコエテツネニタイセヌ。

千鹿頭ノ明神シヤウシウレシトオホスラン、ユキタタイマノハナノキヨメヨ。）

筑摩郡、神田、林三十余村、鎮守ナリ同地宇良古山ニ鎮座ス。后神ヲ宇良子比売ト伝フ。

「児玉彦命」大神ノ御子片倉辺命ノ御子也。大神ノ御辞言ノマニマニ千鹿頭神ノ跡ヲ継イデ祭政ヲツカサドル。守達神ノ御子美都多麻比売ヲ娶リテ八櫛ノ神ヲ生ム……

これを系図的に現わせば、次のようになる。

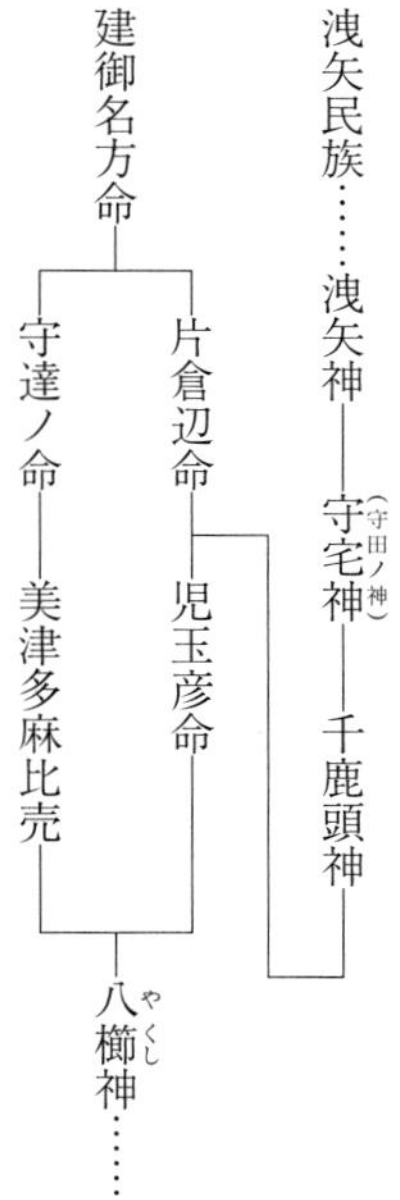

「実久系譜」の「血詞ノ古代ヲ註ス」を注意深く読むと、まだ守宅神は、明確に狩猟神であることがわかる。千の鹿を取るほどの剛の者なのである。だからこそ、自分の子どもに「千鹿頭神」と名づけている。ところが、この「千鹿頭神」から、次の「児玉彦命」に移る過程で、大きな断絶があることがわかる。「児玉彦命」は、「片倉辺命」の子であり、「片倉辺命」は建御名方命の子どもなのである。つまり、この段階で、少なくとも、土着の洩矢神は血族的には断絶したといってよいのであろう。「一子相伝」も含め、建御名方系の民族との融合が、ここで行われていることは明白なのである。

だとすれば、千鹿頭神はどこへ行ったのであろうか。この系譜上から言えば、洩矢神の直系といえる千鹿頭神は、后神に宇良古比売をめとって、筑摩郡の宇良古山に移ったと書かれている。いわば、追われたのである。あるいはまた、自ら、融合を嫌って、この地を離れたということになるのであろうか。

皮肉なことに、古代神楽歌の中に千鹿頭神は、讃えられ慰められているのである。これだけの讃辞を送らなければならなかった何かが、やはり、この千鹿頭神の離脱に関するドラマにはあったにちがいない。

そのことで思い出すのは、茅野市塩原田にある「千鹿頭神社」のことである。

このあたりは、背後に山をひかえ、なだらかな丘陵地帯である上、上川など河川にも恵まれているのである。このあたりを、通称、山鹿郷の「鬼場」というが、これは、「御贄場」の変化したものであって、原始狩猟民にとって絶好の狩場であり、それだけに山の神に山野の獲物を捧げた御贄場であったろうと想像できるのである。

したがって、本来は、ここは「千鹿頭神社」が中心になるべき地形なのである。ところが、この鬼場の中心には、御座石神社がまつられているのである。

「御座石神社」は、建御名方命が、高志（越）の国から、母親の高志沼河比売命を諏訪によびよせ、この地に迎えたとされており、祭神は、沼河比売命なのである。

そして、この御座石神社境内のつづきには「八櫛神社」があり、あわせて塩原田村の鎮守となっているのである。

そして、やや離れた上川のほとりに「千鹿頭神社」があり、その近くには「社宮司」もまつられてあった。

いわば、山の贄、川の贄を捧げていた、御贄場としての「千鹿頭神社」が、後に浸入してきた建御名方や、その母親をまつった「御座石神社」や、その御子神である八櫛神をまつった「八櫛神社」にとってかわられていったプロセスがわかるような気がするのである。

植原田の千鹿頭神社（左は上川）

　そう考えてくると、国津神・洩矢の系譜は、建御名方との融合政策の中に組み込まれつつも執拗に「洩矢」の心を受け継いできた、神長守矢氏の流れと、「千鹿頭神」として途中から、諏訪を離れた、いわば洩矢民族の直系としての「千鹿頭民族」とでも呼ぶべき二つの流れとなっていることに気づかされるのである。そして、興味としては、姿を消していった「千鹿頭神」をまつる人々の行方に関心がゆくのである。

Ⅱ　宇良古山の千鹿頭神

昨年の八月五日。ぼくは夕暮の松本の街を歩いていた。「千鹿頭神」の行方が気になってならなかったぼくは、千鹿頭神が、地元の宇良古比売を娶って生活していたといわれる宇良古山をめざしてやって来たのである。

松本には、友人の長野秀人さんがいる。

教員生活をやめ、さまざまの職業を経験して、今は「庭師」として独立している人である。もともと自然相手の仕事が好きだったという長野さんは、名刺に「一木一草一石に生命を宿す庭師」と書き込んでいる。

ハッタリでも何でもなく、彼は本気でそう思い、実践している庭師であった。

その夜、ぼくは、長野さんと一緒に松本市の地図を拡げ、宇良古山を探した。しかし、宇良古山の地名はない。里山辺区のはずれ、薄川と逢初川の間あたりに、「千鹿頭山」の文字が見つかる。標高は六五七・二メートルである。そして、すぐ近くに「千鹿頭池」が見つかり、すぐ「千鹿頭神社」も見つかった。宇良古山の文字はなくとも、ここが千鹿頭神と何らかの関係がある場所にはちがいなかった。

翌朝、長野さんの車で送ってもらい、目指す「千鹿頭神社」の朱塗りの鳥居の前に立っ

松本市旧神田村の千鹿頭神社

た。鳥居の額には黒地の上に金文字で「千鹿頭大明神」とある。何度か建て替えられたものにはちがいないが、期待していたイメージとはどことなく違ってしまった。

　鳥居をくぐると、すぐ右手が、かなり広い「千鹿頭池」。一面、みごとなほどの緑色で噴水がふきあげていた。養魚でもしているのか、そのまわりに沢山の魚の群がピチピチとハネているのが見えた。左手には、昭和七年九月にたてられた立派な「千鹿頭神社碑」がある。そこには、宮地直一博士の筆になる説明文が刻み込まれている。

　郷社千鹿頭神社は、遠く平安朝初頭天元年次の創祀に係る旧神田村の氏神にして、寛喜二年、神幸式典を興し、諏訪本宮との関係を密接ならしめ……云々

　何度か読み直してみたが「宇良古比売」や「洩矢神」との関係は全く記述されてはいない。ようやく強くなった夏の陽を受けながら坂道を登り、頂上に着くと、そこは平らで、

わらぶきの社が並んでいる。全てが新しく作られたような感じがする。グルグルとまわって裏側に出ると、頂上の一番奥まったところに小さな祠があった。片一方は石で出来ており、一方は木造であった。二つ並んでいるのが妙であったが、これは、あとで、この二つの小祠のまん中を、村と村との境界線が走っているのだとわかった。

一方は、東筑摩郡中山村神田の千鹿頭神社、そして、もう一方は、東筑摩郡里山辺村森の千鹿頭神社というわけだ。もともと松本領で小笠原氏が治めていたが、徳川期に、神田村は諏訪領に、そして森村は水野領にと分割されたのだと言う。

往古は、郡内三十余村の鎮守といわれた千鹿頭神社だが、長い歴史の風雪の中で、原型もわからなくなってきているのかもしれない。山を降り、近くの食料品屋で、千鹿頭神社の由来を聞いてみる。女主人は、自分はよくわからないが、土地の古老で詳しい人がいるので聞いたらどうかと、中村己年人《みねぞう》さん（85才）を紹介してくれる。

店から五十メートルほども行った右手に中村己年人さんのお宅はあった。

何度か声をかけると、中から声があって、中村さんが顔を出した。昼間なので家の人は皆、農作業に出ていて、中村さんは横になっていたらしい。寝巻き姿の中村さんと、ぼくは玄関に腰をおろして話しはじめた。

多少耳の遠い中村さんは、話が郷土史のことだとわかると熱心に話しはじめるのだった。

「昔は、このあたりには鹿がたくさんおって、作荒しをしたもんで、鹿を退治して、その頭を神様にそなえたもんだったよ」

鹿狩りをし、その頭を神社にそなえたとすれば、狩猟民の末裔だといえないことはない。中村さんの説明によれば、徳川時代には、このあたりの民家は四十軒ほどしかなかったと言う。明治時代になって八十軒。そして、今でも五百軒位だという。だとすれば、時代をさかのぼればのぼるほど人口も家数も少なくなるし、千鹿頭神が流れて来たとすれば、わけなく合流できたろうという気はする。

中村さんの記憶では、四、五人の鉄砲うちが、しばらく前までいたけれど、今では猟を専門とする人はいなくなってしまったらしい。狩猟文化の伝統は、かなり以前に消えてしまったのであろう。

「この山はな、昔は〝鶴ケ峯〟と言うとったな。あるいは〝大坊主山〟とも言ったな。〝宇良古山〟というのは、聞いたことがあるような気はするが、ハッキリは覚えてない」

「池の方はな、徳川二代将軍の時、神田村が諏訪領になってしまって、勝手に里山辺の方から水が引けなくなって、池をこしらえたもんじゃな。それで、はじめは〝和合の池〟とか〝しょうづま池〟とかよんでおった」

「千鹿頭様のお祭りは、今から千年も前の、天元年間にはじめたと聞いているが、四百年以上前に焼けてしまい、その後、徳川時代になって建てられるまで二百年位は、お社がなかったそうだ。

小さい頃は、長い列をつくって山に登って湯立てやら、踊りを踊ったこともあった。昔は〝白山大権現〟様があって、ワシは、そのお社の方が千鹿頭様より古いと聞いたこともあったな。山の南のはじの方からは、よくメクラ水晶が出て、めずらしがられたよ。祭神の千鹿頭様は、建御名方命のお子さんで、千鹿頭命という方がおられて、その方をまつったと聞いておるがな」

おそらく、中村さんは、この土地では、最も昔のことを知っている人なのだろう。けれども、中村さんからも、洩矢神とのつながりを思わせるような話を聞くことはできなかった。

ところで、千鹿頭神が、その土地の娘と結婚したという伝説や言い伝えは、松本だけではない。有名な話では「ちかと神は、赤城神の妹を嫁にもらった」というのがある。

赤城神は、山岳信仰、原始狩猟神として知られており、それを裏書きするように、赤城山麓には、二十社を越える「ちかと神社」が散在しているのである。

こうした事実を考えると、出雲民族と言われる建御名方、農耕民族に、すべてを譲って諏訪の地を離れた千鹿頭神（民族）は、一方向にだけ進んだのではなく、いくつかのグループに別れ、自らを受け入れてくれる山岳地帯を求めて、彷徨したのではないか、という気がしてくる。宇良古山に移った千鹿頭神もその一つだったが、建御名方の勢力が及んできたので、やがてその地も離れて行ったのではなかろうか。

そう考えると、長野を離れて、もう少し広く千鹿頭神の跡を追ってみたくなった。千鹿頭神の呼び名は、各地方に移るにしたがって変化しており、さまざまな当て字も使われている。今井野菊さんは、その著「洩矢民族、千鹿頭神」の中で、次のような変化をあげている。

千鹿頭（ちかと・ちかつ）神
各地方における宛字
千鹿戸神・近戸神・千賀頭神・親都神・智賀戸神・近外神・智貨頭神・千賀戸神・千賀多神・千方神・智形神・血形神・千鹿多神・智賀都神・近津神・智勝神・千勝神・千賀津神・千鹿津神・地勝神・知勝神

今井野菊さんの千鹿頭神踏査の中間報告によると、その分布は、長野県から発して山梨県、埼玉県、群馬県、栃木県、茨城県といった関東から東北の福島県にまで及んでいる。

その分布図を眺めると、諏訪を発した千鹿頭神（民族）が、まるで山岳地帯沿いに移動して行ったような感じすらうけるのである。

たとえば、その一つの流れは、茅野、諏訪といった、いわば「八ヶ岳」山麓から、山岳にそって群馬県の「榛名山」を経て「赤城山」へすゝみ、さらに「男体山」へと流れてゆく。栃木の「男体山」を軸にして分布した千鹿頭神は、更に「八溝山」を通過して福島県へ移動してゆく。

大雑把な見方をしても、こうした山岳地帯沿いの移動史が予想できるのである。

それは、諏訪を追われた洩矢民族の直系としての末裔「千鹿頭民族」という空想をふくらませてゆくのだが、狩猟採集的生活を軸とした「山人」的イメージとしても結晶してくるのである。

東北地方の分布が、いまだ未踏査なので、これからの踏査によらなければ何と

千鹿頭神分布図（今井野菊『千鹿頭神』より）

もいえないが、「マタギ」の生活や信仰とも、あるいは重なりつつ、東北にも分布しているのではないかとも思われるが、いずれにしても、狩猟民族としての性格を色濃くもっていることは事実だ。

とにかく、ぼくは、この流れに従って、少し歩いてみようと思った。けれども、日常の仕事からは中々手が放せず千鹿頭神社を探しに栃木県に足を踏み入れたのは、十月に入ってからであった。

栃木県には、千鹿頭神社をたんねんに歩きながら地道な踏査をつづけておられる安久井竹次郎さんがいる。前々から今井野菊さんから紹介されてもいたし、ぼく自身、安久井さんとは面識があったこともあって、是非、千鹿頭神について話し合いたいと思っていたのであった。

Ⅲ　宇都（津）宮の千鹿頭神

小山市の郊外に、古いが、かなり大きな白髭神社がある。安久井さんのお宅は、そのすぐ近くにあった。

このあたりは、古代遺跡や古代人の住居跡が多く、安久井さんは数年前に、この土地に移り住んでから、古代史への興味と関心をかきたてられ、それ以来ずっと独自の調査をつづけてこられたのである。

ぼくは、二年前の昭和五十年、山形県の東根市で開かれた「第一回全国農民大学交流会」で安久井さんとはじめてお会いした。

三日間に渡って開かれたその研究、交流集会で、ぼくは偶然にも安久井さんと同室となったのであった。

安久井さんは、長い間、農民運動にたずさわってきたいわば農業問題の専門家であった。そればかりでなく、田中正造に並々ならぬ関心を持っていて、夜の更けるまで語りあったものであった。

その頃、ぼくは、今井野菊さんや藤森栄一さんの著作に惹かれていた時だったので、「ミシャグジ」神や「天白」「千鹿頭」について、浅い知識のままに話した記憶がある。

安久井さんは、それまで独自に調べてきた古代史への関心が、この時から洩矢民族や、狩猟民族を軸としてまとめてゆく方向へと収斂したようであった。

それからの二年間、安久井さんは、千鹿頭神やミシャグジを、じっくりと踏査してきたのであった。

ぼくとは親子ほどに年のちがう安久井さんなのに、実に柔軟な思考と旺盛な好奇心をもっていて、ぼくは、たちまちのうちに安久井さんの話の世界に惹き込まれてしまったのであった。

安久井さんには、息子さんの恵三さん夫婦の子ども、いわば孫になる則光君（4才）がいる。安久井さんは、現職を退いてから、この孫の則光君に何かを残したいといろいろと考えたのだそうだ。

そうして考えた末の結論として、安久井さん自身の手で「郷土史」を書き残しておこうと決めたのだと言う。それから、安久井さんの郷土史・古代篇の踏査活動が始まった。

則光君を幼稚園に送り出してから帰ってくるまでの時間を、安久井さんは読書や神社や遺跡まわり、図書館まわりに使うようになった。原稿も日に日に厚くなってゆく。

板戸町の智賀都神社

いつか、則光君が安久井さんの原稿に目を通し、より発展させる形で考えはじめてくれることを、安久井さんは期待しているのだ。

その日の午後、ぼくは安久井さんと則光君と一緒に、恵三さんの運転する車で、宇都宮市の板戸にある「智賀都神社」を訪ねた。

小山市から、いわば鬼怒川をずっと上流にむかってさかのぼってゆく形で進み、宇都宮に入り、静かな田園地帯に、めざす「智賀都神社」はあった。このあたりは、古くは清原村板戸今泉といい、背後に山をかかえた地形である。日光の「男体山」に逃れてきた千鹿頭民族が、徐々に山を降り、平地に拠点を築きながら移動していった、その居住地の一つが、ここ板戸なのであろう。必ずしも山岳というほどの高度のない丘陵地帯の低地にある、「智賀都神社」は、狩猟、採集、焼畑から、農耕へと移行してゆく千鹿頭民族の微妙な変化を感じさせる。

山の神、川の神への贄を捧げる場でもあり、同時に農耕がはじまりつつあることを予想させる地形の中で、「智賀都神社」は静かなたたずまいをみせている。

安久井さんは、はじめ、栃木県の小山を中心とする、いわば平地のいたるところに、「磐裂（いわさく）神」「根裂（ねさく）神」がまつられているところから、郷土史への筆を起しているのだが、これが、農耕神のはじまりではないかと予想されている。

一般には、「いわさく」「ねさく」は開拓神とされているが、安久井さんは、「天白」や「ミシャグジ」とつながる神々ではないかとも推測している。

そして「千鹿頭・智賀都」神は、それ以前の狩猟、採集の民族の信仰なのではなかろうか。狩猟山岳民族としての洩矢神が、建御名方と融合し、農耕民へと変ってゆき、山岳民として諏訪を離れた「千鹿頭」神は、この栃木の地で、山を下り、農耕民に変わってゆくのかもしれない。

山岳民としての山人の歴史は、時代を経るごとに力を失ない、いわば平地民と融合してしまうのではあるが、その数少ない山人の信仰神として千鹿頭神は生きつづけてきたのであろう。

安久井さんは、そこから車を高根沢に向けた。やがて車は、高根沢の御料牧場を横に見て、広大な田園地帯に入る。周囲を台地がかこみ、そこから先住民の住居跡が無数に見つかっているという。

この高根沢の田園地帯に、小児専門薬として有名な「宇津救命丸」の工場がある。

安久井さんは、この「宇津救命丸」の工場に行くと言うのである。

この「宇津救命丸」は、各地にさまざまの形で残っている「家伝薬」「民間薬」の一つで、日本では有名な老舗である。

ところで、この「宇津救命丸」を創立したのは「宇津家」であり、十六代つづいた由緒ある家柄なのである。安久井さんは、「宇都宮」を本来は「宇津宮」（宇津の宮）と考えており、何等かの形で、この「宇津家」が関係しているのではないかとみているのであった。

古代民族（特に山岳民族）と「秘薬」との関係は、かなり深く、洩矢民族に伝わる「一子相伝」の中にも、この「薬法」が伝えられているのである。

洩矢民族の一子相伝の秘法
一、蟇目《ひきめ》の神事法
一、御左口神祭祀秘法
一、大祝即位秘法
一、御室《みむろ》神事秘法
一、御頭祭御符礼秘法
一、御射山神事はじめ年内七十五度の神事法秘伝
一、神長家家伝「諏訪薬なる秘法」

山野に生えている草木からとる薬と、山にいる動物（猿や熊、鹿など）の内臓や骨、角からとる薬による調合で、かなり進んだ医薬があったのかもしれない。

特に、千鹿頭神社に隣接するようにして薬師堂が建っていることが多く、千鹿頭と薬との関係も見逃せないテーマではある。

とにかく、その日、安久井さんと一緒に、最近できたばかりの「宇津史料館」を見せていただいた。「史料館」には、古文書から製薬道具、宇津家の家系図、生薬標本など、貴

重な史料が展示されている。

高根沢工場の研究部長である平石辰男さんの説明によると、一五九七年（慶長二年）に、当時の下野国の国主、宇都（津）宮家の滅亡により、同家の家臣であった宇津権右衛門は、この地（下野国高根沢西根郷）に帰農し、半農半医の家業の中で「救命丸」を施薬として地域の人々のために出したということである。宇津家五代重上という人は、江戸に出て医学を修得し、本格的に「救命丸」は世に出ることになったが、それ以前の「施薬」としての役割の時代がここでは重要なことだ。

宇津家が、もし「宇都（津）の宮」の中心的存在であったとすれば、そこにも「秘薬」の伝承があったろうし、この地に流れてきた千鹿頭神（民族）との接触があったと考えられなくはないのである（勿論、時代をはるかにさかのぼることであるので、軽々に言えないことではあるが……）。

近代的な工場の奥には、宇津家の旧屋敷がそのまま残っており、大きな長屋門や書院が見える。その中に、「誠意軒」と呼ばれる高床式、入母屋造りの家がある。

ここが、「秘薬」調合の場所であり、この「誠意軒」には当主しか入れず、当主は斎戒沐浴して、この中で調合に励んだという。

したがって当主以外、誰一人として中に入ることは許されず、この「秘法」は、幕末まで外に洩されることはなかったとも言われている。どこか、洩矢民族の「一子相伝」を思わせるものがあるような気がする。

ところで、「史料館」に並べられた宇津救命丸の原料生薬の展示をみて、ぼくは考えさせられたのだが、そこに見える原料生薬のほとんどは海外からの輸入品なのである。

たとえば「チョワジ」はボルネオ。「ジャコウ」「ゴオウ」は中国。「カンゾウ」「チョウセンニンジン」は朝鮮といったぐあいである。わずかに日本産の原料は「オウレン」と「野生ニンジン」ぐらいのもの。

中でも「ジャコウ」は、中国産の「ジャコウジカ」のオスにできる「麝香」のことであり、どうしても中国から輸入するしかないのである。

また、宇津家の家宝として、全身に薬草を被った木彫の「神農像」がある。この「神農様は、中国の伝説中の帝王で、農業の神、医薬の神である。ということは、「宇津救命丸」の「秘法」の中に、中国の医薬技術や思想が、かなり以前に入ってきたということになるのである。

千鹿頭神や洩矢民族の秘法として「薬法」は、中国との習合以前からあったはずで、その起源や伝播を知る上では、日本古代からの「薬の歴史」を調べる必要があるし、「宇津救命丸」のような形で生きつづけている「家伝薬」や「民間薬」を調べてみる必要があるように思われてならないのである。

Ⅳ 血方神社と智方神社

その夜、ぼくは安久井さん宅に一泊することになった。板戸町の「智賀都神社」、高根沢の「宇津救命丸」工場を見て来た興奮が、まだぼくの中には残っており、安久井さんとの語らいは、やはり夜更けまでつづいてしまった。そして気がついたのだが、既に安久井さんには一つの仮説が出来上がりつつあったのだ。栃木県内の千鹿頭（智賀都・血方・智方・千勝）神社をくまなく歩きつづけ、まわりつづけた安久井さんは、日光の「男体山」を中心にして、そこから山を下りた「千鹿頭民族」の足跡が、少しずつまとまってきているようであった。

まず、第一に、諏訪を離れて山岳地帯沿いに移動してきた洩矢・千鹿頭民族は、日光の男体山に、その拠点をかまえ、定着した時期があると安久井さんは推測している。

その根拠の一つに、安久井さんは、昭和三十四年の七月、男体山山頂で大量に発見された「鉄鐸」においている。

現在まで、この種の鉄鐸は、「諏訪神社」の上社宝物殿と、「神長守矢邸」、それに「小野神社」の三ケ所で発見され、そして日光の男体山から発見され、合計四ケ所ということになる。

日光の男体山の場合「実際に土中から発掘せられた鉄鐸については、いまだその例を聞かず、本遺跡出土のものをもって我が国に於ける出土鉄鐸の初見としなければならない」（「日光男体山」――山頂遺跡発掘調査報告書――角川書店）と言われる特異なものである。したがって、その使用目的などについても、前記の三ケ所の鉄鐸と同じものとして扱ってよいかどうか問題はあるけれど、何等かの形で、諏訪、守矢（洩矢）、小野氏などとのつながりはあることになる。

銅鐸と鉄鐸との関係を追求し、その使用目的を、共に、「小部落国家連合体」の祭政としての誓約《うけい》に用いられたと解く藤森栄一氏の説によれば、その銅鐸、鉄鐸による祭政の信奉者である忌部広成とその一族が抹殺され、全く「部族連合」による祭政は消滅したと考えられている。

そして、それ以降わずかに「余命を保ちえたのが、じつに諏訪大祝祭政下における神長守矢氏と、その御左口神《ミサグジ》の祭式、小野神社に残った御左口神祭政の残骸の二つだけだったわけである」（「銅鐸」藤森栄一著　学生社）ということになる。

この考え方に従えば、巨大な国家体制が敷かれる以前の「小部落国家連合体」の祭政と鉄鐸（銅鐸）とは密接な関係があり、日光の男体山を中心とした山岳民族の間でも、この御左口神祭政か、それに代わるような祭政（洩矢・千鹿頭神）が行われていた可能性が強くなるのである。

しかし、一方で、前掲の「山頂遺跡発掘調査報告書」の中で、鉄鐸にふれて佐野大和氏が書いているように、修験者による鉄鐸使用という考え方もあるのである。

鐸が神霊の憑り代として重んぜられ、サナギまたはヌリデ（ヌテ）と呼ばれて神聖視される所以については、別に私考を述べたことがあるので、ここでは省略するが、要するに、古くは神聖な神の憑り代とも考えられた鐸が、後には神霊を招ぎ奉り、斎き奉るに必要な呪具として、またはその神聖性の発動する振音によって悪鬼邪霊を避除し、現実的には害獣等の危害をさける法具として用いられ、霊峯二荒の山中深く分け入り、その山上にはげしい修行をくり返して、絶大なる山霊の神気に触れ、法力を得ようとする修行者達によって、盛んに、ふり鳴らされたものと考えられるのである。

（「日光男体山」）

この点についての解明は、いまのぼくの力では無理なのだが、藤森説をとれば、男体山山麓で鉄鐸が鳴った事実は残るのである。

更に、小山市の郊外になるが、田間や武井とよばれる村に「血方神社」「智方神社」がそれぞれ村社として残っており、その中間にあたる田間の畑の中から、小銅鐸が出土しているのである。

「銅鐸」が弥生時代からはじまった農耕民の祭政における誓約のシンボルとすれば、この地方にも、こうした祭政が存在していたということになり、それと千鹿頭民族との関係があらためて問われることになるのである。

その夜、話に熱中して遅かったにもかかわらず、翌朝は午前五時に起きて、やはり恵三さんの運転で、「血方神社」と「智方神社」をまわることにした。

このあたりは、関東ローム層の最南端にあたり、水利のよい平地であり、古代人にとって最適な生活地であったと思われた。

この「田間」とよばれる地名は、江川をへだてた茨城県にも、まるで対称になる場所にあり、古代は、県に分かれず、田間とよばれる地域が広範に存在していたはずである。

朝霧の中の「血方神社」は、その「血」の一字によっても何か異様であった。

神社の境内は広く、神楽殿や薬師堂もあり、背後には現在は公民館になっているが神宮寺もある。

ここの薬師堂を見て、奇妙なものを見つけた。ヒトミ戸造りの入口に、たくさんのワラのつつが下げてある。

中を開いてみると大根や人参などが細かくきざんで入れてあり、赤飯のツブも混っている。ぼくが首をかしげていると、安久井さんは、「血方神社」の氏子総代の中村さんの所で聞いてみようと、一本そのワラのつつを抜いて、近くの農家まで歩いてゆく。

まだ、午前六時前というのに、農家の朝は早く、中村さんのお宅では仕事の準備をすめている。土間に腰をおろし、お茶をごちそうになりながら、中村茂作さんの話を聞く。

このワラのつつは、「シモツカリ」（スミツカリ・シモツカレ）と言って、初午の日にあげることになっていると言う。

田間の血方神社

中には、赤飯や酒かす、大根、人参など野菜も入れ、神社にかぎることなく、屋敷神や地蔵様にもあげるという。昔は、霜月15日に決っていたが、今ではあげる家も少なくなっているという。この「シモツカリ」は「ツト」とも、「ツトッコ」とも言い、一年間の豊作や健康を祈るものであったらしい。安久井さんは、東北にある千鹿頭神社が、「都々古別神社」（ツツコワケ）となっているのと、この「ツト」「ツトッコ」は関係があると考えておられるらしかった。

とにかく、ぼくは、この「ツトッコ」は、はじめて見るものであった。

この「血方神社」の神楽は無形文化財に指定されており、四月十五日に行われると言う。一度、見に来たいものだと、ぼくは思った。武井にある「智方神社」は、すぐ近くにあったが、途中、「小銅鐸」の出土した畑地をまわってみる。今でも、この周辺では弥生時代の土器がたくさんでてくると言う。

「村社・智方神社」は、大きな森の中にあった。地元の人たちは、この森全体を「チカタ森」と呼んでおり、敷地そのものも、かなり広大であった。入口の鳥居をくぐり、敷石の道を歩いてゆくと、真東にむかって立てられた次の鳥居にぶつかる。

ここに立って見ると、平野が一眺に見渡たせる。ちょうど、太陽がのぼりはじめ、まっすぐに太陽を拝することができる位置に鳥居が建っていることに気づく。

神社そのものも、落ちついた静かな感じで、この村社を守りつづけた人々のことがしきりと思われてならない。

気になることの一つは、地名の「武井」である。神長守矢家のある一帯が、昔「たけいの里」と呼ばれていたこと。あるいはまた、諏訪の土豪と考えられる物語の中に、「武居会美酒《えみし》」または「武居大友主」といわれる国神がいて、武居郷にて諏訪神に奉仕し、その子孫が下社の武居祝としてつづいていたということがある。

単純に、こうした事実と、栃木県の「武井」とをつなぐことは問題だが、明らかに諏訪から発した千鹿頭神の流れとみられる「智方神社」を祭り、「チカタ森」を守りつづけた土地が「武井」であるということは、偶然の一致だけで済ませないような気もするのである。今のところ、詳しい実証はできないのだが、諏訪の国神と言われる「武居エミシ」という存在を考えると、この「エミシ」は、「蝦夷《エミシ》」ではないかという思いにかられる。

中世の「蝦夷」の史料とされている「諏訪大明神画詞」の中で、次のような「蝦夷」についての記述がある。

戦場ニノソムトキハ大士人ハ甲冑弓矢ヲ帯シテ箭陣ニススミ、婦人ハ後塵ニ随ヒテ、木ヲ削テ幣帛ノコトクニシテ天ニ向テ誦咒ノ躰アリ。男女トモニ山蛏ヲ經過ストイヘトモ乗馬ヲ用ス。其身ノ軽々ト飛鳥走獣ニヲナシ。

この「木ヲ削テ幣帛ノコトクニシテ……」というのは、現在でも諏訪の御柱祭の時に行われており、いわば「蝦夷」の生活習慣がそのまま残っているということである（木幣は「イナウ」と言う)。

また「其身ノ軽々ト飛鳥走獣ニヲナシ」というのは、山岳狩猟民族の特徴であって、洩矢・千鹿頭、そして国神としての「武居」も同じような行動をしていたとも考えられるのである。いわゆる高天ケ原民族の侵略の前で「まつろわぬ民」「あしき人」「蝦夷」「エビス」などと呼ばれ、制圧の対象とされた先住民は、それぞれの土地の国ツ神であり土着の神々であった。高天ケ原民族(天皇族)の進駐に対し、自らの土地と生活を守ろうとした原住民族——それらは、熊襲・蝦夷・隼人・土蜘妹・国栖などと呼ばれ、いわば蛮賊扱いをうけてきた。一般的に言うなら、これら原住民は、山野を中心として生活してきた狩猟民族であった。

これらの先住・原住民たる人々の狩猟生活と、その文化は、後侵の農耕民文化によって消し去られているが、洩矢民族の系譜としての千鹿頭神を追う作業は、そうした人々の復権という意味も含んでいるのである。

今のところ、諏訪と蝦夷との関係は、まだ推測の域を出ないけれど、東北・北海道の「アイヌ文化、古代史」の発掘と共に、このへんの疑問も解ける日が来るかもしれない。

「智方神社」を離れる時、ぼくは、武井という地名から、そんな空想にふけっていたのであった。その日の午後、ぼくは東京の南葛飾高校の定時制の生徒たちと会う約束になっていたので、安久井さんとはゆっくり話すことが出来なかったのだが、安久井さんの住んでおられる東出井の村には、「諏訪」という苗字の人が多く、いわば「諏訪一族」としてまとまっているのだが、その地域一帯は被差別部落になっているというのである。

諏訪という名は、諏訪神社の名と共に全国的に広く分布しており、このような形で存在しているとは思ってもみなかったのだが、先住の人々を差別する侵略民族の名残りかもしれない。この問題は、狩猟民族の末裔としての千鹿頭神の問題とからめて、「蝦夷」→アイヌ人・マタギ・山窩・山人・被差別部落民全体を含み、つつみ込んだ形で考えなければならない。

まだまだわからないことばかりであり、ぼくの頭の中では「古代民族」としての洩矢・千鹿頭神と、現代的課題である「差別」や、第一次産業の問題が交錯し、いたずらに空転するばかりであった。

Ⅴ　「山人」の末裔

ぼくは、月に一度、日曜日に行われる「古部族研究会」の集まりに参加するのが待ち遠しくてならない。

この研究会は「湿原祭祀」や「御射山」の著者として知られる金井典美さんのお宅で、昭和51年の12月から行われている。

ここ一年間ほどのテーマは、古文献の解読で「信濃奇勝録」などをテキストにしている。この集まりでは、その解読の前後に、自由な雑談をしているが、これも実に楽しい。それぞれのメンバーが、最近読んだ本のことや、旅行してきた報告、追求しているテーマや自分の課題、更にはその過程で出てきた疑問などを、ありのままに提出するのである。この雑談ではいつも刺激される。民俗学や考古学に素人のぼくは、目を開かれる思いをすることが度々である。

ここしばらく、千鹿頭神のことを考えつづけてきたぼくは、いつも千鹿頭神について質問することになるのだが、どうしてもその背影として「山岳民（山人）」について、あるいはまた「修験道（山伏）」について調べる必要を感じてならなかった。

日本列島に生活するぼくらにとって、一体「山人」とは何なのだろうか。

この問を発してゆくと、どうしても、柳田国男の初期の論稿や「山人論」が浮かんでくる。一般に知られている、「遠野物語」や「山の人生」「山神とヲコゼ」「山人外伝資料」「〝イタカ〟及び〝サンカ〟」「山民の生活」などがそれである。

これらの著作を読みすすめてゆくと、柳田国男が「山人」について抱いていたイメージが、ぼくにはわかるような気がする。

たとえば、

国内の山村にして遠野より更に物深き所には又無数の山神山人の伝説あるべし。願はくは之を語りて平地人を戦慄せしめよ

（「遠野物語」）

あるいはまた

物憑き、物狂ひがいつも引寄せられるやうに山へ山へと入って行く暗示には、千年以前からの潜んだ威圧が、尚働いてゐいるものと見ることが出来る

（「山の人生」）

こうした文章の断片からうかがわれる「山人」のイメージは、先住民族としての山人（これを国ツ神系先住部族と柳田氏はみる）であり、いわば後に日本列島を制圧した大和民族は平地人（農耕民）であるという発想があるように思われる。

この後進の大和民族を柳田氏は天ツ神系民族とするわけだが、この両民族の間に激しい闘いがくり返され、結局、山人は滅ぼされてゆくというのである。

そして、柳田氏自身、少年の頃、山中に誘われるようさ迷い出て、神隠しの状態になったことがあり、時として文章は、天皇部族に追撃されて逃亡しつつ山中に隠れ行く先住部族の位置に身を置いているようにさえ見えることがある。

種族の絶滅といふことは、血の混淆乃至は口碑の忘却といふやうな意味でならば、之を想像することが出来るが、実際に殺され尽し、又死に絶へたといふことは、景行天皇紀に所謂撃てば則ち草に隠れ追へば則ち山に入るといふ如き状態にある人民には到底之を想像することが出来ないのです。

（「山人考」）

これは、「山人」としての先住原住民への思い入れであり、一定の評価を含んでいる表現に思われてならない。

したがって「前九年後三年の時代に至つて、漸く完結を告げた所の東征西伐は、要するに国つ神同化の事業を意味して居たと思ふ」（「山人考」）という表現も、国ツ神系民族と天ツ神系民族との闘いと同化を前提にしており、どこかで無念の情をかみしめているように思われてしまうのである。更に「今日の境の村と村との堺を画するのに反して、昔は山地と平地との境、即ち国つ神の領土と、天つ神の領土との、境を定めることを意味したかと思ひます」(「山人考」)という解釈が成り立つのである。こうしてみると、「遠野物語」の冒頭で「願はくは之を語りて平地人を戦慄せしめよ」と述べている柳田国男の胸中が、ぼくにはわかるような気がするのである。

しかし、彼のこうした思い入れは、徐々に変化し、日本原住民を、いわゆる「常民」と見る視点を確立してゆくのだが、「山人外伝資料」の中で、山人の歴史について、五期に大きく分類し、次のようにまとめている。

貴重な文章なので少し長いが引用しておく。

第一期は名づけて国津神時代と言ふ。神代より以降略々山城遷都の頃を以て終る。山人の先祖がまだ多く谷平野に群居して我々の部落と対抗した時代である。日本人は彼等の酋長を荒神邪神と呼び、一朝帰順して路を聞けば乃ち彼等が信仰を尊重して一番優い者を国津神と言ひ、其家の祖先を国魂郡魂などと言つて祀ることにした。

第二期は少しく短いが鬼時代又は物時代と言ふ。坂上田村麿等の名将軍の尽力で、帰化する者は早く帰化をさせ其他は深山の中へ追入れた。併し官道の通らぬ山地には険を憑んで安住し、与党がやや集れば再出でて交通を劫した。大江山鈴鹿山の峠のみならず、時には京都の町中まで人を取りに来る。

京都人は彼等が出没の自在なるに驚いて人間以上の物と認め、当時色々の浮説を之に附加へたやうである。又武具の力では制せられぬと断念して祈禱の方に力を入れ、従つて山人を以て単純なる鬼物と認めようとした。……中略……

第三期は、山神時代であつて江戸将軍の始に迄及んで居る。山人の多くは鬼と言はれながらやはり帰化土着した。山に残る頑冥派は愈々孤居寂寞の者となり、最早平地人と戦ふの勇気もなく、僅に姿を見せることはあっても人を畏れて直に隠れた。……中略……あるいはまた狗賓時代天狗時代と名づけても宜しい。此信仰の発生に参与したのが山を半生の家とした所謂馳出の山伏等である。……中略……

第四期に至つては大なる零落である。自分は涙を揮つて之を猿時代と名づける。……中略……

さて自分が今自ら評判して居る書物が若し出版屋を見出したならば、日本人の対山人史は明らかに其第五期に入ることであろう。

こうして見ると、「山人」の歴史は、山を下り常民に同化混同して、あとかたもなくなってしまったかのようである。

例えば、こうした「山人」史を考えるようになってから、二人の息子に布団に入ってから昔話をせがまれて話しはじめると、必ず「鬼」が出てくるのに気づくようになった。それも、退治される「鬼」である。一寸法師では姫に襲いかかり、法師にやりこめられるし、桃太郎では、悪さをする鬼ケ島の「鬼」である。こぶとり爺さんでは、山中に住み陽気に踊り、こぶを取ってしまうほどの力のある「鬼」。こうした鬼の姿を想うと、柳田国男が分類した五期それぞれの「山人」のイメージと重なってくるのである。

馬場あき子は「鬼の研究」（三一書房）の中で、鬼の系譜を次の五つに分類している。

(1)に日本民俗学上の鬼（祝福にくる祖霊や地霊）を最古の原像としてあげることができる。さらには、(2)この系譜につらなる山人系の人びとが道教や仏教をとり入れて修験道を創成したとき、組織的にも巨大な発達をとげてゆく山伏系の鬼、天狗が活躍する。(3)別系としては仏教系の邪鬼、夜叉、羅刹の出没、地獄卒、牛頭、馬頭鬼の跋扈も人びとをおそれさせた。以上は神道系、修験道系、仏教系の鬼であるが、これとまったく別種の生活哲学に生きた鬼の族があったことを考えねばならない。(4)人鬼系といおうか放逐者、賤民、盗賊などで、彼らはそれぞれの人生体験の後にみずから鬼となった者であり、凶悪な無用者の系譜のなかで、前記三系譜の鬼とも微妙なかかわりあいを見せている。(5)ついでは変身譚系とも名づくべき鬼で、その鬼への変貌の契機は、怨恨、憤怒、雪辱、さま〲であるが、その情念をエネルギーとして復讐をとげるために鬼となることをえらんだものである。

こうまとめたあとで「反体制、反秩序が基本的な鬼の特質である」とも言っている。ともあれ、天ツ神系の国家統治者側からすれば、まつろわぬ反体制の人間が「山人」であり、したがって「鬼」と名づけられたのであろう。

ところで、こうした「山人」の生活について、今では具体的に探ることが難かしいのだが、「マタギ」「山窩《サンカ》（山家・山稼）」「アイヌ」などの生活の中に、その原型があるような気がする。その意味では、千鹿頭神の末裔は、これら「マタギ」「サンカ」「アイヌ」の人々だということも言えるのではないかと思う。

これらの部族のもっていた世界観というのは、中央集権的国家体制ではなく、鉄鐸などの契約《うけい》を中心とした小部族国家連合体という形でのつながりであり、もう一つの問題は自然との関係である。

この点について、最近、新谷行の「アイヌ民族と天皇制国家」(三一書房)を読み、同感するところが多かったのだが、新谷氏は、現在の日本の国家は、天皇族を中心にした農耕社会であり、それから発展した工業社会であって、歴史的に明確な思惟と方法をもっていると言う。

農耕者は、農作物、例えば稲を育てるために他の雑草は全て芟除《さんじょ》する。農耕者にとって、稲は選ばれてあるものであり、雑草はとり除かねばならないものなのである。現代の工業社会においてもこの考えには変りはない。

そして、この考え方は必然的に天皇族の王化の思想と結びつく。

つまり、不必要なもの、あるいは逆らうものは全て抹殺するという思想である。これが天皇族を中心とした中央集権を強化し、あらゆる差別を生み出し、非人道的階級支配となってあらわれるのである。

少々図式的ではあるが、これが天ツ神系天皇部族の発想と思想であると言う。これに対して、アイヌ民族を中心とする、いわゆる先住民族(これは山岳狩猟民族と考えてよいと思う)の価値観とは何か。

アイヌの自然観は、全ての自然物に霊を感じ、自然との共存共栄を願うものである。選ばれてあるものとかそうでないものとかの差別はない。全てのものに生命《いのち》を感じ、これを愛しむのである。アイヌに伝わるユーカラはこの精神でつらぬかれている。おそらく、日本列島の原住民は全てこれに似た自然観を持っていたであろう。

この点では、アイヌ民族の獲物の霊送りの祭式や、マタギの獲物を山の神に捧げる行為などが典型として考えられる。狩猟を一般的に残酷とのみ考える現今の風潮の中では解けぬかもしれないが、これは獲物の霊魂不滅と肉体復活の信仰なのである。子もちの母熊や子熊をけっしてとらない掟や、獲物の血を飲むといった儀式は、人間が生存するためには動物もまた栄えねばならないとする、自然との共存共栄の思想から生まれたものなのである。これが、山で狩猟生活をする者の最も大切な生き方であり精神であった。

これは、狩猟民族に共通の精神構造であったはずである。現在の工業化社会は、自分の側の都合にあわせ、自然の生態系を破壊してゆくのである。そこには、自然との共生という思考は全くみられない。

こう考えた時、洩矢や千鹿頭神（民族）を追いかけているぼく自身の発想の根のようなものに気づかされるのであった。

そして、新谷氏は、最後に次のようにのべている。それは、「古代蝦夷」や「サンカ」や「山人」「狩猟民」、いわば、天皇系民族によって抹殺され、追い散らされた者たちがどこに行ってしまったのかという自問に答える形の文章の中に書かれたものである。

私の大胆な結論をいえば、日本人の多数の無産者階級が蝦夷につながるものであると考える。

この仮説は強烈であった。そして、そうだろうとも思った。

ぼくは、この延長上に、「山人」論をもう一歩掘りさげ、非「常民」、非「定着」の人々の歴史と生き方を考えたいと思っている。

Ⅵ　久二良と千鹿頭神

中々、日常の仕事に追われて出掛けることができなかったが、今年に入って、宇都宮と日光をまわることができた。一月八日のことである。

宇都宮駅に着いたのが午前九時。駅前からまっすぐ「二荒山神社」まで歩く。

日曜日の午前中ということもあってか、「二荒山神社」は人の波でゴッタ返していた。結婚式やら祈禱の人も多い。ゆっくり社務所で話を聞こうと思ったが、全くそんな雰囲気ではない。しかたなく、「宇都宮二荒山神社御由緒」をもらい、二荒山神社で編集した「二荒神社考」と「中世宇都宮氏の文化」を購入する。「由緒」には、「二荒山神社」を次のように説明している。

元国幣中社、宇都宮二荒山神社は関東平野の北端に鎮座し、御祭神は上毛野君及び下毛野君の祖神と仰がれる第十代崇神天皇の第一皇子豊城入彦命であります。

第十一代垂仁天皇の皇兄に当り、非常に仁慈に富ませられた御方でしたので、天皇御寵愛深くついに東国の御治定を御命じになりました。そこで命は、大和国から遠くこの毛野国（下野国）に下り四方の民を撫で慈しみ、懇に諭して国土を拓き産業を奨励あらせられたので、人口は日に増し、文化は月に進み、人民深く悦服して皆その徳になずきました。

かくて子孫の方も次々にお下りになり、一族は東国ひろく繁栄せられましたが、四世の孫奈良別王が、仁徳天皇の御代に、下毛野国造として下られ荒尾崎に命を鎮祭せられ、大物主命、事代主命（国土経営に力を尽し給う）は、その時合殿に祭られたのであります。

荒尾崎とは今の下之宮の地で、その後に第五十四代仁明天皇の承和五年（西暦八三八）現在の地臼ケ峰に遷座せられたので、従って下之宮の地は当神社発祥の聖地として重要なところであります。

又古くから名神大に預った式内の大社で昔からお明神様とも称え奉って篤く信仰されて居ります。

宇都宮二荒山神社摂社下之宮

この「由緒」を今までの流れの中で読み直せば、土着の国ツ神を支配したのは「豊城入彦命」ということになる。天ツ神系天皇族の農耕と中央集権的文化をもって、この下毛野に侵入し、狩猟民文化を圧制したのであろう。それと、もう一つは、荒尾崎にある「下之宮」の存在である。ここが、もともとは「二荒山神社」であり、古くは「宇津宮大明神」とよばれていたのである。
ぼくは、まだ確かめていないのだが、安

久井さんをお訪ねした時、この「宇津宮大明神」は「チカト神」であると「神道集」に書かれてあるという指摘をうけたのが印象に強く残っている。

一体、その「下之宮」はどこにあるのか。

社務所で、若い受付の女の人に聞いてもわからないという。階段を下り、老舗の店主に聞き、道路をへだてた五十メートルほど先の「二荒山神社摂社下宮」を見つける。

二荒山神社の立派なのに比べ、その発祥の聖地は、いかにも忘れられた存在であった。

映画館や食堂のビルの間に、小さな祠一つとなって金網で固まれた「下之宮」を見ていると、どうしても、このあたりに住んでいたであろう「千鹿頭民族（神）」のことが思われてならないのであった。

十二月十五日、この「下之宮」と「二荒山神社」とは、「冬渡祭《おたりや》」を行なう。御輿をかつぎ、この二つの神社を往復するのである。

そして、明治時代までは、この「二荒山神社」と、宇都宮市の徳次郎町にある「智賀都神社」との間でも同じような「神幸」が行われていたという。

もともと、日光の「二荒山神社」と、宇都宮の「二荒山神社」がどのような関係にあるのかということが重要な点なのだが、ぼくには、この徳次郎町にある「智賀都神社」がその鍵を握っているような気がしてならないのである。勿論、その背景には、「宇津宮大明神」

が「チカト神」であったという指摘が、大きなヒントになっているのであるが……。

ぼくは、「下之宮」から車で、その「智賀都神社」まで行くことにした。何台かのタクシーが走りすぎ、ようやく乗ることのできたタクシーの運転手さんは、まだ29才の佐野さんという青年だったが、この人は小山市の田間出身の人だという。小さい頃、よく「血方神社」で遊び、祭りも楽しみだったと言う。

昔の「血方神社」の祭りは盛大だったとなつかしむ佐野さんに、これから行く「智賀都神」も同じ系統の神社ですよ、と伝えるとビックリしていた。何か不思議なつながりを感じてしまう。

ところで、この「智賀都神社」がある、栃木県河内郡富屋村大字徳次郎という地名だが、これは本来「外久二良《とくじら》」「外久治良《とくじら》」と書くべきものなのである。そして、「外久二良」と言うことになると、日光にも「久二良」という村があり、そのつながりがハッキリと出てくるのである。

今井野菊さんの「千鹿頭神」の中に、この「徳次郎の由来」が記載されているが、これは、富屋中学校の高橋喜次郎氏より今井善一郎氏に送られた手紙文である。

日光に久二良村あり。祖先是より出て『外久二良』と称すと。又一には徳次郎は元、外鯨と書けり。外鯨の名は往古智賀都神社を日光から移し祀ったものに始りたる如し。
当時の日光も内鯨と言い、当所を外鯨と言ひしと。今日光に久治良と言う町内あり。
徳次郎と書すは新田徳次郎昌言が其音相似たる所から書き改めたるものなり。

これを見ると、一見奇異な感じを与える「徳次郎」も、もとは「外鯨」であり、その前は「外久二良」であったということが明白になっている。そして、日光が「内久二良」であったと言うのである。とすれば、内久二良の日光と、外久二良の宇都宮との関係は明らかであろう。しかも、宇都宮は、「智賀都神社」の名を残しているのである。

この「智賀都神社」の祭神は、「大己貴命・味耜高彦根命・田心姫命」であり、十二月十四日には神輿の渡御が行われる。

通称冬渡祭《おたりや》と言い、十四日夕刻かがり火を焚く。六部落あり中を夜にかけて渡御する。
当社は光仁天皇宝亀九年六月、日光山より勧請し来ったものと伝える。
（「千鹿頭神」今井野菊著）

そして、この「智賀都神社」が、宇津宮の「二荒山神社」（下之宮）とつながっているのである。

「智賀都神社」は、巨大な二本のケヤキの木を入口に擁した深い森の中にあった。道路に面してはいるものの、かつては、かなり樹木の繁っていたところであるのだろう。

徳次郎町の智賀都神社

この巨木のケヤキは、推定で七〇〇年は越していると言う。

ところでこの「久二良」の意味だが、「古事記」の中では「久治良」として「イノシシ」の意味に使われている。

しかし、その意味は、あるいはもっと複雑で深いのかもしれない。現在まで「二荒山神社」の「二荒」をフタラとして「補陀洛」信仰に結びつけているが、この「二荒」の語源はフタラではなく、「クジラ」ではないかという気がしてならない。

またアイヌ語との関連でみれば、「フトラ」は熊笹のことであり「クシ」は「越える、通過する」の意味であり、「久二良」は、高い山を越したという意味の「クシロ（釧路）」を連想させる。この頃は、やはり土着民族としての蝦夷との攻防が激しかったはずであり、アイヌ語との関係は、検討されてしかるべきである。

豊城入彦命にはじまる、大和人の氏神奉斎の進出、司祭者の奉神分霊、苗裔神による信仰伝播等を通じて、卓越せる大和文化の流入と東国教化の事業が、継続進行されるとともに、東山道の最北端、蝦夷との隣接地域としての進出基地という性格が、次第に強く加わって来たものでありましょう。

（「二荒山神社考」雨宮義人著）

蝦夷の存在は、やはり、この地では大きかったのではあるまいか。

それと、もう一つは、「サンカ」との関係である。これも安久井竹次郎さんとの話の中で触発されたのだが、「山家」という地名が今でもあり、小さい頃は、竹かごやミノを直しに「サンカ」の人たちがよく来たというのである。全国的に分布はしているのだが、この地での「サンカ」の存在も大きいのではないかと予想している。

三角寛の「サンカの社会・資料編」（母念寺出版）の中に「サンカ用語解説集」があり、

その中に、次のような一連の言葉がある。

「クズカミ」（国一《クズカミ》。旧国郡制による日本各国の統領のこと）、「クズコ」（国子《クニコ》で、郡とか郷のセブリの長）、「クズコカミ」（クズコ一《カミ》で、クズコはいまの郡に当る。一郡の頭で河川の流域を統轄することを任務とする。郡長格）、「クズシ」（クズシリの略。国一で置県前の旧呼称による。国に一人しかいない棟領の意。いまの県知事格）、「クズシリ」（国知《クニシリ》で旧国郡制による国のセブリの長）、「クズシリカミ」（単にクズシリともいふ。クズシリは今の県に当る。県知事様で、その国の最高統率者）。

この中での共通の言葉は「クズ」（国）である。この言葉は、おそらく、「まつろわぬ民」の一つとしての「国樔《クズ》（国栖）」から生まれたものと思うのだが、その下に、「……等（達）」をつけると「国栖等」（クズラ）となり、久二良へのつながりがでてくるようにも思う（このアイヌ語・サンカ語との関連は、安久井さんとの話の中で指摘されたもの）。

とにかくぼくは、徳次郎町の「智賀都神社」から、日光の「久次良」町に行くことにした。一日のうちに、この日光——徳次郎——宇都宮二荒山神社という民族移動のコースを逆にまわるというのは忙しくせわしないのだが、全体としてのイメージはつかみやすかった。日光駅で下車、「足尾銅山」行きのバスに乗って「花石町」のバス停で降りる。

十分ほども歩くと、巨大な男体山の山麓にでる。川の流れがキレイで豊富にあるのに気

久次良薬師堂

づく。音たてて流れるどの川の水も、山中の水の臭いを放ちながらすき透ってすずし気だ。目の前、川の上に「薬師堂の碑」が建っている。そこから右へ行くと、小山があり、そこに「久次良神社」があった。消えかかった墨文字でよく見えないが、「久次良神社」と読める。思ったよりも、ずっと小さな神社だ。前方は鳴虫山。昔は、このあたりが、男体山への登山路だったらしい。

そして、「薬師堂の碑」を左へ行くと、長い自然石の階段を登りつめたところに「久次良薬師堂」がある。

この両社を何度か往復し、このあたりは、信州の「鬼場」（御座石神社のあるところ）と似ているなあと思った。男体山の山スソであり、狩場の、いわば入口である。山の神に贄を捧げる格好の場所であり、また、荒沢と男体山から流れ出した幾筋かの川の流れが合流する傾斜地でもある。いわば水にも恵まれ、川の贄、山の贄の豊富なところなのである。空気はあくまで澄み渡り、道の隅には、まだまっ白な雪が残っている。

しばらくは、じっとして「久次良神社」の境内で腰をおろしていた。水の音と木々を揺する風の音のみが聞こえてくる。

今は、このように小さく、忘れられた存在になっているが、この「久次良神社」を中心にして、古代狩猟民族が集まり、鐸を鳴らし、連合部族国家の祭政を行っていたのかもしれない。日光の男体山を自在に走りまわる彼らは、八ヶ岳とも赤城山とも、そして八溝山地とも連なる大きな連合体を形成していたのかもしれない。しかし、何かの理由で、この「久次良」を離れねばならなくなり、その地を、「内久二良」から「外久二良」に移し、そこでの生活をつづけた後、更にその地を離れ、宇都宮の「下之宮」(荒尾崎)に移動したのだ。

久次良町の久次良神社

そして、そこで「豊城入彦命」に制圧され、「チカト神」の名も消えてしまった。

しかし、更にそこから逃れ、各地にちらばった「チカト民族」(あるいは「クジラ民族」と言うべきか)は、さまざまの地に住みつき、開拓神として土着化しつつ「血方」「智方」「千勝」などの名で「チカト神」を祭りつづけたのではなかろうか。

このあたりの話について、柳田国男の「神を助けた話」が興味深い。

昔有宇中将、狩に耽つて聖旨に逆ひ左遷せられ、只一人青馬に騎り鷹と狗とを携へ、潜かに奥州に下り、長者朝日の女を妻とし、六年にして子を儲け、其名を馬王と謂ふ。馬王成長して其侍女に一子を生ませた。容貌至って見苦しく、猿に似て居た故に猿麻呂と名づけた。陸奥小野に住むに因つて小野猿麻呂と謂ふ。親々は死して後皆二荒の神となつた。

此山中に湖がある。二荒の神、上野国赤城の神と湖水を争ひ、此方では下野国だと言ふに、彼方では上野だと言ひ、戦に為つて勝つことが能なかつた。其時鹿島の神の曰ふには、猿麻呂は御孫であって弓の名手である。

喚んで来て助勢をさせられたら宜しからうとの事であつた。そこで二荒様は御姿を鹿に変へたまひ、猿麻呂の狩をして居た熱借山《あつかし》に往つて、わざと逐はれて次第に彼を我山に誘ひ、忽ち形を隠された。

猿麻呂二荒山に入って鹿を尋ねる所に、一人の女神立現はれたまひ、汝知らずや、我は此山の主なり我為には汝は孫である。爰へ汝を誘つたのは、我寇を討たせん為である。

我寇は赤城神、蜈蚣の形を現して攻来る。我は蟒蛇の姿を為ふべし。若し汝の助に由つて克つならば、此山は汝に与へて狩場と為さしめんと告げたまふ。猿麻呂は乃之を諾し、次の日往きて視るに、湖水の西に沼あつて草木茂る。幾百千とも知らぬ蜈蚣、西の方より攻寄せ、大小数多の蛇、之を防ぐと雖防ぎ兼たる有様であった。其中にすぐれて大いなる蜈蚣の、左右に角の生えたのが、大蛇と接戦するを見て、之こそ赤城と矢を射て其左の目に中てると、忽庇を負うて遁奔つた。

猿麻呂は之を追掛け、山を踰え利根川の岸に到つて引返す。此時の戦場に、血が流れて水が赤くなった故に、今も地名を赤沼と謂ひ、山を赤木山、麓の温泉を赤比曾湯と呼ぶのも、亦同じ理由からで、敵を討った場所なるが故に、宇都宮と言ふ名は出来たのである。

（日光山の猿丸）

この物語は、赤城神との争いが中心になっているが、猿麻呂が利用されたという感じがしてならない。他の場所で柳田は「斯して猿麻呂は、後に今の徳次良に往き、其から更に宇都宮には遷つたのである」と書いているが、これはそっくり「千鹿頭神」の移動であり「久二良」の移動史である。したがって、狩猟民族としての猿麻呂の運命をも暗示している。「而して宇都宮は即猿麻呂である」という文章は、ぼくには、その末裔としての「宇津救命丸」へとつながってしまうのである。

また、先の「猿麻呂」と似た話に「磐次磐三郎」の伝承もある。これも、ほぼ同じ内容で、弓の名人の萬三部が赤木神をやっつけ、山の神となり、山立の祖となるのである。

山立は近世の文学に於ては山賊のことであるが、其実は歴史を誇り得る高尚な職業であったことが此で分る。併し同時に又、日本中の山々嶽々、何処でも御免だと主張するのは、取りも直さず特定の狩場を有たぬ民であつたことを意味している。

奥羽の山にはマタギと謂って、狩を主業として居る特別の村があった。今でも冬に為ると、峰づたひに熊を逐ひながら、信州あたり迄も漂泊して来ると聞いて居る。真の山立は元は此徒の中の人であつたらう。

（「山立由来記」）

これで、男体山中にいた民族が、山岳狩猟民であったことは明白であり、マタギやサンカの祖であったと思われる。

この「山立由来記」の中で、注意することは、肉食を権現の許しがあるということで堂々と行っていたことである。

此許しは近世信濃の諏訪ばかりから出たが、宇都宮も同じく宍を贄としたまふ少数の社の一つであれば、狩人此神を信じて穢を免れた事は、根拠のある話である。

ここから、洩矢民族と千鹿頭民族、そして宇都宮とのつながりを考えなければならないが、まだまだ、群馬・埼玉・栃木・山梨・福島などの「千鹿頭神社」については未踏査で、今後、具体的な踏査に基づいて、また明らかになってくることがあると思う。

ともあれ、日本列島の深層文化としての洩矢神信仰、千鹿頭神信仰についての確信だけは、ぼくの中にしっかりと根づいたような気がする。

日光地方の千鹿頭神

安久井竹次郎

千鹿頭神の遺跡

『日光狩詞記』――昭和四十年に日光二荒山神社で刊行しました。狩猟にまつわる禁忌、伝承を、日光山地の猟師、杣師から、神職の飯田真氏らが採集した資料です。

このなかで、多くの猟師、杣師は鹿猟にかかすことのない鹿祭を、異口同音、諏訪祭として伝えます。諏訪祭の諏訪神――千鹿頭神――二荒神の系譜にかいまみる下毛国の古代信仰の遺跡は、東国の果ての、下毛国の夜明けに射しこんだ光芒、農耕文化の土壌を温めたなごりにおもえてなりません。

日光山地の鹿猟は、ふつうは数人の組猟で、狩場（クルワ、クラ）――立場（タッパ）ともいう――の横追い、横まくり、上げ追い、追い下げ、秋の交尾期に牝鹿の鳴き声をまねた笛で吹き寄せる笛猟、獲物を分配する前に鹿祭りをします。生き肝をツガ、モミ、笹の葉にのせ石の上か立木の根元に供え、鹿の頭を西の諏訪の方向にむけ、古い猟師が呪文を唱えたあと、祭り肝の両端を全員でたべる。この鹿祭りを諏訪祭と呼んできました。上毛国を越え、下毛国でまず日光山地に諏訪信仰は土着したとおもうのです。

肉祭、毛祭、あの山を越す、この山を越す、言うど叶うど、諏訪大明神の氏子、東山のデッチ、西山のデッチ、スデッチ、肉祭毛祭アブラウンケンソワカ

「デッチ」とは、山頂に宿る山の神といいつたえられてきたという。

コウゼンウチヨウ　ツイシヨウブシヨウ　コシヨウクニンゼン　トウシヨウ仏果に至る　アブラウンケンソワカ

業深（尽）有情　雖方（放）不生　故宿人中（身）同証仏果

諏訪神の真言として三回唱えれば、獲物の生贄もたちまち成仏得道するとしたのは、ずいぶん仏教的です。狩猟信仰に仏教がかぶさり混淆して秘伝とされた神詠なのでしょう。

諏訪につたわる神詠が、そっくり日光山地の狩詞として、今にのこっているのです。

日光山地の山麓、登山口、峠の頂上、尾根のたるみ、沢の合流点、沢辺、尾根の先端などに、山地民は「山の神」を祀りました。そこは猟場であったり、諏訪祭の斎場だったのでしょう。はじめは自然木の下に岩石をおくだけでしたが、やがて石祠をつくり、依り代の石を社般におさめるようになりました。

日光の久次良に、ひっそり鎮座する久次良神社の地域は、小あざ名は「追分」、田母沢と安良沢にはさまれた緩い斜面、現在は閑静な住宅地です。

神橋を左へ、東照宮の西参道を過ぎてまもなく東京大学附属植物園前、そこから国道をそれて右角をまがり、だらだらな坂道を中学校へ向う標識にそって行く。その途中、左手の塚の上に木立にかこまれて久次良神社があります。

社殿は流造り、間口二間四尺、奥行二間、両覆いの小屋の中。味耜高彦根命を祭神とし、延喜四年、中臣清真の嫡子清仁の勧請で創建され、往古は久次良大明神と由緒をつたえています。小屋の廂にかかげた板の墨はうすれ、やっと神社名の文字を読むありさまでした。

中臣家系は、日光開山の祖とされる山林優婆塞だった沙門勝道以来の仏教滲透に密着して侵入した神人たちですから、中臣家系の神人が久次良に居住するようになったのは近世

栃木県の千鹿頭神分布図

①智賀都神社　宇都宮市徳次郎町
②智賀津神社　〃　宝木町
③智賀都神社　〃　板戸町
④智賀津神社　塩谷部氏家町狭間田
⑤近津神社　上都賀郡西方村本城
⑥地勝神社　小山市大行寺
⑦血方神社　〃　田間
⑧智方神社　〃　武井字宮腰
⑨近律神社　芳賀郡茂木町坂井
⑩近津神社　那須郡那須町大畑
⑪千勝神社　大田原市福原
⑫千勝神社　那須郡湯津上村湯上
⛩その他境内社

以降です。久次良は沙門勝道の入山以前、中臣家より古い神人、猿麻呂狩猟信仰の伝承を唱導した小野家神人が久次良の地にかかわっていたことが想定されます。久次良神社は、中臣家の勃興はるか以前に小野家が祭祀した神域だったでしょう。日光の、本宮、滝尾中宮、新宮の三社のうち、本宮が最も古く、小野源太夫という社人が、その中核とみられる本宮と中禅寺社職を兼ねていたことは、日光の神人のうちで、小野家が最も古い由緒をもっていたとされます。赤城神との神戦譚に伝承される小野猿麻呂の末孫というのです。しかし、小野家は、沙門勝道の開山以降、日光が仏法相応の地、補陀落山信仰の中心として仏教色を濃くしていくなかで疎外されるにいたったのでしょうか。

昭和三十三年の男体山頂遺跡発掘調査に出土した銅板のひとつに、

日光山　中禅寺　男体禅定十三度　得志良近津宮　四郎大夫伴家守　貞治三年甲辰（一三六六）卯月十八日

さらにもう一枚の刻名に、

下野国日光山中禅寺　男体禅定十四度　得志良近津宮　伴氏四郎大夫家守

自正月廿八日奉精進始也　貞治五年丙午八月八日敬白

とあり、『日光山縁起』に「猿麻呂は登倶示良に往き、宇都宮に移った」とあります。日光の狩猟信仰を奉ずる神人団に重なって、千鹿頭神の諏訪信仰が、日光から宇都宮へ展開する過程、そこには下毛野国の発祥がひそむかもしれないとおもうのです。

それで、まず、日光の久次良を起点に、千鹿頭神の遺跡（神社）をたずねあるきました。

下毛野国（栃木県）

智賀都神社

旧郷社　宇都宮市徳次郎町中徳次郎（河内郡富屋村字下畑）

祭神　大己貴命、味耜高彦根命、田心姫命

社伝は、宝亀九年（七七八）日光三社を外鯨邑千勝森に勧請と。沙門勝道の男体登頂天応元年（七八二）にさきだち、第一回の登はんをいどんで失敗した神護景雲元年（七六七）から数年のあと。「我もし山頂に到らずんば、また菩提に至らず」と唱える沙門勝道の補陀落信仰にたいし、狩猟民の抵抗のないはずはない。

日光山の主峰は黒髪山とよばれ、その山肌は柔らかな稜線をもつ。「其形如天女端厳美麗」、女神のやどる霊山と狩猟民は仰いできたのです。狩猟民は、山霊信仰を更替するかどうかの岐路にたたされたとおもうのです。

久次良の神の、千勝森への移行は、沙門勝道の行動と無関係とはおもえません。

徳次郎町智賀都神社

宇都宮と日光の間をはしるバスの、智賀都神社前は「明神前」、神社境内には「明神井戸」がのこり、地元では神社を今も徳次郎明神と呼びます。社前の、樹令七〇〇年といわれるケヤキ二本に枯相がめだちます。

「おたりや」

日光山内から徳次郎に移された神社のご神体は、いつのころか、宇都宮明神にまた移されることになりました。現在の宇都宮二荒山神社の摂社として祀られる「下の宮」がそれです。かつて荒尾崎と呼ばれていた丘陵で、徳次郎明神のそばを流れ下った田川が、荒尾崎から眼下に望めました。

ご神休を移す神事は師走十二月十四日の夜、徳次郎の氏子は「おんじゃったりや、おんじゃったりや」とかけ声をくりかえしながら宇都宮への道をねりあるき、宇都宮明神の氏子たちも「おんじゃったりや」と喚声に和し、十五日の暁にご神体を迎えました。「おたりや」は「おんじゃったりや」の転じたものといわれ、「冬渡祭」「春渡祭」と書いて「おたりや」と読んでいます。宇都宮二荒山神社では、十二月十五日を大渡祭、一月十五日を春渡祭、いずれも「おたりや」と呼びならわした祭礼をいとなみます。徳次郎明神の「おたりや」は十二月十四日。

徳次郎明神の西方五〇〇メートル、水田にかこまれて神明神社（おしんめさま）があります。二頭の石の〝こま犬〟は占い神としてあがめられています。石の呪術でしょう。

神社は、宝亀二年（七七一）の建立と伝えられ、遠久次良（とくじら）に共同体をかまえた、古い部族の氏神だったともいわれます。石神です。

智賀津神社

旧無格社　宇都宮市宝木町

祭神　大己貴命

千勝神社

河内郡南河内町絹板

旧村社八幡神社の境内社

千勝神社

河内郡南河内町薬師寺

旧村社八幡宮の境内社

智賀都神社

旧村社　宇都宮市板戸町（河内郡清原村板戸）

祭神　大己責命、味耜高彦根命、田心姫命

元板戸村字柏木に鎮座、長和元年（一〇一二）鬼怒川の大洪水に遭い東岸の現在地に遷座。正徳四年、神祇道管領勾当上従二位卜部朝臣兼敬より正一位智賀都大明神の宗源宣旨を受く、と由来碑に刻みます。例祭十一月十日。ここから西北に遠望される秀麗荘厳な日光連山、主峰の黒髪山は「日光山滝尾建立草創日記」の——

此嶺有女躰霊神　其形如天女端厳美麗
以金冠瓔珞荘其身　扈従侍女囲繞前後

とあるように原始の女神信仰がうかがわれ、古代の宗教的原体験の母胎にふさわしい。
神社の後背河岸段丘につらなる二キロ北方の宝積寺台地の字「石神」には、石棒を祀る石神神社があります。男根状の自然石二体に刻字らしきがみとめられるが磨滅し読みとれない。附近からは縄文期の石器、土器が出土し、向原八幡宮地域には住居跡が確認されるなど、宝積寺台地は先住民族の遺跡が豊富です。

智賀津神社

旧村社　塩谷郡氏家町狭間田（塩谷郡熱田村狭間田）
祭神　大国主命

鬼怒川中流で氾濫した洪水は、氏家附近の宝積寺台地の北端を突破、八溝山麓西端の丘陵との間に扇状の沖積地を形成しました。現在、栃木県中部最大の水田地帯です。その平坦な穀倉地を西南に見渡す丘の中腹に神社は祀られています。

近津神社

旧郷社　上都賀郡西方村本城

祭神　大己貴命　武甕槌命、事代主命

近津明神とうやまわれ、宇都宮明神を遷座したとも伝えられます。

千勝神社

鹿沼市磯町

大己貴命、須世理姫命、事代主命を祭神とする旧村社磯山神社の境内に祀られます。

血方神社

栃木市平柳町

旧村社星宮神社の境内社

千勝神社

下都賀郡石橋町鷲宮

旧村社鷲宮神社の境内社

千勝神社

小山市東山田

旧村社迦遇突智命を祭神とする山田神社の境内社

千勝神社

小山市田川字前田

旧村山社稲荷神社の境内社

地勝神社

小山市大行寺（下都賀郡穂積村大行寺）

「ここに地勝神社ありき」と石柱をのこすのみです。

前日光高原を渓流をあつめて南下した思川が渡良瀬に合流するややてまえの西岸、国道五〇号線の路肩に建てられた高さ五〇センチメートルの標柱は、境内社にまじって他の小祠と判明できない遺跡にましして古代を語りかけてくれます。中南部の洪積層台地をつき崩した洪水の氾濫による沖積地がひろがりますが、その水田地帯に「国府」をしのばせる「国府塚」「石塚」、そして神宮寺らしい「大行寺」それに「石上（神）」などの小字名の集落に地勝神社はかこまれています。

血方神社

旧村社　小山市田間（下都賀郡大谷村田間）

祭神　少彦名命

由緒――村上天皇の天徳四年（九六〇）霊妙不則のことあり、神憑りたる人有り、其の神記に拠り本村北の方広漠たる原野に少彦名命（少名毘古那命）を祀る、其後数百年の星霜を経て文化七年野火あり延て社宇に及ひ旧記等悉く灰燼に帰せり……。

宝暦年間（一七六〇）の『下野神名帳』に「知賀多大明神、西田間、称揚寺」とあるのが最古の記録で、神社境内の地続きに寺蹟があり、境内の石祠に「血方大明神」「文化十酉年（一八一三）」の刻名が読みとれます。明治初年村社の社格を得たとき復古神道系の男神を祀ったのでしたが、お産の神、血の神として女人の信仰が厚い。社殿は明治十九年の再建。

「神楽」

四月十五日の春祭に太々神楽が奉納されますが、神楽十二座（小山市無形文化財）のうちの〈五行の舞〉は稚児舞で、氏子の家に生れた少女は、今も小学二年生になると、〈五行の舞〉の稚児として神楽殿に昇ります。中村茂作保存会長は語ります――

「神楽の稚児をとおして土俗信仰は氏子の意識の中に永く生きてきたんです。それがなかったら今まで伝承されることはなかったでしょう」

子供の守護神ともいう「御作神」にかさなる「ちかつ神」が土俗信仰に守られてきた姿でしょうか。

神楽殿は舞台正面前に神座を設けます。正面の庭に二本の柱を立て、柱頭に榊の枝を結び五色の布を垂らします。一柱に銅鏡を、一柱に短剣をかけます。「御柱立て」の神事です。ここの神楽は、幕末に北下総上山川（茨城県結城市）の諏訪神社から継承され、神楽殿のまどり舞台は諏訪神社のものと寸分の違いもなく同じです。

八世紀初頭に成立した結城郡の一つに結城郷がありますが、現在の結城市の市街地は戦国末期以降に形成されました。古代の結城郡の中心は上山川一帯の結城郷で、そこに郡軍衙があり、薬師寺に劣らぬ規模の結城寺の伽藍があったようです。

上山川は北下総ではもっとも古墳の密集している地域です。上山川の愛宕塚からは鏡と二個の釧（くしろ）が出土しました。釧の一つは五個の鈴をつけ、振ると美しい音を発する五鈴釧といいます。遺跡のなかには四世紀ごろの五領式もみられます。

天慶三年（九四六）に創建されたという上山川の諏訪神社、そこの神事を伝承する血方神社です。

智方神社

旧村社　小山市武井字宮腰（下都賀郡大谷村武井）

祭神　思兼命

武井字宮腰は血方神社のある田間に隣接し、智方神社は血方神社の西南二キロに位置します。

『諏訪旧蹟誌』の、

建御名方命此国に至坐せし時、国つ神に二神の将あり。一を守宅神、一を武居大伴主神と称う……。

武居大伴主神は延喜式内に佐久郡大伴神社あり……武居の祝も若くは此大伴主の神孫なるもしるべからず……

この「武居」にこころ惹かれます。下諏訪町字武居の武居恵比寿社は武居大伴主神を祀る祠と聞くのも「武井」との親近感を覚えずにはいられません。

「小銅鐸」

昭和四十年六月、小山市田間字西裏の麦畑を除草しているとき中村寛一氏の家人が発見して持ちかえりました。現在東京国立博物館に保存されています。

発見地は血方神社のある田間部落西方の耕地ですが、大正五年ごろ雑木林を開墾したところで、附近から黒浜式土器片、土師器破片、勾玉など採集されています。昭和四十四年発見地点周辺を発掘調査したところ、本銅鐸と接合する鐸身の小破片が出土し発見地の正確さを証明しました。弥生時代後期に伝播されたといわれ、銅鐸分布を東へ拡大したわけです。

この小銅鐸の発見地が田間の血方神社と武井の智方神社の中間であることを重くみています。

武井の智方神社

近津神社

旧村社　芳賀郡茂木町坂井

祭神　武甕槌命、経津主命、天児屋根命

延喜式内社の荒橿神社に対峙して一キロへだてた丘陵上に鎮座します。

千勝神社

芳賀郡真岡市台町

旧村社熊野女体神社の境内社

千勝神社

芳賀郡益子町上大羽

旧村社綱神社の境内社

綱神社は綱明神といわれ大国主命、阿遅鉏高彦根命を祀る。

那須国（栃木県）

近津神社

旧村社　那須郡那須町大畑

祭神　味耜高彦根命

石城国（福島県）東白川郡矢槻の近津大明神、都々古別神社の分霊という。

那須、石城、常陸をわける八溝山系の主峰八溝山（一、〇二二）の北麓を水源とする三蔵川の上流に大畑部落はあり、白河関跡に通ずる。

千勝神社

那須郡大田原市福原愛宕山

祭神　猿田彦命

箒川を眼下に、合流する那珂川の東に、八溝山を望む山上に、那須余一を祀る祠とならびます。

那須余一宗隆は源平の戦功により那須の総領となりましたが、他の兄弟は平家に味方したため鎌倉幕府に追われ、信州諏訪に那須一族はひそみます。やがて頼朝に許され一族は那須に帰郷、一族は諏訪明神の神恩に感謝し各地に諏訪神を祀りました。

千勝神社との合殿はふしぎではありません。

千勝神社

旧無格社　那須郡湯津上村湯上

祭神　事代主命

水田にかこまれ樫と藤の古木の下に鎮座しましたが、耕地の基盤工事で五〇メートルほど南に遷座、宮田、宮沢の部落の氏子八戸が祭りをひきついでいます。

千勝神社の南に隣接して、日本三古碑の一つ〈那須国造韋提碑〉を「ご神体」として祀る笠石神社があります。

国造那須直韋提という人が、天武朝の新たな律令体制下、評督という郡司の役職を与えられ持統女帝譲位後の文武帝四年（七〇〇）に死没したとあります。碑は意斯麿なる人物の建てたもので、水戸藩主徳川光圀が元禄四年（一六九一）安置させたといいます。

持統四年に新羅の渡来人十四名を下野におもむかせたと『日本書紀』にあり、那須は渡来人が数多く土着したようです。芦野町下芦野には「唐来田村」の地名もあり、渡来人にちなむとみられます。近在には、上侍塚、下侍塚の前方後方墳のほか、前方後円、方、円墳が群在します。那珂川の東岸には先住民の遺跡も散在し、国造碑文の背景には、千勝神を敬仰した部族の盛衰もしのばれます。

那珂川の支流武茂川をさかのぼりますと、式内建武山神社（馬頭町）をへて八溝山系の

「境ノ明押峠」の先は常陸国、山系の西側を流れる武茂川べりの石神部落、上流の南方部落で古祠を探しましたがみあたりません。途中の明神峠を越えれば、八溝山(一、〇二二)東南麓の常陸の奥久慈、近津神域に入ります。

常陸国(茨城県)

近津神社

下の宮　久慈郡大子町下野宮
(久慈郡宮川村下野宮)

中の宮　久慈郡大子町中宮
(久慈郡黒沢村町付)

上の宮　久慈郡大子町宮本

八溝川が久慈川に合流する地点の下の宮、四キロ上流の中の宮、更に四キロ上流の上の宮を近津三社とし、面足尊、惶根尊、納長津彦尊を近世祭神に祀りました。八溝山頂の八溝嶺神は大国主命を祀ります。

神域は、「保内郷」といわれ、国衙領でも私領でもない。五戸一組の五保を組織した大きな共同体ともみられ、神領の「依上郷」でした。中世から近世まで、保内とか保内郷と称され、足利時代は二十四ケ村、江戸時代には四十二ケ村、明治期に一町八ケ村、大子町、宮川村、黒沢村、佐原村、依上村、袋田村、生瀬村、上小川村、下小川村、昭和三十年の町村合併で大子町となったが、いまだに保内の共同体意識は消えていない。

文化四年の『水府志料』によると、

保内は往古より近津の神領なるべきにや、寄神保といへるは近津明神に寄たる保なる故に号し事も知るべからず

と記し、寄神保は依神保、依上保とも書きます。春秋の祭に、江戸時代には保内郷ばかりでなく下野那須郡の全村、陸奥白河郡北郷八十六ケ村、南郷五十八ケ村から氏子が八溝嶺神社参拝に登頂したといいます。春は播種にさきだち御作神に豊作を祈願、秋は収穫を感謝し、翌年の種子を神前で分与されました。

「お桝小屋神事」

保内郷を七つの氏子集団に分け、第一下宮、第二池田、南田気、第三浅川、第四塙、金沢、高岡、第五下小川、第六袋田、第七大生瀬、各地域を七〜十一の小集団に組み、世襲

大子町近津神社上の宮

の頭人（大頭、小頭）が祭をとりしきります。

十月二十日（旧）、頭人の家近くに斎場とお枡小屋をつくり、十月二十七日神輿が出社して斎場に着くと、それまでのお枡小屋から仮殿にお枡を奉遷、一泊して翌二十八日次の小集団の頭人にお枡をひき次ぐ。お枡の籾三升は粉にひいて赤飯にまぜ、神前に供え氏子たちもたべる。ひきつぎをうけた頭人は自分の部落に新らしいお枡小屋を造り、種籾三升をお枡に入れて奉斎する。第一集団から第七集団まで順次に毎年この神事をおこなうので、七年に一回お枡は廻ります。仮殿の用材は、村々の明神林、或は近津山から伐りだしました。昭和四十八年第一下宮のお枡は、頭人菊池家の裏山の、高さ一・八メートル、間口奥行一メートルのお枡小屋に菰に包んで安置されました。

下の宮の近津神社では、正月十五日「お筒粥」の神事で早稲、中稲、晩稲、大麦、小麦、大豆、小豆、陸稲、甘藷、蒟蒻、煙草、養蚕、藁、そ菜、十四種の豊凶をうらないます。

「石神土部落の石神」

上の宮のちょっとてまえに石神土部落があります。道筋の金沢家の屋敷に、石棒をご神体とする石神さまが祀られていました。金沢家は代々の庄屋、戸長でして、当主は嘉則氏（父嘉楽、祖父嘉吉）、氏子は、本家分家の三戸でしたが、現在は九戸、九月一日（旧）にお祭りをします。

「木造の祠が腐朽したので、ご覧のように石造にしました。びっくりしたことに、表土から六〇センチほどのご神体が、動かそうとしてもびくともしません。しかたないので、そのまま囲りから石材を積みあげました。石棒の石質はこのあたりのものではなく、久慈川河口、東海村石神の石神神社のものと同じと聞いてます。」

嘉則さんはまた木彫立像の大黒さんを拝見させてくれました。八溝嶺神社の神像で、盗難焼失を避けるため代々金沢家に安置しているとのことです。金沢家の後背には「槇野地」という広大な猪の猟場が見渡せました。

磐城国（福島県）

近津之宮　都々古別神社

式内社一之宮　東白川郡棚倉町八槻（東白川郡近津村）

祭神　味耜高彦根命

棚倉町馬場には、式内社の近津宮都々古別神社もあり、西白河郡表郷村には都々古和気神社、都々古山神社、都々古別神社と旧村社の近津明神をかぞえます。石川郡石川町には旧郷社の石都々古和気神社、同郡玉川村に石都々古別神社、旧村社或は無格社の近津神社は東白河郡、西白河郡、石川郡の各地に無数散在します。

稲籾を藁苞に納めて神前に供え、神意をうけて種子を頒布した農耕儀礼は、かつて陸奥国に属した久白保内郷の、「お桝小屋神事」に生きつづけます。「ツツコ」は苞の種子を指したのでしょう。

八溝山系、久慈川水系は原始狩猟、漁撈の宝庫でした。東南アジアからのびた照葉樹林地帯の東限、舌端です。八溝山霊を仰ぐ古民族、神人は東国の果てに古代信仰の種子を播きました。農耕の黎明期を開拓してくれました。

久次良神社と二荒神

もいちど、宇都宮、日光に戻ります。承和三年（八三六）、『続日本後紀』に、「奉授下野国従五位上勲四等二荒神正五位下」と、はじめて「二荒神」の神名が文献にあらわれます。

承和八年（八四一）　正五位上　『続日本後紀』
嘉祥元年（八四八）　従四位上　〃
天安元年（八五七）　封戸一烟　『文徳実録』
貞観元年（八五九）　正三位　『三代実録』
〃　二年（八六〇）　置神主　〃
〃　七年（八六五）　従二位　〃
〃十一年（八六九）　正二位　〃

貞観二年の二荒神社始置神主で「二荒神社」が現われ、『延喜式』神名帳に河内郡一座大・二荒山神社名神大、と「二荒山神社」になりますが、『延喜式』以後、「二荒山神社」の名は消え「二荒山」は日光山関係文書に移ります。

「二荒山」は日光山とされ、宇都宮は「宇都宮大明神」と呼び、明治に至って宇都宮、日

二荒山神社

光とも「下野一之宮・二荒山神社」を呼称してたがいにゆずりません。

沙門勝道の入山後、日光の山霊信仰は動揺しました。天応二年（七八二）勝道が日光主峰の初登頂をはたしたあと、空海或はその門徒は東国布教の中心、補陀洛信仰を高揚する適地として日光に進出します。やがて天台密教が競合し、平安末期には、権現信仰は女神の栖む連山の主峰、「黒髪山」を「男体山」に変身させました。熊野修験の導入は「日光三社大権現」の信仰体系を確立したかのようにみうけるのです。

鎌倉幕府は、新興の豪族たちが守護神として庇護する寺社の縁起にまで神経をつかいます。御家人の統制はきびしく、宇都宮氏の宇都宮大明神は『延喜式』記載のころまでの光彩をうしないます。それに反して日光山の神威は高まります。頼朝の外戚が日光山座主に推され、三昧田を寄進されるなどの厚遇を好機に、日光は三社権現の態勢を整備します。『二荒山鉢石星宮御鎮座伝記』（一一九〇）により、大己貴命のほか、三神をかなり強引に祭神として主張します。どちらかといえば宇都宮大明神にふさわしい祭神が日光に祀られてしまったのは、宇都宮氏の無力のせいでしょう。宇都宮大明神の祭神はうろうろ落着きませんでした。

宇都宮に土着した「二荒神」の祭祀者はどこからきたのでしょうか。千鹿頭神——諏訪神と短絡しきれない、北方狩猟民のながれをくむ「小野猿麻呂」伝説も無視できないようにおもいます。

大滝晴子氏は宴曲「宇都宮叢祠霊瑞」を解説し、猿麿は小野の神として祀られ、その所在は徳次郎の智賀津神社かと思われるといいます。

日光の久次良神社前に腰をおろし、鳥居下に露出した平らな岩石は魅惑的でした。

久次良は、奥鬼怒の「栗山越」に東北

健御名方神 高志沼河姫命 大己貴命	神祇宝典	一六四六
事代主神	神道集成	一六七六
大己貴命 事代主命 味彦耜根命	一宮巡詣記	一六七八
アナムチノ尊	下野風土記	一六八八
大己貴命 事代主命 健御名方命	式外社神名帳	一八一〇
大物主命 豊城入彦命	下野国誌	一八五〇

宇都宮大明神の祭神（雨宮義人『二荒山神社考』より）

へ通じます。丹勢山の尾根沿いに「男体山」への登攀路があり、南に西に古道をもちます。山頂から発掘された鉄鐸、銅鈴、鉄鈴、鐘鈴などの儀器も憶いうかべます。

さまざまな祭祀の幻にさそわれるのです。久次良を「国樔ら」に当てるおもいつきの愚考は捨てました。いまは、「釧」（クシロ）にかたむいています。

祖父真幸の日記に見る神長家の神事祭祀

守矢早苗

1　ミシャグジの里への回想

冬の間中凍てついていた氷が、少しずつゆるんで、陽の光に溶けた氷の水が、チョロチョロと流れ出し、僅かに黒い土が顔を覗かせる。陽ざしがわずかずつその強さを増し、ふっくらと盛り上がった黒土の表面から、陽炎が立ち昇る頃、いつしか梅林の根雪もすっかり消え、そこここに出たふきのとうの堅く丸い頭が、ミシャグジの里に春の到来を告げてくれる。黒く暖かな土の中に指を入れてふきのとうをまさぐることは何とも言えず楽しい。大事に持ち帰ったふきのとうを祖母がきれいに洗って刻み、味噌に混ぜて小皿に詰め、炭火の上で焼いて、ふきのとう味噌をつくってくれたものだが、あの香ばしい匂いも忘れ難い春の香りである。

永く厳しい冬を過してきた者にとって春は待ちどおしいもの、春の訪れと共に外にとび出して黒土の上を跳ねまわり、梅林を駆けぬけ、一気に古墳の上に登って一本杉にもたれて、くっきりと稜線を見せてそびえ立つ八ヶ岳を真横に、そして眼下に拡がる諏訪盆地を眺めた。暫く古墳の上で遊んでそろそろと下る時、いつもふと足元に、ぽっかりと口をあけている石室に目をとめ、いったいこれは何だったのだろうと不思議だった。物部守屋の子の弟君で後に神長となった武麻呂の墳墓であったとの説もあり、また、石室の規模から見て、この辺りでは、かなり大きな円墳であるということだが、現在では、周囲に土が盛られて田畑になったり永い間に裾の部分が削られて小さなものになってしまった。

セギ（堰）の水がサラサラと音をたてて流れ出すと田の代かきが始まり、苗床が作られる。その頃になると梅林へ昇る石段や祈禱殿の下の石垣にも脱皮したばかりの蛇のぬけ殻が、見つけられた。そして本格的な夏が来ると、屋敷内のあちこちでよく蛇に出会った。蛇ぎらいの私は、それが恐しくて、出会う度に足がすくんで前に進むこともできず、そのまま踵を返して跳んで戻り、家人に息せき切って報告した。それを聞いて、ある日祖父は縁側に腰かけ、庭の泉水を眺めながら蛇の話をしてくれた。「うちの蛇は、まむしなどとちがって屋敷蛇だから、ちっとも恐しくなんかない。昔はもっとたくさんいてね、年一回は群れをなしてこの泉水を渡っていったものだ。鎌首をもたげてこちらの松の根元から、滝のあるあちらの岸へ次から次へとね。それを見た年は縁起がいいという証だ」というような内容だったように思う。これを聞いて何となくほっと安堵の胸をなでおろしたものだった。

実りの秋の例祭は、皇霊祭である。皇霊祭は、春と秋の二回であるが、何故か私には、秋の印象の方が強い。皇霊祭の前日には、必ず祈禱殿の拭き掃除をし、仕上げは祖母が隅々までピカピカに磨き上げる。そこに御台を据え三方を載せ、供物をした後、祖父母の後に座って、見よう見真似で礼拝をした。この日、祖父は、起床と同時に外へ出て四方拝をしたが、そのポンポンと心地よく響く拍手の音はいまだに耳の底に残っている。祈禱殿での礼拝を済ますと、今度は、梅林より一段上に祭られている「オミシャグジさま」に供物を運んだ。「オミシャグジさま」は真中に大きな社があり、その脇と少し離れた玉垣の中に合計四つの小さな社があった。これら全てに礼拝をし、拍手を打った。後にこの大きな社の「オミシャグジさま」が、御頭御左口神総社であること、そして「祖霊を祭る」とは、このことであることなど知ったのだが、何もわからぬその当時も、この「オミシャグジさま」をことの外、大切にしていることが祖父の丸くなった背中に感じられた。

十月に入ると「オミシャグジさま」の傍らにある大きな栗の木に実がなり、風に吹かれてはボトボトと落ちる。びくを持っていっては、栗拾いをした。時には、「オミシャグジさま」のすぐ後の梶の木の根元にまでいがが落ちることがある。太い梶の木は既に老木で幹は長々と横に伸び、それを材木で支えて僅かにその生命を保っている。湛えの木であろうと思われるこの梶の老木は、「オミシャグジさま」と共に長い年月をこの地に過ごし、世の中の移りゆくさまを眺めてきたに相異ない。

栗拾いが終わると間もなく木枯らしが吹き足早に冬が訪れる。そして晦日、正月と祖父はにわかに多忙になり、きょうは前宮へ、明日は「相本さま」へと衣冠束帯の装束をつけて玄関を出ていくのを見送った。紫袴に烏帽子を冠った姿は、近より難い威厳をもっていた。

2　神々の呼び声

祖父は、周囲の誰からも慕われる全く温厚な人柄であった。その祖父は、人々に惜しまれながら、静かに八十三歳で世を去った。遺言に七十八代を私に継ぐとあった。祖父の後を追うようにして日頃祖父が可愛がっていた泉水の主ともいえる大鯉が死んでいった。主を失なった寂しさをこの大鯉は感じとったのかもしれない。

こうして、とも角も定めに従った私であったが、情ないことにいざとなると祖父に代わってやれることは一つとしてなかった。そして、七十八代という枠に縛られずに自由に生きたいと思った。以後、学生時代に引き続いて信州を離れ、教員生活に入った。しかし、その後、見えない糸にたぐられるようにある人々に出会ったことで再びミシャグジの里に目を向ける機会が訪れた。

まず、そのきっかけは、長く「御左口神」の研究にとり組んでこられ、まるで生き字引のように祖先の古い話などを知っておられる今井野菊さんに出会ったことである。はじめの頃は、生前の祖父母をよく知っておられ、その死後も常に私の家の行く末を案じてくださる親しみ深く優しい方という印象でお話を聞いていたが、次第にこの方の持っている気魄にただならぬものを感じはじめた。それは口には決して出されないけれど、何も知らずに七十八代を継いでしまった私に、知る限りのことを伝えようという気魄であることに気づき、今井野菊さんという人物とこの方の語る話に強く魅きつけられていった。そんなある日のこと「あなたもこの家をしょって大変ねえ。でもあんまりそのことを負担にお思いになることはないわ。少しずつ自分の目と足でお確かめになればいいことだもの。この間、東京の若い人達が来てねえ。諏訪のことを勉強したいからっていうのよ」とふともらされたことがあった。

東京で若い研究グループ古部族研究会の人達にあったのは、それから間もなくのことであった。初めの印象で、すぐにこの人達が単に表層的な歴史研究者の集まりでないことがわかった。それぞれが豊かな個性を持ちながら自己との関わりの中で諏訪に目を向け、全身で諏訪研究にぶつかっていこうとする並々ならぬ熱気がビンビンと感じられ、強烈な刺激を受けた。それまで家のことには背を向けてふりかえることすらしなかった私だったが、まるで夢から醒めたような感じだった。そして喜んでこの方々の仲間に入れて頂くことにした。

こうして殆んど運命的ともいえる出会いによって知り得た古部族研究会の人達が語る古代史の世界は、時代を超えて、現代に生きる者に語りかけてくる不思議な魅力を持っていた。そして気がついてみると私も知らず知らずのうちに古代史の魅力にひきこまれていった。

それからちょうど一年後、古部族研究会の人達と茅野へ行き、今井さんの案内で守屋山へ登った。山頂へ着いてから今井さんにこの山についての話を聞きながらふと足下の祠を見ると、祭られたばかりの榊の枝と御神酒が供えられていた。洩矢の神が、この山頂の磐座に端座して祈禱をしたという古代信仰が、今に伝えられ人々に守られてきていることを目のあたりにして新たな感動を覚えた。

次に高部部落の村有林の中にある磯並社、小袋石《おふくろいし》（別名「舟つなぎ石」とも）などを探しもとめて、ごつごつとした石だらけの山道を登った。以前確かにこの辺にあったと今井さんが指さすあたりはすっかり草に覆われていたが、今井さん自ら先頭を切ってその中に入って行かれた。丈なす叢の中に踏み込むと、足もとが悪く用心して進まないと横たわる木の根や湿地に足をとられそうになる。しかし、今井さんは、そんなことは頓着なしにどんどん進んでいく。暫くして前方で「あゝ、あった〳〵」という声が聞こえてきた。行ってみると何と驚いたことに、どこから運んできたのか大きな岩が突然眼の前に現われたのである。この形のいい岩の出現もさることながら、高齢の今井さんが、この山道をまるで物に憑かれたように荒い息一つせずすい〳〵と歩く姿に目をみはった。長い間諏訪の研究に駆りたてたものはこの情熱と執念だったのではないかと思う。

磯並社や小袋石の反対側、下馬沢川の側に、すぐそれとは分からない程小さな自然石の碑が数個並んでいる苔むした墓があった。神長家では物忌み令により御柱年の寅・申年の死者は本廟に葬らず山中の別廟に葬られたというが、これがその別廟、「夏直路の墓」であるとのことだ。この小さな自然石の一つに「惟寶」とあるのがかすかに読めた。初めて立ったこの夏直路の墓石の前で、私は遠く祖先の神々の呼び声を聞いたような気がする。今井さんのおっしゃる「土に聞きなさい」とは、このことだったのではないかとこのとき思いあたった。

3　失なわれたものを求めて

古代からの祖先の営みを自然の山ふところに感じとってこれたことは、大きな収穫であった。今までつかみどころのない家の重みに悩まされつづけてきたが、こうして実際に土に聞き、人間の原点を古代諏訪に求めるという視点に立つことにより、ごく素直にそれを受けとめ再認識することができるようになった。そして、祖先を知れば知るほど、失なわれ、消滅してしまったものがいかに大きかったかがわかり、唇を噛む思いであった。

しかし、嘆くばかりでは失なわれたものが蘇ってくる筈もない。遠い祖先については既に多くの歴史学者達によってその輪郭が明らかにされてきているので、今更ここで私が触れるまでもないが、少なくとも七十七代神長真幸の代まで何が伝えられ行なわれてきたかを知っておくことが、私に課せられた義務ではないかと思った。

幸い祖父は明治三十年代から死に至る迄の間、欠かさず日記を書き続けていた。そこで、ともかくも祖父の代迄続けていた神事祭祀を知る為の手がかりをこの日記に求めた。

ここで祖父の生いたちについて、少し触れておこうと思う。祖父は、先代七十六代神長實久の実弟にあたる。實久には子どもがなく、明治三十三年に五十歳で世を去った後、ただちに当年十八歳の弟真幸が準養子という形で七十七代を継いだ。これが祖父である。

今井さんによれば、神長家では代々一子口伝により家の歴史、祈禱法などが伝授されたという。それは七十六代神長實久迄続いた。そして「一子口伝の法は、北窓一つの昼も暗い祈禱殿に籠って、親から子へ一対一の口碑伝授であって古代から代々祖先の歴史を順を追って暗記させる口伝であり、可レ秘、可レ秘であった」。（今井野菊著『神々の里』）その祈禱殿は明治八年には取りこわされ、更に昭和五年にも改築を行なっているので、現在の祈禱殿に当時の様子を伺い知ることはできない。一子口伝を伝授されないまま、急拠後を継ぐことになった祖父の惑いと無念さは私自身の心境ともオーバーラップして、その当時の日記の行間からひしひしと伝わってきた。しかもその後二年足らずの内に、実父實顕も世を去った。時に祖父若干二十歳である。その時から双肩に神長家を背負っていかなければならなかった。その後間もなく教員を志向し、教育の仕事にたずさわっていく。これは祖父の望みでもあったのであろうが、何よりも一人で祖先を守っていかなければならない当時の経済的事情も見逃すことはできない。しかし、通算にして二十五年間の教員生活の後、再び祖父は諏訪に戻り諏訪神社に奉職することになる。再び祖父を神に仕える道に引き寄せた力とは一体何だったのだろう。それは、やはり祖先の神々の呼び声を、祖父が聞いたからではなかろうか。

いずれにしてもその永い道程を黙々と務め果たしていく足跡が膨大な日記に書き留めら

れているが、ここでは、前にも触れたように神事祭祀に関わる部分のみを抜粋してみていくことにする。

尚、抜粋の方法として、人名は、文脈上最低必要な部分のみを残して可能な限り避けたこと、時代背景の理解の為、ある部分では神事祭祀以外の記述もとり出したことなどを付記しておく。

4　祖父の日記にみる神長家の神事祭祀
――明治三十三年から三十七年――

明治三十三年（祖父十八歳）

七・十三　高寄ノ一番ニテ（午前六時三十分）大屋へ、同十一時着。ソレヨリ人車ニテ和田へ。午後五時着。徒歩シテ峠ヲ越へ午後十二時宅へ着。然ルニ嗚呼悲哉。我ガ親愛ナル兄上ハ已ニ去ル。十二日午前六時身マカリ給ヘト聞キ我胸殆ドサク。

七・十四　本日兄上ノ埋葬ヲ涙ナガラニナシ、後、霊祭ヲ行ヘリ。思ヘバ思ヘバ遺憾ニ絶ヘス。天道果シテ是カ非カ。予ガ将来ニ付キテ方針ヲ親戚ノ方々ニテ定メラル。

七・十五　本日ハ亦涙ナカラニ墓参ヲナス。

七・十六　残務取リ片付ノ為メ人々来ル。守矢氏遺言決定宣告請申ノ為メ被判所へ出頭、午後帰ル。

七・十七　蟇目講社世話人ニ以後拡張セラレン事ヲトテ葉書ヲ出ス。午後家督相続ノ件ニツキ協議ス。本日中学校へ転校届ヲ差出ス。

七・十八　午前宮川役場ニ出頭、届物等ヲナシ午後養子縁組届、家督相続届、名儀訂正願ヲ使ヲ以テ差出シ受理セラル

八・三十一　先ヅ本日ハ五十日ノ喪ハ開ケタリ。家中清メヲナス。御霊遷ヲ予ナス。種々忙ハシナリキ

九・十三　本日ハ　昨夜蟇目ノ祈禱ノ疲レニテ一日休業セリ。

九・二十三　本日ハ秋季皇霊祭ナルヲ以テ即チ例ニヨリテ　矢島（神宮寺）ト往来セリ。

十二・十八　此ノ夜蟇目御祈禱アリキ

十二・十九　本日ハ在宅。種々用事アリテ忙ハシナリキ。祈禱ヲナス。

十二・二十　祈禱アリキ

十二・二十二　冬至ナリキ。高尾大神ノ祭典ナリキ。

十二・二十三　宮美大神ノ祭典ナリキ。御守リコシラヘヲナス。

十二・二十八　昨日ノ予定ニテハ小林ト共ニ橋原洩矢大神ニ参拝スルナレドモ奥歯ノ辺頻リニ痛ミ為メニ悪寒ヲ感ジ逐ニ至ル事ヲ見合セ人ヲ走ラセ此ノ旨ヲ小林ニ通ジ彼ノミ行クハズ。

※この年、七十六代神長實久を失ない、七十七代神長真幸の代に移ったが、口伝を伝授された實久の先代實顕がまだ存命であったこともあり、日記に見る限りでは、最も古い形態での祭祀が行なわれていたと思われる。

明治三十四年（**祖父十九歳**）

一・三　例ノ如ク元始祭ヲ行フ。

一・五　厄難除ノ御守ヲ甲州小尾方ニ向ケテ小包ヲ以テ出ス。雨或ハ止ミ或ハ降ル。

一・十　講社用ノ御札ヲ百十枚程認ム

一・十一　御蔵開キノ日ナリシニアリ例ノ如ク甲冑ヲ飾ル

二・九　初午ト云フ日ナリ。例ニヨリテ祭典ヲナス。

三・十七　講社ニ関シテノ事務ヲトル

三・二十一　祖先ノ祭リヲナス

四・一　講社ノ札ノ用意ヲ怠リナシ
四・十　講社ノ準備怠リナシ
四・十一　祈禱始メノ日ナリキ。小林ヲ雇ヒテ諸殿ノ飾リ付ケ萬端ヲナス。多忙。
四・十三　名取、武藤、小坂、五味、立木亦数名ノ列席ヲ以テ、大蟇目御祈禱ヲナス。参詣人二百人程ナリキ。
四・十四　札渡シニテ最ト多忙ヲ極ム
四・十五　本日ハ札受取リニ来ル人（世話人）来宅。饗応等　最ト多忙ヲ極メキ。
四・十六　本日ハ諸所ノ片附ケヲナス。手伝ノモノモ散ズ
四・二十一　講社残務多忙。在宅。札コシラヘヲナス。

※ここで見られるように、蟇目講社ができていたこと、その準備に三月中旬よりとりかかっていること、世話人の働きが大であったこと、参詣人の数などから当時の蟇目祈禱の規模がわかる。また、蟇目祈禱は、一年中、人々の依頼があった時にその都度行なわれていたが、四月中旬に五日間に亘って行なわれた祈禱は大蟇目と呼ばれ、最大のものであった。

明治三十五年（祖父二十歳）

（蟇目祈禱に関する記述は、昨年とほぼ同様である為、省略した）

三・十五　御射宮神の祭典なり

五・十二　祖父上本日御容体俄に相変り家人皆心地一方ならず、午後十時といふに逐にあへなくなり給ひぬ。悲しみのあまり殆んどなすところを知らず

五・十三　祖父上の葬儀準備を泣く々々なす。諸々へ報告をなし、諸々より親戚其他諸人見舞に来る。

五・十四　明日の葬儀と定む。

五・十五　午後一時葬儀をなす。引続き霊祭を行ふ。混雑甚し

十・十九　本日ハ、屋敷地内の小宮をなす。

一、神明大神の御遷屋

一、五社御柱を立つ

一、小尾殿を手伝ながら招き御務めをなす

一、備物ハ洗米、神酒、魚、塩等なり

※この年の主なでき事として實顕の死があった。明治三十三年に實久が亡くなったが、それから二年にも満たないうちに實顕も亡くなったのである。これで一子口伝を伝授された

者は、この世から氷遠に姿を消すことになったわけで、祖父の悲しみも察するに余りある。

ところで、この年は偶々、御柱の当年であった。御柱年の死者は、古来、物忌み令により別廟へ葬られることになっていたというが、この習慣は、宝暦八年神長惟賓を以て途絶え以後、本廟へ埋葬されている。従って實顕についても同様に本廟へ埋葬された。ここで想起されるのは別廟、「夏直路の墓」の存在である。御柱年に死者を出したこの年でさえ、別廟に関する記述は皆無であることから推察するに、既に別廟の存在は、忘れられてしまっていたものと思われる。

世の移りゆく様を、人々に忘れられていった別廟「夏直路の墓」に見たような気がする。この年の最終頁が、次のような言葉で閉じられていることは感慨深い。

「明治卅五年も今や時に暮れなんとする。何ぞ日月の速かなるや。何ぞ日月の酷なるや。遅々として学業の進まざる我を見捨てて過ぐることの速なるよ。然れども日月を怨む能はず。唯己れの心、己を責むるあるのみ」と。

十月十九日は、小宮祭りについての記述である。「信濃国では、お諏訪さまの御柱が執り行なわれたその年の秋、各部落のお諏訪さまや、お子神を祭る産土神の御柱の曳き建てまつりを行います。また氏族の氏神（祝神）さまに御柱を曳きたてます。この御柱を通称『小宮祭り』と呼びます。」（『神々の里』今井野菊著）とあり、この例にならって、御頭御左口神総社とその脇にある三社、玉垣の中の一社、あわせて五社に御柱を曳き立てている。

明治三十七年（祖父二十二歳）

（時はまさに日露戦争勃発の年である。戦争をとおして神長家が微妙にそれを反映して移り変わりを見せる年でもある。）

一・二　新聞紙上にて我が国にては此度、南米アルゼンチンより新軍艦二艘購入、月進、春日と命名。

一・三　元始祭の御まつり仕へまつる

一・十一　依頼せられたる真志野中沢の家内安全祈禱及び本郷村乙事区の火災除祈禱（蟇目）をもなす。神札ごしらへをなす

一・十二　此の夜、祈禱をなす

一・十三　蟇目祈禱をなす

一・二十六　新聞は色々な時局問題につき解釈を試みつヽあり

一・二十八　時局、或は迫まり、或は緩慢其定まるところを知らず。

二・四　時局問題、いよいよ切迫

二・五　天下の形勢不穏

二・六　開戦（日露）近きにあらむ
二・八　新聞の報ずるところによれば宣戦の詔勅明日下るべしといふ。
二・九　宣戦の詔勅は延引
二・十　昨日仁川港に於ては日露開戦。軍艦（露の）二隻を沈め我軍大勝利
二・十一　露艦十一隻撃沈、八隻捕獲の報あり。
二・十二　昨日の十一隻云々は浮説の由報あり。然れども我軍の良好は信ずるものあり。
二・十三　戦闘の声かまびすし
二・十四　家内の人数少なき上に少なくなりぬ
二・十五　新聞は色々報ずれども信ずべきものと信ずべからざるものとあり。
二・十七　勅使本日神宮寺の上社へ年詣されある。（日露戦争につき全勝を祈るためならん）
神明宮の祭典なり（甘酒をさゝぐ）
二・十八　又々旅順港内に於ける露の艦隊を二隻ばかり水雷にて撃沈す。
二・二十二　神札をこしらゆ
二・二十六　神札をこしらゆ。旅順港に閉塞の計画を実行し人心大に奮ふ。
二・二十九　晏誠君に依頼して晦日の祭典を行ふ。平壌附近にて日露陸軍の衝突ありし旨号外あり。

三・一　一日の祭典をなす。
三・二十一　春季皇霊祭なるを以て矢島と往来す。
三・二十八　講社の神札をかく。本日より土橋来宅神札をはる。
三・三十　神札をかく
三・三十一　晦日の祭典をなす。甲子の祭もなす。祈禱をもなす。
四・四　神札をかく
四・五　神札をかく
四・八　祭典の準備をなす
四・十　色々祭典につきて準備す
四・十一　本日より講中蟇目御祈禱始めなるを以て土橋手伝はせて執行
四・十二　講中祈禱をなす
四・十三　本日が結願にて夜の十一時頃より始む　参詣人頗る多し
四・十四　神札を渡す
四・十五　神礼を渡し饗応をなす。其雑沓名状すべからず
四・三十　晦日の祭典をなす
五・一　一日の祭典をなす

五・二　塚原の大塚神社の祭典に列す
五・四　戦争は目下たけなわなり
五・二十二　日露戦争捷報交ニ至る
五・三十一　晦日の祭典をなす
六・三十一　晦日の祭典をなす
七・十一　明日の霊祭の準備をなす
七・十二　本日は實延五十年祭、實久五年祭をなす。列席者は小尾、矢島、祭主は茅野
七・十四　蟇目祈禱を依頼されて執行す
七・十五　祈禱をなす
七・十六　神札をこしらへ祈禱結願をなす
七・三十一　晦日の祭典をなす
八・一　一日の御まつりつかへまつる

※神長實久、實顕を相次いで失なった神長家においては、この硝煙のきなくさい臭いの立ち込めるこの年から徐々に衰退の一途を辿っていく。それは、二・十四の「家内の人数、少なき上に少なくなりぬ」のことばに如実に表われている。ふと書き留めた感慨であろう

が、この言葉の中に、不安と寂しさの交錯した複雑な想いが伝わってくるようで万感胸に迫まるものがある。

この年の蟇目祈禱には「参詣人頗る多し」とある。戦争最中の人々が家内安全、災難厄除の蟇目祈禱に願をかけようという気持の反映とも考えられる。

そこまでは、一子口伝によって、古くからとりおこなわれてきた神事祭祀を垣間見ることができた。しかし、明治四十一年以後、松本の郁文中。大町中への転勤により、もはや、古い形態で神事祭祀を続けることは事実上困難となり、止むを得ず簡略化されることとなる。更に明治四十四年に長野市の長野高等女学校へ赴任以後は、蟇目祈禱をはじめ、諸々の屋敷内での神事祭祀も営むこと不可能となり途絶えてしまう。

大正年代は、教師として教育に打込むが、丁度年号の変わる大正十五年に過去の教員生活を払拭し、諏訪へ回帰することを勇断決意し、昭和元年より諏訪神社へ奉職となる。

以後、日記の内容は、明治期とは一変して諏訪神社に関する神事祭祀の記述が大半を占めることとなる。

5　祖父の日記に見る諏訪神社の神事祭祀

――大正十五年から昭和三年――

大正十五年（昭和元年　祖父四十四歳）

（祖父、諏訪神社奉職一年めの記録である。時に御柱年に当たり、その賑わいの様子も伺がわれる）

四・十五　酉ノ祭、即チ諏訪神社上社ノ例祭ナルヲ以テ早朝上社ニ出勤シテ用意ヲナス。午前十時例祭執行。午後前宮ノ祭典執行

四・二十九　本日ハ下社勤務、御柱準備ニ忙ハシ。

五・一　本日ヨリ上社御柱祭ニテ上社勤務。

五・二　上社勤務。天気ヨキ為、非常に雑沓ス。

五・三　上社勤務。御柱ヤウヤク石階段迄着。

五・四　本日ヤウヤク御柱ヲ立ツ。

五・六　下社御柱準備多忙。

五・七　本日御柱祭。生憎ノ雨ニテ淋シ。

五・八　雨晴レテ本日ハ快晴。朝来、非常ノ多忙。参詣客境内ニ満ツ。

五・九　未ダ御柱ヲ立ツルニ至ラズ。境内ニ曳キ来リシノミ。
五・十　今朝ヨリ御柱ヲ建ツ。諏訪家ニテ歌会開催出席ス（宮司代理）
五・十三　川岸村橋原洩矢神社御柱祭及ビ例祭執行、招待受ケテ参拝ス。
五・十五　上社例祭（月次祭）
五・二十一　本日ハ上社宝殿上棟祭執行ニツキ皆上社へ行ク。
五・二十三　「薙鎌」ノ原稿ヲ書ク。
六・一　下社月次祭
六・十三　下社勤務（秋宮ニテ歌会アリ）
六・十五　本日上社宝殿遷座祭ナルヲ以テ職員一同祭事ニ出張
六・三十　御作田祭リ及ビ大祓式挙行、雨降リニテ残念ナリキ。
七・一　下社月次祭
七・十五　上社月次祭
七・三十一　明日ノ御舟ノ前夜祭ニテ賑ハシ、準備ニ忙ハシ。
八・一　遷座祭執行。行列ニテ春宮へ御迎ヒノ儀盛大ニ行ハル。御舟ハ曳出シタルモ大門ノ處ニテ中止、明日曳キツルコト、ナル。演戯大会アリ、町中賑ハシ。
八・二　二ノ祭執行。

八・六　東伏見宮邦英王殿下午後上・下両社御参拝アラセラル。
八・十一　御射山社前ノ大木焼失ノ報アリ。ヨリテ白井今井ノ両氏ト予ト三人及ビ小使引連レ消止ムベク登山ス。
八・二十六　下社勤務。本・明両日御射山祭。今夕宵祭ニテ賑ハシ。神楽殿（秋宮）ニ於テ奉納薩摩琵琶会アリ。
八・二十七　御射山本祭。秋宮境内ニ奉納相撲アリテ大ニ賑ハフ。
※この歳の八月三十日を以て、祖父は一時期諏訪神社を辞し、自宅に戻り、倉の古文書等の整理に精を出すことになる。
九・二十四　本日午後一時ヨリ霊祭執行墓参。
十・三　相本神社御柱祭
十・十六　当区藤森ヨリ仝氏ノ氏神御柱立祭ヲ依頼サレ正午執行
十・二十九　御射宮神境内ノ掃除ヲナシ御柱立ヲナス。
十・三十一　屋敷内の神社ノ御柱建祭ヲナシ且ツ秋祭ヲモナス。
十一・二　守屋山ニ登リ守屋神社へ参拝。

十一・十九　矢ケ崎御座石神社へ参拝
十二・三十一　諒闇ノ大晦日何トナク淋シ。

※この年の八月三十日を以て一旦諏訪神社への勤めを辞めたいきさつなどは定かではないが、九月下旬に祖先（祖母・母・實顕・實久等）の霊祭を盛大に行なっていること、十月には、山梨県で開かれた神社祭式講習の見学に出掛けていること、更にその際、「小尾駿氏宅ヲ訪問シテ祭式其他ニツキ教示ヲ受」けて来ていること、「教育会ヨリ依頼サレタル諏訪郡史資料ヲ調査清書」していること、その他倉の文書類の整理を行なっていること等から推察して、祖父なりに神長家に於ける自身の存在を静かに見つめなおし、今後自分が辿ろうと決断した生き方への心の準備をする為に、何ものにも捉われない立場に身を置くことこそ最良の方法であると考えたのではないかと思う。そして間もなく再び祖父は諏訪神社へ奉職する。

昭和三年（祖父四十六歳）

一・一　午前四時下社秋宮ニ於テ歳旦祭挙行
一・三　午前上社ニ於テ、午後下社ニ於テ元始祭執行。上社下社トモニ祭典奉仕。

一・十五　午前五時筒粥神事執行（於春宮）　午前中上社ニ於テ田遊神事、月次祭、祈請祭執行シ、ツキ上社ニ出社奉仕。午後下社秋宮ニ於テ新年祈請祭執行奉仕

一・十七　宮中へ真綿献上（縮緬モ共ニ）ノ儀ニツキ依頼ノタメ伊藤中洲村長ト共ニ上京（夜行ニテ）

一・二十一　午前、上社ニテ皇宝隆盛祈願祭執行。午後下社秋宮ニ於テ同様執行並ニ帰郷兵奉先祭執行。右奉仕ス

一・二十六　明治神宮参拝。宮内省ニ出頭シテ真綿、縮緬ヲ献上、内務省ニテ神社局長吉田茂氏ニ面会、久邇宮邸ニ伺候シテ真綿ヲ献上、東伏見宮邸ニモ同様奉献。

二・一　午後一時ヨリ遷座祭執行奉仕ス。

二・四　午后七時ヨリ縁日講節分祭執行。其後、年男ニヨリテ豆撒祭神事ヲ行ハル。非常ノ雑沓ヲ見ル。

二・十一　午前中上社ニ於テ紀元節祭執行。午後二時ヨリ下社春宮ニ於テ同様執行。下社奉仕。

二・十七　午前上社ニ於テ祈年祭執行ニツキ上社出社祭典奉仕ス

二・十八　午前十時下社春宮ニ於テ祈年祭執行。奉仕ス。

二・二十八　上社前宮ニ於テ野出神事執行ニツキ上社へ出社祭典ヲ奉仕ス。御頭郷平野村

代表六十有余名参列。
三・一　午前十時月次祭奉仕
三・十　久保内親王殿下薨去奉告祭ヲ春宮ニ挙行
三・十四　内御玉、外御玉戸社ノ例祭日ナルヲ以テ祭典執行奉仕。
四・一　春宮ニ於テ月次祭執行右奉仕ス。
四・八　湖南村真志野鎮座蓼宮並ニ豊田村有賀鎮座千鹿頭神社ノ例祭ニツキ宮司参向、予モ亦共ニ参拝ス。
四・十五　上社例祭ニツキ上社へ出社奉仕ス。例祭(午前)午后ハ御頭祭(前宮ニテ)内御玉殿、若御子社祭典執行。本社ニ於テ帰白祭ヲ行ヒテ夜帰社ス。天気晴朗ニシテ神輿渡御行列等頗ル都合ヨカリキ。
四・十六　一ノ祭、献詠祭ヲ上社ニ執行。上社へ出社奉仕ス。歌会アリ、當座題「社頭花」
神葉の中にましりて神頂に
手向のぬさと　桜ばな咲く
右互選ノ結果天トナル。
四・二十五　宮坂氏ノ持田ヲ今秋(十一月十四日)ニ行ハレル大嘗祭献穀ヲ作ルベク齋田ト定メシニツキ今日其修祓式挙行。

四・二十六　青塚社例祭ニツキ松岡出仕ト共ニ奉仕ス。
五・一　月次祭挙行
五・二　八十八夜太々神楽執行
五・十　上・下両社ニ於テ南支出動将軍安全祈願祭ヲ行フ
五・二十五　南米ブラジルへ諏訪神社分社新設ヲ企図シ其視察ヲ神道評論主幹ニ依嘱シ、其奉告祭ヲ春宮ニ行フ。
五・二十七　宮司及ビ戸隠神社宮司トハ今晩満洲守備トシテ柳樹也ニ駐在セル松本五十連隊ヲ慰問ノ目的ニテ渡満ノ途ニツク。
五・三十　松本五十連隊ヨリ満洲守備隊トシテ柳樹也ニ駐在シ濱南事件ニ際シテ戦死シタル小林少佐外十数名ノ遺骨到着ニツキ松本留守隊ニテ告別式挙行シ宮司代理トシテ式ニ参列ス。非常ナル盛況ヲ呈ス。
六・一　月並祭春宮ニテ執行。
六・十　今秋行ハル、大嘗祭献穀齋田ノ御田植祭執行、早乙女十一名
六・十五　上社富田田植祭ニツキ奉仕ス。前宮ノ方ノ富田ニモ田植祭ヲ行フ。
六・三十　御作田社浮島社例祭執行。続テ浮島社前ニ於テ大祓ヲ行フ。
七・一　春宮ニ於テ月次祭執行。

七・三十一　明一日遷座祭ニツキ諸準備ニ忙ハシ。午後四時ヨリ春宮ニ於テタ祭執行。
八・一　午後一時、秋宮ヨリ行列ヲ整ヘ春宮ニ到リ大神ヲ迎ヘ奉リ、再ビ秋宮行列ヲ整ヘテ選座シ奉リテ遷座祭ヲ終リ、更ニ続イテ例祭執行非常ナル盛況ヲ見ル。
八・二　午前十時ヨリ二ノ祭執行
八・十五　出早雄社臨時祭執行ノ件依頼ヲ受ケ予一人出張執行。下社附属専女社八幡社例祭執行。縁日講奉納ノ神楽アリ（秋宮神楽殿ニ於テ）
八・二十五　御射山例祭準備ニ忙ハシ。
八・二十六　下社御射山祭奉仕ノタメ白井主典、北沢出仕ト共ニ登山諸準備ヲ整フ。参拝者引キモ切ラズ、盛況ヲ呈ス。（穂屋ニ籠ル）
八・二十七　午前六時御射山社例祭執行。正午迄ニテ切上ゲ午後三時下山帰社ス。秋宮ニ於テハ相撲神事アリ。午後ヨリ相撲ヲ始メテ午後六時ニ終ル。盛況ヲ見ル。
八・二十八　本日御射山社二ノ祭ニハ立中主典、松岡出仕奉仕ノタメ登山。
九・一　月次祭奉仕。
九・二十三　秋季皇霊祭ニツキ遥拝式挙行。
九・二十七　元御射山祭典執行ノ為メ宮司、主典、出仕登山（駿馬ニテ）
十・一　月次祭執行。奉仕

十・十　長地村東町区鎮座神明社ノ例祭執行ノタメ同地出張

十・十七　神嘗祭遥拝式挙行。塚原大年社例祭ニツキ同地へ出張奉仕ス

十・二十　川岸村橋原区鎮座守矢家遠祖洩矢神社例祭ヲ午前九時執行ノ旨通知アリシヲ以テ参拝ス。下社祓穂式挙行。

十一・一　月次祭奉仕。

十一・十四　午前十時上社、午后二時下社ニ於テ大嘗祭執行。勅使トシテ長野県内務部長田中氏外随員二名参向。両者トモ予ハ奉仕ヲナス。明十五日ノ祭典準備ニ殆ド忙殺サル。

十一・十五　午後一時七五三祈禱祭執行。非常ノ賑ヒヲ呈シ、ガ生憎ノ雨天ニテ遺憾ナリキ。午后八時半御作田社ノ御遷座祭執行。

十一・二十三　上社ニ於テ御大礼奉祝神楽執行ニツキ宮司、出仕ト予ハ三人下社ヨリ出張奉仕。

十二・一　月次祭執行。右奉仕ス。

十二・二十五　大正天皇遙拝式挙行。

十二・三十一　上社手伝ノ為メ午後ヨリ出社。二年詣ノ人々ニテ夜中中賑フ。然レドモ雪降リ出シタル為メ平年ノ三分ノ一位ナリ。大祓、除夜祭執行。

※昭和九年の大晦日の記録には、右と同様の神事の他に、「永明村上原鎮座葛井神社祭ニ参向ス（夜中ノ祭典如例）」とあるので追補しておく。

6　終戦と諏訪神社の神事祭祀

――昭和二十年――

（相変らず諏訪神社に伝わる古式ゆかしい神事は続けられていく。しかも、救戦終戦という異常事態を背景に諏訪神社の果たしてきた役割の大であったことが伺われる）

昭和二十年（祖父六十三歳）

一・一　芽出度戦捷新年ヲ迎フ。昨夜ヨリ例ニヨリ徹宵上社勤務。其間永明村上原鎮座葛井神社ニ出向例年ノ如ク幣帛納ノ神事執行。御占ノ結果本年御頭第五部永明村宮川村二ケ村ト決定。

一・三　午前十時上社元始祭、午後二時下社（秋宮）仝上右何レモ奉仕

一・五　午前十時ヨリ本年御頭郷ニ対シ御頭受式執行。両村長並ニ御頭郷総代参列。
一・八　大詔奉戴日
一・十一　午前十時御頭郷ニ対シ御符渡式執行。御頭郷村長参列。
一・十五　午前十時新年祈請祭、月次祭、田遊神事執行。新年祈請祭加入者上社二千五百名。
　午後二時ヨリ下社ニ於テ祈請祭ニ付秋宮ヘ出向奉仕
一・十八　午前十時上社本宮、前宮銅鳥居供出奉告祭執行
一・二十二　午前十時例年ノ如ク皇室御隆昌祈願祭（国産献上奉告）執行。右ニツキ下社ヨリ宮司、主典ハ来社奉仕（午後二時ヨリ下社秋宮ニテ執行）
一・三十一　明一日下社遷座祭ニツキ参籠ノ為下社出向。
二・一　午後一時遷座祭執行。宮司病気ニツキ代理齋主奉仕、
二・三　下社秋宮ニ於テ節分祭執行ニツキ齋主奉仕ノ為下社出向。
二・十　此夜諏訪地方偵察Ｂ29来ル。
二・十一　午前十時上社、午后二時下社春宮ニ於テ紀元節祭執行、
二・十五　午前月次祭執行。関東、京浜地区大空襲アリ。
二・十六　明十七日祈年祭ニツキ本日参籠。禰宜、主典（三名）、出仕（三名）幣帛供進使第一種済部長、随員（二名）

二・十七　午前十時上社祈年祭執行。此日モ亦帝都大空襲アリ。此夜ハ秋宮社務所ニ参籠。
二・十八　午前十時ヨリ下社春宮ニ於テ祈年祭執行
二・二十五　朝来敵米機動部隊ヲ以テ艦載機約六百機、又マリアナ基地ヨリB29機百三十機関東地区ニ来襲無差別爆撃ヲ行ヒ、引イテハ長野地区ニモ来襲、警戒警報、引続イテ空襲警報発セラル。時恰モ降雪霏々タリ。夕刻ニ至リテ何レモ解除トナル。
二・二十七　明日ノ野出神事準備ヲナス。
二・二十八　午後一時野出神事前宮ニ於テ執行。今年御頭郷、氷明村宮川両村ノ御頭郷総代ヲ両村長帯同シテ参列。右終テ本宮ニ帰白祭執行。
三・十　陸軍記念日。今真夜中、東京都ニハB29百二十機バカリ来襲ノ由。
三・十二　昨夜名古屋ニB29大空襲アリシ由。
三・十三　敵弾防火ノ為メ二階天井取外シ方原へ依頼シ置キタルトコロ夕刻下見ニ来ル。
三・十五　午前十時月次祭執行。午後ヨリ中河原鎮座姫宮社今回村社ニ昇格ニツキ其奉告祭並ニ例祭執行。
三・十七　二時半頃ヨリB29約六十機神戸地区来襲。弐時間計ニシテ脱去セリト。相当戦果モアリタル由ラジオ発表アリ。
本年御頭郷、永明、宮川両村御社宮司降祭執行ニツキ下社ヨリ主典出向、上社ヨリハ御頭郷神職トシテ出仕永明村出向、宮川村へハ主典二代リテ出仕参向。

三・十九　十八日未明ヨリ終日九機東南ニ敵機動部隊ニヨル艦上機来襲、其他名古屋地方ニモB29来襲ノ由。零下十度。

下馬社、磯並社、山神社等之社祭典執行。

三・二十一　春季皇霊祭ニツキ午前十時遥拝式執行。祖霊ヲ祭ル。暖カナルヨキ彼岸中日ナリ。

三・二十五　今0時頃ヨリ、又々B29名古屋市空襲百二十機。本日午后ヨリ相本社祈年祭執行。

四・一　下社月次祭ニツキ春宮出向奉仕ス。

四・三　神武天皇祭遥拝式執行。

四・十二　宮司後任トシテ明治神宮権宮司当諏訪神社宮司トシテ任命セラレ本日赴任ノ電話ニ接シ途中出迎ヒトシテ韮崎迄出向同車シテ下諏訪下車秋宮へ入ル。ソレヨリ春宮ニテ就任奉告祭執行。

四・十四　明十五日上社例祭、並ニ御頭祭執行ニ付参籠、潔斎ニ入ル。下社ヨリハ二主典参籠。幣帛供進使、内政部長、随員、祭務官補、属、右何レモ参籠。

四・十五　午前十時例祭執行。右奉仕ス。午後一時御頭祭執行。此日天気清朗人出頗ル多ク社頭雑沓ヲ極ム。
四・十六　二ノ祭献詠祭執行。宮司出県続ヒテ上京ノ為、禰宜齋主奉仕。下社ヨリハ主典出社奉仕。午後歌会（当座題　桜）開催。
四・二十六　門内玄関前へ防空壕ヲ堀リ始ム。
四・二十七　永明村矢ケ崎鎮座御座石神社例祭本日執行ニツキ参向ス（出仕随行）。是ヨリ先大年社、犬射原社祭典執行例年ノ如シ。
四・二十九　午前十時上社、午后二時下社春宮ニ於テ天長節祭執行。
五・一　社頭雑沓ス。
五・二　八十八夜、終日雨。午前十時押立御狩神事執行。
五・六　本日ヨリ御社宮司境内ノ欅伐採ニ着手。其準備且諸資材トシテ仝境内杉、サハラ各一本ヅ、伐採ス。此伐採ハ戦争ニ関スル艦船用材トシテ欅ヲ提供為ニシテ曩ニ修祓式執行セシモノ也。
五・八　枝ヲ下ロシ始メタル欅ノ一枝木小屋ヲ大破ス。
五・十五　午前十時上社月次祭執行。
五・十九　明二十日ヨリ二十六日迄七日間、寇敵撃攘祈願祭執行ノ為、宮司、禰宜、出仕何レモ参籠。（茅野出仕ハ受持神社ニ於テ仝様奉仕ノ為メ当神社ニハ参籠セズ）＝本夜ヨリ二十六日迄参籠続ク。

五・二十　午前五時半寇敵撃攘祈願執行。参列ハ地元部落ヲ七日ニ別チテ参拝セシム。本日ハ神宮寺区民。

此程ヨリ伐採ヲ始メタル大欅、本日午后四時伐リ倒ス。

五・二十一　祈願前日ニ仝ジ。参列本日ハ上金子、中金子両区民。

五・二十二　祈願前日に仝ジ。参列ハ下金子、福島両区民

五・二十五　祈願前日ノ如シ。明二十六日臨時大祭執行ニツキ本日ヨリ幣帛供進使、随員宮司参籠

五・二十六　祈願前日ノ如シ。臨時大祭午前七時執行。右奉仕。午后一時ヨリ下社春宮ニ於テ同様執行ニツキ奉仕ノ為メ下社出向。右ヲ以テ七日間ノ祈願ヲ終リテ帰宅。参龍ヲ解ク。

五・二十八　諏訪郡義勇隊結成式ヲ上社々頭ニ於テ挙行。終テ奉告祭執行。

五・三十　本日ヲ以テ供出ノ欅ノ整理切終了。之レヨリ出シニカヽル。

五・三十一　相本社ニ於テ寇敵撃攘祈願大祭執行。

六・一　社題殷賑雑沓ス。

六・五　防空壕工事本日ヨリ始ム。吉田元軍需大臣正式参拝アリ（今朝上社）

六・十五　午前九時月次祭並齋田々植祭ノ奉告祭ヲ上社本宮ニテ執行、引続キ齋田ニ於テ田植祭執行。防空壕本日ヲ以テ完成
六・二十一　上社ノ室《ムロ》（野菜ヲ囲フベク）ヲ掘リ初ム（高御小屋ノ裏）
六・二十五　去ル二十日沖縄南部ニ最後ノ攻勢ヲトリ牛島満最高指揮官ヲ始メ全員壮烈ナル戦死ヲ逐ゲタル旨発表アリ。
六・二十七　午前十時御狩神事執行
六・三十　午後四時大祓執行。茅ノ輪クグリ如例。
七・四　午前九時四十五分賀陽宮中将殿下同妃殿下並ニ御子方三方上社（本宮・前宮）ご参拝（明日ハ下社御参拝ノ筈）
七・五　賀陽宮殿下、本日ハ下社御参拝
七・六　長野県義勇隊本部事務局長等参拝
七・八　一昨夜甲府空襲ニ遭ヒタル由ニツキ本日清春村役場へ小尾家ノ様子ヲ照会セシトコロ皆無事清春村ニ帰リタル趣ナリ。
七・十　午後二時ヨリ湯花講神楽執行。右奉仕ス。本日ハ殆ド全国ニ亘リテ空襲アリ。但長野地区ハ平穏。
七・十五　午前十時月次祭執行。

七・二十　主典斎藤氏今回応召ニ付送行会開催ノ為メ下社秋宮へ出向。
七・二十五　空襲警報発令（午後十時半）
八・一　午前九時ヨリ下社遷座祭執行引続キ例祭ヲ秋宮ニ執行。昼間ハ警報モナク頗ル盛儀ナリ。夜ニ入リテ空襲警報アリ。
八・二　午前二時ヨリ二ノ祭。献詠会開催。当座題、防空、警報、湖。
八・八　午前九時大詔奉戴日祈願祭執行。
八・十一　一日休暇ヲトリテ白壁ノ偽装ヲナス。夏芋ヲ堀ル。
八・十三　本日ハ長野地区空襲警報四回ホドアリ。
八・十五　午前十時月次祭執行。上社職員全部奉仕如例。
本日正午重大放送アル由ノ予告アリシヲ以テ職員一同ラジオ前ニ拝聴ノトコロ畏クモ天皇陛下御親ラ大詔ヲ御放送遊バサレ即チ萬世ノ為メ太平ヲ開カント思召サレ米英支蘇四国ニ対シ共同宣言ヲ受諾セラレシ趣ノ御宣示アリ。一同叡慮ヲ拝シ恐懼感激ソノ涙倶ニ下ル。
八・二十五　大東亜戦争終結奉告祭執行。明日ヨリ御射山祭開始ニツキ其準備ニ忙ハシ。
此夜、平重門脇ノ粟ノ大木ノ枝打折レテ落下セシモ幸ヒ他ニ損害ナシ。
八・二十六　御射山祭本日ヨリ開始。例ノ如ク御射山神戸ヨリ迎ヒノ者神輿奉舁。出仕、雑色扈従登山。予ハ途中前宮境内ノ溝上、拍手両社祭典執行ノ後坂室ノ酒室社祭典執行ノ上帰社。途中大夕立ニ遭フ。坂室区今井氏息戦死ニツキ弔問。此夜深更御輿ヲ奉シテ御射山登山、出仕扈従。

八・二十七　朝、汽車ニテ青柳ヘ至リ宮司ト会シ御射山神戸八幡社ヘ参拝。ソレヨリ総代区長等ト御射山登山。正午御射山社祭執行如例。此夜御輿ヲ奉シテ出仕帰社。

九・十　午後二時二百十日太々神楽執行

九・十五　午前九時ヨリ戦争終熄奉告祭執行勅使、随員前日記載ノ如シ。月次祭ハ午后主典等奉仕。勅使一行、宮司、禰宜、主典ハ下社奉告祭参列奉仕ノ為秋宮ヘ向フ。

九・二十三　秋季皇霊祭遥拝式執行。午前十時高島神社例祭執行参列。午後一時海華講神楽祈禱祭執行。

祖霊ヲ祭ル。

九・二十八　高部相本社戦争終熄奉告祭執行。

十・一　社頭殷賑

十・八　八束物講神楽執行。

十・十五　午前十時相撲神事、月次祭執行。出早社、茅野川社例祭奉仕。

十・十七　神嘗祭遥拝式執行。茅野駅前大年社祭執行ニツキ午後二時奉仕。

十・十八　今回長地村鎮座郷社出早雄社々司拝命ノコト、ナリ（暫定的）

十・十九　郷社出早雄社ノ例祭午后一時執行。

十・二十　例年ノ如ク洩矢社例祭ニツキ参拝ス。

十一・三　午前十時上社、午后二時下社ニ於テ明治節祭執行

十一・十二　足カケ四年間出征中ノ職員宮坂主典今回復員挨拶ニ来社。

十一・十五　午前十時ヨリ上社ニ於テ月次祭、講社祭、七五三祈禱祭執行。

十一・二十二　明二十三日上社新嘗祭執行ニ付本日ヨリ参籠潔齋ニ入ル。

十一・二十三　午前十時新嘗祭執行。供進使以下前日記載ノ如シ。参列者町村長等二十余名、氏子惣代等人仝右、早乙女六名。天気清朗暖カナル日。夕刻下社秋宮ニ至リ参籠潔齋如前日。

十一・二十四　午前十時下社秋宮ニ於テ新嘗祭執行。

十一・二十六　相本神社新嘗祭。

十一・二十八　午前十時小立座神事執行。右ニツキ下社ヨリ宮司来社奉仕。

十一・二十九　目下軽井澤ニ疎開セラレツ、アル大宮御所皇太后陛下御機嫌奉仕ノ為本日午前四時五十分上諏訪駅ヨリ出発。献上品姫鱒九尾ヲ携帯。

十二・二　上諏訪湯ノ脇鎮座児玉石社例祭ニツキ奉仕ス。

十二・七　長地村出早雄社新嘗祭執行。
十二・八　午前十時鞴講祈願祭執行。
十二・十二　午前九時上社本宮、仝十一時前宮ニ於テ昇格記念祭執行。
十二・十三　午前十時下社秋宮ニ於テ昇格記念祭執行。
十二・十五　午前十時月次祭執行。相本社例祭。
十二・二十五　午前十時大正天皇遥拝式執行。
十二・二十六　本日一日休暇ヲトリテ御佐口社ノ遷座（先般欅供出ノ際一時祈禱殿ヲ仮殿トシテ遷座）本殿祭ヲ行フ。
十二・二十七　午前十時煤払神事本宮宝殿執行。
　進駐軍米国将校一名、通訳一名、警察署員一名、宮川村役場吏員一名、倉検査ニ来ル。何事モナシ。無事通過。
十二・三十一　年越シ諸準備ニ忙ハシ。午后三時大祓引続イテ除夜祭執行。午後十時半、例ニヨリテ永明村上原鎮座葛井神社ニ出向幣帛沈ノ行事ヲ執行（夜中）午前三時帰社。社頭二年詣ニテ雑沓ス。
※昭和二十年。それは日本国中が恐しくも痛ましい出来事で埋めつくされた年であった。

そして、ここにもどんなにか辛い苦しい出来事が綴られているだろうかと想いを廻らしながら恐る〳〵頁を繰ってみて驚いた。空襲警報に慴きながらも少しもひるむことなく伝統の神事祭祀が守られてきた事実が記録されていたからである。大都市とは異なり空襲による集中烽火の危険は少なかったとはいえ、飛来するＢ29の不気味な爆音は、いやがうえにも死への危機感を募らせた。しかし、ひとたび警報が解かれると再び、黙々と田畑を耕やし、そしてその日が来ると例年の如く祭りを行なう。このしたたかな迄に強く、日常性を失なわずに生きている祖父と人々の姿が行間から滲み出ていた。これは土に生きる人々の強さたくましさでもあろうが、その上に精神的な拠りどころとしての諏訪神社の存在も見逃すことはできない。

官幣大社諏訪神社の権威は、非常に大きなものであったことは、六月五日軍需大臣参拝、七月四日皇室の賀陽宮殿下参拝の記録を見ても明らかである。いわんや地元民の諏訪神社に寄せる信仰心は言うまでもない。御左口神信仰を根底とする諏訪信仰により諏訪神社との絆は、奥深いところで結ばれており、その人々によって、四月十五日の御頭祭りは、敗戦間近のこの年も、躊躇することなく行なわれた。日記によれば「人出頗ル多ク社頭雑沓ヲ極ム」ほどであった。

そして、玉音放送があった八月十五日に、奇しくも御左口神の傍にある、「粟ノ大木ノ枝打折レテ落下セシ」という。何という不思議な出来事であったことだろう。わたしには、この出来事が戦争にじっと耐え続けてきた人々の心を代弁した御左口神の怒りであったように思われてならない。八月二十五日戦争終結奉告祭の翌日から、出穂の喜びを神に奉告してお祭りする御射山祭が行なわれた。天下晴れて祭りを行なった人々の心はどんなにか晴れやかであったことだろう。

昭和二十一年（祖父六十四歳）

八・二十四　神社当館ニ於テ午前中常務大總代會開催後任宮司問題協議午後引続キ大總代會ヲ開キ右問題ヲハカリ満場一致ヲ持ッテ守矢禰宜ヲ推薦ト決定　尚又右ニ引續キ中島宮司送別会開催

※この日の頁の片隅に新聞の切り抜き記事がそっと貼られていた。内容は左の通りであった。

守矢禰宜を宮司に昇格　諏訪神社大總代會推薦

諏訪神社氏子大總代會は二十四日上社社務所に開催。中島宮司辞任に伴ふ後任推薦につき協議の結果満場一致で上席禰宜守矢真幸氏の昇格を決定。二十八日伊藤氏子会副会長以下大總代代表北沢禰宜等が上京、神社本庁に出頭して氏子会の總意を傳言する。守矢氏は由緒ある神長官社家第七十七代の当主で本年六十四歳東京日本中学卒業後伊那中学等の教鞭を執り退職後諏訪神社に奉職。以来十余年現在迄上席禰宜として上社に常勤、代々宮司を補佐して来た温厚識見の士である。

常に平常心を失うことなく自らの使命を果たしゆく祖父の姿は、神社内においてもまた村の人びとにも絶大な信頼と尊敬を集める存在であったことがうかがえる。

維新後、宮司は神社庁が人事権をもつ異動が通常の形であったが、特異な歴史と年に七十五度の神事を伴う諏訪神社において宮司を勤め上げることはたいへんなことであったに違いない。戦後の宮司交替の機に地元出身で、成り立ちから神事の全てを熟知している者を氏子総代会が切望した折に、祖父に白羽の矢が立ったのは神のお告げであったろうか。

喜寿に長野高等女学校の教え子たちによる顕彰碑が建てられ、祖父の歌が刻まれている。〝受け継ぎし御親の道の一筋に神仕えしてここに五十歳《いそとせ》〟と。祖父はその六年後に静に身罷った。

7　原点からの出発

ここにとりあげた日記の昭和二十年の春に私はこの世に生を受けた。敗戦間近の記録の中に、私はその箇所を発見して思わず胸の高鳴るのを感じた。命名者は祖父であった。そして物資不足の頃にもかかわらず萩餅を作って祝ってくれたということも記してあった。私は、自己史の原点をここに見出し、感無量であった。

この世に生を受けたことを感謝し、そしてまたこれから遠く困難な道程を祖父の日記を後づけながら、七十八代継承の意味を問いつづけていきたいと思うのである。

あとがき

私たちが、この「日本原初考」のシリーズの企画を立て、力不足を百も承知で、未熟ながらも一歩一歩、古代史の実像に近づこうと作業を開始してから、早くも四年の歳月が流れました。

その間、私たちは各地で地道な調査や研究をつづけておられる実に多くの方々に出会い、そして厳しく着実な研究の成果や発見に教えられ、一つ一つ手探りで歩いてきたように思います。

その意味では、この「日本原初考」シリーズは、当初からの基本姿勢が示すように「共同作業」であり、この作業に関心を抱く、多くの研究者や人々の批判と検証によって、更に深められ、あるいはまた訂正されてゆくべき「資料集」であり「試論集」であると言うことができると思います。

私たちは「日本原初考」第二集『古諏訪の祭祀と民族』を発行した前後から、特に古文書（献）の解読の力をつけたいと思うようになりました。古代史研究には不可欠な古文書解読の能力不足は、私たちには共通の悩みだったのです。

そして、私たちは、『湿原祭祀』（法政大学出版）や『御射山』（学生社）の著作で知られる、民俗学者、金井典美氏の快諾をえて、月一回のペースで文献解読を中心にした研究会をつづけることになったのでした。

今回の特集の諸論文の多くは、いわば、この研究会を基軸にして、ふくらみ、まとめられたと言っても過言ではありません。

それほど、私たちにとっては貴重な研究会であり、刺激になったのでした。金井典美氏に、この場をおかりして心よりお礼申し上げます。

また、この研究会にかかさず出席され、その過程で、旧神長官家としての守矢家の意味について、最も真剣に考えられた守矢早苗さんが、祖父・故守矢真幸氏の日記の解読と、その抜粋をまとめるという作業にとりかかられたのでした。

私たちは、この「日本原初考」シリーズを単なる古代史の発掘や研究という地点でとどめることなく、むしろ血の通った人間史として、現代につなぎたいと考えています。

その意味から、私たちは、守矢早苗さんの参加に期待し、こうした作業も大切に扱ってゆきたいと考えています。

また、「日本原初考」の第二集から三集にかけての時期は、各地での乱開発が、さまざまの遺跡の発掘という形に結びつき、縄文期、弥生期、また古墳の遺跡が発見されることにもなりました。各地からの報告は、古代日本人の豊かな生活を想像させるものが多いのですが、中でも八ヶ岳山麓の原村で発見された「阿久遺跡」は、その最大のものでした。

今から六千年も以前の縄文時代の大集落である阿久は、実に三十数万個におよぶ石を敷きつめたものです。あるいはまた、埼玉県の稲荷山古墳から出土した鉄剣の金石文が解読され、古代天皇の名が浮かび上るという発見もありました。

時あたかも「元号」論が云々され、天皇制問題や、日本民族論、集団論などがマスコミにも取りあげられるようになりました。

私たちは、これらさまざまの問題や、古代史上の発見を踏まえながら、より深く諏訪にこだわり、その底から浮かびあがってくる、私たちの原像をつかみだすことに専念したいと思っています。

今回も、忌憚のない批判や、ご意見をおよせ下さることをお願いします。

古部族研究会　北村皆雄
田中　基
野本三吉

再録　諏訪神社前宮の話

御左口神祭政の森

【上・中・下】

◆ 巻別掲載項目 ◆

御左口神祭政の森　【上】

諏訪神社前宮の荒廃／前宮はミシャグジなり／ミシャグジの樹と石棒／ミシャグジと古道／ミシャグジとお諏訪様／天白・千鹿頭・ミシャグジ／蟹河原長者と天白

※『古代諏訪とミシャグジ祭政体の研究』に収録

御左口神祭政の森　【中】

千鹿頭神と洩矢氏／ミシャグジの樹の下で／ミシャグジと農耕神事／大祝・有員の政治的導入／薬草と守矢仙人

※『古諏訪の祭祀と氏族』に収録

御左口神祭政の森　【下】

土室の中の神事／底辺から神事を考える／鎌倉幕府の諏訪介入／狩猟神事と農耕／御頭郷でのお籠もり

※『諏訪信仰の発生と展開』に収録

中部山岳地帯を中心に、関東一円に広がっているミシャグジ信仰
その分布と性格は、在野学究・今井野菊氏の踏査によって初めて明らかにされた。
土着ミシャグジ信仰の性格を追究することは、とりもなおさずミシャグジを統轄する
洩矢祭政体の中心地・諏訪神社前宮の古神事理解のための民俗学的転倒にほかならなかった。

再録　諏訪神社前宮の話

御左口神《ミシャグジ》祭政の森

【下】

語り手　今井野菊

■土室の中の神事
■底辺から神事を考える
■鎌倉幕府の諏訪介入
■狩猟神事と農耕
■御頭郷でのお籠もり

聞き手　北村皆雄
田中　基
野本三吉

■土室の中の神事

——仙人だから、薬を調合して。この間のお話の中に神使さまはかなり恍惚状態で召されていった、というようなことを言われたので。

今井　なんだか知らないけれど、参集する氏子たちこそ興奮しちゃって騒いでしまって、鬨の声をあげての騒ぎで、大衆はほんとうにひとつの興奮状態に入ってしまって。何かあったか、それは知りません。ま、術があったかな、考えなきゃいけないが、考えられない。だから御室神事も、単純に、ちょうど蝦蟆狩神事のように単純に考えなきゃいけないんだと。私はいろんな付きものは後からと考えなきゃいけないんだ、と思うけど。御室神事も、最初はやはり寒いから、神さまもお寒かろうというわけじゃないですかね、大事な神さまを。そうしてからご心事がおきたんだろう、神長の神事法がね。

——あらゆるものを、ミシャグジを降ろし申して、御頭を決めたり。

今井　そういうことですね。それもね、暗がりでしょ、そのくらい御室の中にしでといって脂木を燃やす、石のしで皿があって、その石皿の穴の中へヤニ木を入れて、それでボウボウ燃えていたことでしょうよ。

——そういうのは残ってるんですか。

今井　いや、神社やそこらには残ってません。北村さんの生まれたお宅のあたりにもないですか、どっかに。どうかすると便所の手洗水入れに応用したりして。

――窪んでるような。

今井　窪んだ石皿、上等は高坏のように台があったりして。

――それに油かなんかで灯して。

今井　油じゃないの、昔は。油は尊かったですよ。だから丸い皿のような窪み石があって、その中に細かく割った脂木を入れるんです。松の脂木等を入れて燃やすんですよ。あのう、こういう話があるんです。「やだぜ、あいつの家の『おやど』にゃあ行かねえぜ、いでを焚くもんでけむたくてしょうがねえ」なんていった話がありましたよ。昔は眼の悪い人が多かったけどそういうようなものを焚いていたからじゃないですか。そういうヤニ木を焚いた灯火、原始的な明かりを取ったでしょうね。田舎ではつい、明治になったって、ヤニ木を焚いていたんですもの、そういうような灯の中で、しかもせまい御室の中でも、神徒《こうのと》たちはさがって控えさせ、神長は、萩の小枝をやわらかく敷いた大祝の座に、大祝をむかえ、ミシャグジの前でご神事です。むろん、毛皮でも置いてあげたんじゃないかな。

――鹿皮を敷くわけですね。

今井　いずれ昔は上等の敷物ですものね。そうして、その前で神長と大祝との二人だけのまじない、つまりミシャグジのご神意を承るのよね。

――松ヤニ灯の薄暗いところで。

今井　そういう灯火だったら凄いの。私かてあなたたちにそういうふうにさせようと思って（笑）。そういうような、私は神秘なものだったと思うの。想像できるじゃないですか。

■底辺から神事を考える

――松ヤニってジージー音がするじゃないですか。

今井　そういうような灯火を考えたらいいですね。それぞれそのうち進歩して油の灯火になったろうけれども、いずれ一つかなんかの灯火ですよね。あとの人は控えていても、そっちに灯火があっても二つでしょう。そして大祝がいないときは神長一人でやったのよね。完全に掌握しているから。そういうようなことをなぜあの宮地先生たちが研究していられるときにね、「神長専《もっぱ》らのもの」っていう言葉が残っているから、どんなに権利があって専らだったかということを考えたら、神長から始まった政治であり、その神長が何を統一し、御頭の村を直接牛耳っていたのだから、底辺から盛り上がった信仰であるという点に注意されればよかったと思います。上からばかり考えたから苦労なすったんじゃないか、と私は思うんですよ。

──宮地さんの場合、御頭郷との関係なんか、あまりやってられないんですか。ただ神事だけを。

今井　いや、いろいろなすったんですよ。あれだけお書きになるんですもの。だけど上からばかり考えて、そりゃご無理なかったが、ちょっとそこを考え直して、下から考えたら解決は早くて、口論も少なかったと思う。てんから石棒、石皿、あるいはソソウ神ってものをね、古代信仰とは石棒石皿也と、ね。原始信仰とは磐座であり、石棒・石皿也と御主張なさればよかったと思いますよね。あの石棒、石皿がずっと多く分布する、統計的の主張をね。私が自分で見てきたものでそんなこと言えるけど、北伊勢から続いて広がってくるなんて考えられるとよかったろうけど。だから、諏訪神社の御室神事っていうものは凄いものじゃないの。

──そうですね。今聞いただけでゾッとします。そこでいろんな占いやなにか。

今井　やったから。

──大祝は子どもだから神長のなるままできるんじゃないですか。

今井　そうですよね。神懸かりは早かったね。あんなヤサカの鈴なんかを振ったって神懸かりはどういうもんだかね。

──やはりサナギの鈴・鉄鐸じゃないとだめでしょう。あれは暗いと音が不気味に聞こえる。

今井　不気味に聞こえるでしょ、ね。子どもで神懸かりは早かったかしら。御室とは、そんなに広くはないんだからねえ。

――それを下から解明するって場合は、御頭郷の問題とか、御頭ミシャグジの問題もあると思いますけれど。

今井　そうですね。

■鎌倉幕府の諏訪介入

――そこで神使というか、県《あがた》巡りをする人も決めたわけですか。

今井　そうです。けれどもね、鎌倉時代に、非常に押さえられるわけ。諏訪信仰の、あまり人柱や生贄なんか使うから、押さえられたものでしょう、仏教的に考えて。かなりその前は、田村麿時代からよほど仏教が入って、神宮寺が入っても諏訪神事というものまでは押さえは入れなかったんじゃないの。で、鎌倉時代になって頼朝は非常に伊豆山を信仰するのね。政子も伊豆山を信仰、その伊豆山の宗教徒が、諏訪信仰を押さえに来るのね。嘉禎三年十一月にね。それで来て、改めさせるの。『父母恩重経』というお経がありましてね。その経文の意味を入れて、物忌令も勧請段も祝詞段も皆ゴシャゴシャに仏教化にするのね。そうして帰った後ね、まだなおらなかったらしい。それだから、暦仁元年十二月また伊豆山から、北条蔵人が来て、うんと厳しくしていますね。それでも旧習を破れなかったとみえ、信時の子、盛重の文保元年三日に神使たちの隠し持っている物忌令をみんなに出させて、「一字一句も誤る事なく」物忌令を調べ統一して古伝の物忌令を「御魂殿の前でこれを焼き捨て畢《おわんぬ》」とあるの。

――焼け、というんですか。

今井 焼いちゃったの。鎌倉幕府の許した『恩重経』でもって指名した祝詞段や勧請段や物忌令にしちゃって、まだまだ古いのを一生懸命残している人があって困って、二度も幕府に怒られたものだから。

――それじゃ現在残っている物忌令はそこで焼かれちゃった後の……。

今井 そこで「焼き捨て畢」書いてある、神長さんの書いたものに。そこで消滅させられてしまうのね。

――でも、なおかつそういうものが残っているというのはどういうこと……。

今井 それでもね。神長は「秘にして述べ難し」とか「秘すべし秘すべし」とかね。極秘にしてね（笑）。

――すさまじいですね。仏教的要素が入るのは鎌倉時代ですか。

今井 鎌倉時代じゃなくてね。仏教的要素の入ったってのが、いちばんはっきりしているのは、田村麿将軍のときじゃないですか。それがすでに曲がり角だったんでしょう。諏訪は仏教を入れなかったのを中和してきて、大祝を東征の将軍の供をさせて、東北地方の諏訪の息のかかった諏訪神社信仰の人たちを使って、そして東征して帰ってきて、田村麿がなかだちして神宮寺を建てたり、それから諏訪の社殿をね、良い社殿を湖のそばへ京都へ負けないようにやったでしょ。そしてそこでもってとりなしするわけですわね。そして、とりなしのついでじゃないけれども、あの有員を入れたり、だから田村麿の恩恵は大きいんじゃないですかね。

——鎌倉幕府の介入は、その後の第二次のものですね。

今井 ええ、鎌倉幕府から伊豆山の宗徒が来ていますよ。そしてね。入れてるんですよ。『父母恩重経』っていうのを。それで混ぜて混ぜて混ぜるんですよ。だから、『絵詞』によっても厳しく仏教を入れていますわね。だから、こんな仏教なんて、とこっちはカットして考えてますがね（笑）。そのまた前にね、こいうことがあるんですよね。諏訪に大安寺があるんです。大安寺遺跡というのがね。大安寺というのはほんとうに仏教の始まりの頃に奈良に始まるわけでしてね。このお寺ほど方々転々としたお寺はないですね。聖徳太子が奈良の熊凝村あたりに建立し、おしまいには平安京に都が遷されたときに京都の方へ移ったり、さんざん方々転々とした大安寺というお寺があるんです。その大安寺っていうお寺のね、遺跡が諏訪にある。それまで御神領のおっ果てのような有賀っていうところにある。

見晴らしはいいけれど。

――アルガ。

今井　有賀村。大安寺というお寺は非常に古くって、一国に一寺置いたか、それは知りませんけど、長野の善光寺の近くにね、七会《なにあい》村ってのがあるわね。その村に大安寺遺跡って大きい遺跡があってね。そうしてそこに、よく十二坊とか何とか言うけど、八カ所の坊の跡があって、今は曹洞宗のお寺になってます。

――じゃ、大きいんですね、八カ所もお坊があると。諏訪のものはどうでしょう。

今井　諏訪のはちょっとした、申し訳みたいなものです。だから大安寺ってのは科野の一国に置いて、そして諏訪にあるってことは、諏訪の独立時代に強制されたお寺じゃないか、と私は思うのよ。それでこれをロクに大事にはしなくって、そのうちに、大安寺を受け入れて間もないのに、これは今井真樹先生たちも仰ってたけれども、諏訪の独立をやめさせられたのはなぜかっていうのも、あれは、一国に一寺を建てる国分寺請け入れのときに諏訪がこれだけの小さい国で、とてもできないので独立破棄にしたんだろうって御説があるけれども、その当時一国として建てさせられた大安寺かねえ。皆さん、これから研究してみてください。おりがあったら。なぜ長野県に二つの大安寺があるか。

――一つでいいはずですね。

今井　その善光寺近くのは大きな寺ですし、その方が古いはずですよね。こういうふうに、仏教政策で諏訪はしょっちゅういじめられていたんですね、聞かないから。

■狩猟神事と農耕

――御室神事のお話を。

今井　確かに御室の中でやってる神事は農耕神事ですよね。冬中に農耕神事をしてしまうわけでしょ、蛙の神事もあるし、いろいろありますけれどね、あの御神所の中で、遊んじゃいられないもの、昔の人は神仕えには真剣でしたね。また、一生懸命神仕えしなければ賽銭の奉納が得られないものね。遊んじゃいられません。御室から出て後は大祝が神饗の御狩《みかり》をやるわけですね。その御狩に押立御狩とか御作田御狩・穂屋の御狩・秋尾の御狩というのは、前の話のように、その獲物を捧げて山の神、田の神を祀って豊作を祈念する神事でしょう。田の神にも山の神にも狩猟の生贄の供えものをしている。それが狩猟族の面白さが残っている神事じゃないかねえ。やっぱし、田の神だから田のものっていうんじゃないわね。狩猟してきて供えたり食べたりしていますね。そういうこと面白いと思いませんか。

――それじゃ、農耕儀礼で狩猟をやるってみたいなところがありますね。

今井 面白いですね。あなたがそう言うなら私そういうこと思ってますから申し上げますけどね。あの秋穂の御狩なんてそうでしょ。いよいよ雨・風の荒れやすい、大切のとき近くなってやはり狩りをしてきて山の神に捧げています。御狩の御射山にはちゃんと、ミシャグジが祀られていますよ。そしていよいよ秋も、取り入れを済ましてしまって冬籠もりする前になると、また秋尾御狩をしてきてね。それで「山の神さま今まで一年中ありがとうございました」と、あげてるんじゃないの。

――四回の狩猟ともかなり田んぼの神饗に関係あるんですね。

今井 あると思いませんか。私は思いますよ。そういうことが、私面白いなあと思っています。神事というのは。

――その神事を支える人たちですけれど、最終的には自分らが主体になる人たち、御頭郷っての が十六ですか、ありますね。

今井 え、それはね、こう考えてください。諏訪の神事ってものは一度乱れてしまって田村麿によってまた昔の諏訪というか、科野の課税として保護するでしょう。それがずうっと続いてきて藩政になるでしょう。衰えたり、いろいろあったんでしょう。鎌倉時代は盛んだったろうし、戦国時代には衰えたろうけど。そうしてきて今度は諏訪の頼水が、諏訪の藩だけでもってこれをやるときに十六に分けた。

――その頼水のときに十六ですか。

今井　ええ。

――じゃその前の十六の御頭郷ってのは違うかもしれない。

今井　もっと広いんですね。崩れなかったわけでしょうね、藩になるまでは。たとえ言うことは聞かなくても、そっぽ向いてても、やっぱりそこのところには課税として行って神長が「幕府へ出さないで困るで、よろしく頼む」なんて書いているところを見るとね。それがずうっと続いてきてね、頭郷は十六に割らなけりゃ都合悪いんですものね、科野の課税であった昔はもっと広く分かれていましたの。昔の文書でね、水内あたりや、それから高井あたりですね、そこらの古い文書の中に「諏訪の明神さまにだけは良く仕えてくれよ」っていう家法を書いたものが、見えるところをみるとね、まだ大きい意味で言って良いんじゃないですかね。

――御頭祭では水内だとか、下伊那の方なんかでも、鹿を諏訪神社まで納めるという。

今井　鹿を諏訪神社へ納めるのはね、まず明治初年頃までは三河からも甲州からも上州からもそして尾州からも駿州からも、皆、山伝いで来て、鹿を納めてた話は各地に語られていますし、また、神長や大祝に直接持っていったのもあるし、権祝へも直接行ったのもあると思われますからそういう信仰力を持っていたんでしょうね。で、私が歩いてみて、三河あたりのでもそうですよ。昔は、上州でもそうです。昔は諏訪の御頭祭には鹿を持ってったと言ってます。そういう話を聞いて、それじゃ誰が持ってったの、と昔話をそこまで追究すると皆萎縮しちゃうで、こちらの理屈言わないことで聞いて。

——**ちょっと前まであったんですね。**

今井 あったんです。そして、いたずらされた話も残ってるんですよ。峠を越してくるのをね、ちょっと取ってネコババしてやろうと思ってね、それは御神領の人たちが、「ごくろうさまだ」とか何とかお世辞言って「そりゃあ大変だったろう。ここからはかわって行くから皆空身《からみ》でもってお詣りに行くが良い」とか何とか言ってね、鹿を取っちゃうの（笑）。そうしてね、神長さまの信仰の人なら神長さん、大祝さまの信仰の人だったら大祝さま、どこへ納めようとするかわかるでしょう。そのお札をもらってね、「やあ、ごくろうさま、ゆっくり皆、お詣りしていくが良い」と言ってね、取っちゃった、という話が残っていました。これは昔話（笑）。そんなこと、ちょいちょいやったらしいですよ。

——**やはり、頭《かしら》だけ持っていったんでしょうか。**

今井 いや、頭なんか、そんなの出せやしないでしょう。盗んじゃったんだから、ネコババしたんだから。そんな昔話があるくらいだから鹿はかなり運びこまれているじゃないですか。私、上州や尾州や、そのあたりの山の中へ行って昔話を聞いてね、鹿が獲れればその頃は、諏訪様へあげよう、という信仰心と、ネコババの話を一人で思い出しておかしかったことがあったのよ。

――信仰心が少し崩れかかってきた頃ですね。

今井　そうでしょう（笑）。

――いつ頃ですか、十六郷に分かれた頼水の頃といいますと。

今井　あの、慶長六年に諏訪へ来て、藩主になっていますから、頼忠の子です。――御頭郷の構成はいちばん頭になる人はやはり、神徒の人がなってますよね。お諏訪さんの裔《すえ》を誇る神徒が。後から、村を一つ一つ区切ったのは、割り当てて入れたのか、あるいは内部から神使というのが出たのでしょうか、頼水以降は。

今井　これはもう藩の藩主がやった仕事らしい。

――それじゃ振り当てたわけですね。お前はここのあれを持て、と。

今井　もうその時代になれば、神使も、そう、そんなに使わなかったでしょう。もう名主を使ったんですね。

――その前ですか。

今井　神使《こうどの》がやったというのは前だから。その時分まで神使があれば、その神使を神主さまとして、お祓いをさせたりして扱ったのでしょう。諏訪神社信仰だから神使をほっておくものじゃないけどね。

——不思議なのは、例えば守矢さんは守矢さんでいちばん頂点にいながら、各郷には皆諏訪の神使の人ばっかりですよね、御頭には。

今井 昔から神使は神使、氏子は氏子、御頭の名主は名主、庄屋・名主は祭りの担い手のかしらです。大祝は雲の上だもんでね。

——それで神使がいてその下に庄屋だとか名主がいるというような。

今井 そういう政策でなくって、氏子の庄屋って者が主になって、神使を庄屋が神主として扱ったじゃあないの。頼んだんですね、なにかお祓いするにも村祭りするにも。それで、もう諏訪だけになってしまうと大祝も貧乏になってしまいますからね。自身大祝が御神領には出かけています、お祓いに。大祝さまが神憑け、神上げに行っていますよ。

——出張しだしたわけですね。神さまが出張してはいかんですね。

今井 小坂《おさか》などの近くの御神領地へ大祝が行ってます。大熊あたりも行ってるんです。さすが神長は、がっしりそういうのを見つめてただけなんですね。末の大祝なんかずいぶん酒飲みでしたしね、装束を落として歩いたってぐらいだから。

——崩れて酒ばかり飲んで。

今井 もうその頃になったら、厳しさもないんでしょうね。でも大祝さまって、たいしたものでしたね、伝統的に。

■御頭郷でのお籠もり

――御頭郷で人々が籠もるときですけどね、、そこらへんの話を少ししていただけませんか。

今井　村で籠もるときはね、村の内に物忌令によって穢れにあたる人は遠慮するのよ。穢れにあたらない人だけが集まるの。名主を、いわゆる庄屋を先にね。それだから汚れっていうのは、奥さんなら奥さんがお産をしたとか、父や母が亡くなったとか、従兄弟が亡くなったとかいうのに日限があるわけ。何日間は、ね、穢れと。そういう人は参加できないの。

――物忌令に書いてあるような。

今井　ああいうのは参加できない。それから罪の人ね、罪人等もいけないんです。泥棒したとか何とかでしょうね、人殺しとかいう大事はめったになくっても。そういう罪人はやっぱしね、穢れで、参加できない。そうでないのが集って、先に立つ者は肝煎外だから選抜もあったかもしれないけれども、大きく集っていますね。昔はもっとも人数が少ないからね、一所に集って。

――御頭あたりは、女は近寄りもできない。

今井　ええ、家庭でも近寄らせませんし、もちろん子どもも叱られるのが恐いのでね。

――それは仮屋かなにか構えるわけですか。

今井　ええ、仮屋のところも。たいがい仮屋だったらしい、そのとき限りであと壊しちゃったらしい。仮屋でない、一つのお宮さんの堂なら堂みたいなところを、使った村もありますよ。それは御頭屋《おとうや》、オントウヤと言いましてね、村や御頭屋に集まり、ミシャグジを、神長によって祀っています。ミシャグジの祀りこみは神長、お祓いは神長は動いたらしくないが、大祝は動いてるんです。近世はね。

――じゃ、降ろすのは神長ですね。

今井　ええ、祀りこむのはね、神長。で、神長が行かれないときは神使がミシャグジを神長からいただいてくるの。

――笹の葉に憑け申して、ですか。

今井　その、ササのミシャグジは運ばれて神の樹へつけ。神の樹のないところでは竿に縛りつけて立てたって書いてありますね。

――立てるんですか、ミシャグジを。

今井　ええ、やっぱり高いところに立てなきゃいけないから、樹へ縛りつけるところはそれで良いでしょうけれど、全然樹がない場合には竿の先へ縛ったり。

――その横に籠もるところをつくったわけですね、頭屋の。

今井　ええ、たいがいね。御頭屋っていうものは、ミシャグジの近くだったり、少し離れても水の便の良いところで、それはつきものだったでしょうね。

——水とミシャグジは関連するのですか。

今井　ええミシャグジとセギとは皆ついていたようですね。

——セギ？

今井　堰、水の出るところ、あるいは、水の流れてくる川をつくってあったんです。それだから、お籠もりして、みそぎをするところへは女は近づかなかったもんです。

——何日ぐらい籠もるんですか。

今井　一週間。それでね、原則七日って言いますけれど、それは御頭祭であって、神事によっては三日のときもあるし、御狩の神事に行くにも、たとえ二日なりは、やっぱり禊をして、代表者とともにね、必ず禊をして出たそうです。それで氏子は御祭に行く前には必ずミシャグジにおまいりしていくんです。どんな人でも。ですから、ミシャグジたずねて歩くと「お諏訪様へおまいりに行くときには必ずおまいりして行ったそうです」ということが残ってるんです。だからミシャグジのことを「お諏訪様におまいりに行く前におまいりに行くところのことでしょうか」なんて、聞かれたこともあるんです。

——ミシャグジにまいって、お諏訪様に。

今井　ええ。そういうことで、「ああ、くっついてんな」と思ってね。そうして集って、神事のいろいろ習うんでしょう、ね。習うんだけれども、いちばん食べものなどは、楽しみだったと思うがねえ、野郎どもばっか集って、肉を食べて（笑）。

——二エ柱ってのがありますね。あれは御頭屋の前にあるわけですか、ニエカケ柱みたいなものは。

今井　ええ、御頭屋の前にこしらえるんですね、鳥居みたいなものを。

——どのぐらいですか。

今井　私はね、見たことがない。いずれ串ね、大きい、一時代前の話ですと脂のない木を伐って串に尖らして、それに肉を突き刺して立てかけたって言うからね。「猪や鹿を一疋突き刺して立てとく鳥居みたいなものさ」って言いました。

——鳥居みたいなものに肉がぶら下がってるわけですね。

今井　棒に肉を突き刺して両方から立てかけるんでしょう。鳥居みたいな形と言いましたがね。そういうものを立てて、そうして両方から肉を、ね。今考えると清めの塩ふりをしても大きいハエも来たろうけれど、昔の人は平気でしょうね。ブーンなんて来たでしょうね（笑）。

——何日ぐらい刺しておいたんですかね。

今井　一週間で食べたっていうんですから。

――かけたままで少しずつ。

今井　切り取ってて、少しずつ。でもよほど使ったんじゃない、大勢だから。

――酒なんかも出るわけですか。

今井　ええ、お酒の話は聞かなかったけれども、オミキってものは出たでしょう。

――神事で肉を、こんな大きなものを下げて食べるなんて、めずらしいですね。

今井　そうでしょう。上社にはオニエカケ場っていうのがあるんで、いずれ、そこに鹿肉を送りこんで懸けていたんでしょう。御頭では、親村の御頭屋の前へ懸ける。そうするとね、お互いのことでしょうけれども、隣村が、今度は御頭だっていうとね、親しい村とか近くの村から、御頭見舞いの鹿や猪が来るんですよ。陣中見舞いみたいな御頭見舞い。そういう肉もあるし、ずいぶん集まったんじゃないの、自分たちで用意したでしょうし。

――籠もる人の役職は。

今井　役職は、まず庄屋、それから肝煎。主な庄屋は神長さんに行ってしまう。それだから、その次の役はどういう役があるか知らないが、村の先輩の年寄り古老がいろいろあったでしょう。そういう人が主になって、そして、近くの神主さんを連れてきて作法も習ったでしょうし、古老がね、こういうふうにやるんだって教えただろうし。そして、そこでお籠もりをして、禊の水をたくさんかぶるほどえらかったというんです。桶でかぶったんですね。水かけ桶は、昔のは大きいですよ。昔の桶見たけれど、今、風呂場で用いている小さなハイカラなものでなくってね、大きいので。神長さんのは大きかったねえ。そこで名主が、神長さんに籠もるときにはね、なんで神長さんに籠もるかって理由は、結局神事を教わるからなんですが、神事を教えていただきながら、そこへ籠もる。それで神長さんに準じたこんな大きな桶の、手のある桶でもってかぶったんでしょう。そして、村では、若い衆のことですから何杯もかぶる。

――前宮下には神徒の精進屋を構えていますが、そこと御頭の村の精進屋で同時に籠もっているわけですか。

今井　前宮の方は大祝です。三十日間。そして御頭のかしらは従者とも十一人三十日間。

――それは御頭郷とは関係ないわけ。

今井　御頭に関係のある神徒。いちばんの頭ね。村の名主は神長さんとこで籠もっていろいろ教わるでしょうし。

――神長のところと前宮の下と村の御頭屋と、三カ所で同時にお籠もりがあるんですね。

今井　ええ、三ところで。神長自身は毎日やるでしょ。だから、村の氏子たちと、神長邸の名主と、前宮下に精進屋を構える神徒の一行と、前宮に籠もる大祝と。

――それで、男の人が働きもしないで籠もっちゃって、女の人大変だなあ。

今井　うん、そう。女性は一生懸命家を守っています。昔は信仰で固まって、諏訪の厳しい禊ってものは自慢だったそうですから、どこよりもおらほうでってわけで。野党農民の憂さばらしかな。

――御頭の精進屋では肉を食べていますけれども、神長、あるいは前宮の下でも禊しながら肉は食べてるんですか。

今井　神長さんは何食べてたか知りません。神徒もそうですけれども、おいしいもの食べてたんでしょうよ。

――神使さまも。

今井　神使さまのお椀とご即位の化粧箱は神長さんに残っています。ですから、お籠もりってものを方々でやったんですよねえ。ひと所だけじゃないんですよ、御頭祭のときはね。

――村イコール御頭郷ですか。

今井　藩政時以後は御頭っていうと枝村は親郷へ皆集まっているけれども、中世を見ると、県主の下のあっちの親郷、こっちの親郷が、各々枝村を集めていて、御頭に来た村の親郷は一つだけじゃない。だから、皆分散して、茅野なら茅野村、諏訪なら諏訪、上原なら上原、それから大熊なら大熊、皆小村を合わせて、そこでやってるだから、よく肉もあったものですね。食べ飽きたでしょうけど(笑)。それに準じてね、神徒は、従者の神使十一人の食事、食器、寝具、万端運んできての神徒の負担ですね。皆さんの問題にされる生贄の問題は大祝さまはもちろんであり、かなりやっぱり食べていたでしょうよ。そしてすべて別火で「厳重だった」言い伝えですよ。神事を習得しながら、精神的重労働ですからご馳走はあったでしょうね。

(おわり)

(『季刊どるめん 7号』(JICC出版局、1975年)より)

守屋山頂にて思う

守矢家第七十八代当主　守矢早苗

二〇一六年丙申歳の御柱は、奇しくもＮＨＫスペシャルの一時間におよぶ、御柱祭に焦点をあてた番組「古代ミステリー御柱～最後の〝縄文王国〟の謎」が放映された。古代史の謎を紐解く形で進められた内容で放映されたため、全国の古代史に興味ある人びとの好奇心をゆさぶることになった。時同じくして五月の〝里曳き〟には、私は生涯で初めての体験で、高部の村の方々とともに前宮四の御柱の小綱を曳くことに参加させていただくことができた。前宮の石段を曳き上げる際にふと句が浮かんだ。

小綱《こづな》曳《ひ》く　掌《て》に聴こゆるは　神の声

前宮の急な石段を曳き上げるには、人びとの心を一つにし、気持ちを合わせて曳き上げるのだという神の声だったように思う。

その年は、わが家の西側の上段に居ませる「御左口神総社」への参拝客が多くなった。古代から続くミシャグジ神について多くの方々が御柱とともに関心を持ってくださったことによるのだろう。この年の秋に行われたわが家の御左口神総社の御柱にも大勢の方々の参加希望があり、百人を超える人びとの参加があった。最も有難かったことは高部村の方々の陣頭指揮により御左口神総社を始め、天神社、神明社、稲荷社、霊石、岐神社、千歳社、下馬澤社八社へ手際よく順に建て終えることができた。またわが遠祖・洩矢神の祀られている岡谷市橋原地区にある洩矢神社の氏子役員一三名のみなさまも大きな応援隊であった。

二〇一七年五月七日は、洩矢神の始まりの地であると口碑に伝えられている守屋山へ「諏訪の始まりを訪ね、歴史を紐解こうとしている」スワニミズムのメンバー一三名とともに、リーダーの原直正さんの案内で登った。一、六三四メートルの東峰に古き口碑による洩矢神の祠が認められ、感激で胸の高鳴りを覚えた。ここには今から四〇年ほど前になるだろうか。私の家の行く末を案じてくださった郷土史家・今井野菊さん、共同研究者・藤森明さん、そして古部族研究会の方々、野本三吉、北村皆雄、田中基の三名と私の六名で初めて登って以来である。あの時は草深く、その草々を掻き分けるようにして登り、途中に暗紫色のトリカブトの花が咲いていたことを想いだした。あの時の今井野菊さんの足取りの軽いことに驚いたものであり、そして頂上に置かれた祠に掌を合わせた記憶があるが、今回も同様に掌を合わせ、鉄鐸（台湾のものという）をお借りして鳴らした。やはり神はここに鎮座され人びとの動きを見守ってくださっているとの想いで満たされた。次に西峰に移動して周囲を見わたすとそこは、ぐるりと三六〇度を高い山々の峰で囲まれており、中央アルプスの木曽駒、御嶽、乗鞍、奥穂高、北アルプスの槍ヶ岳、戸隠山、近くは諏訪湖、天龍川、諏訪盆地、蓼科山、八ヶ岳、南アルプスの甲斐駒ヶ岳等々、県歌「信濃の国」に出てくる大自然が一望のもとに見わたすことができることが実感できた。

祖先が守屋山頂を磐座とし、幾多科坂《いくたしなさか》の多い自然の姿を眺め祈り「科野《しなの》」と名付けたという。これが今日の「信濃」の由来となったという言い伝えも宜《むべ》なるかなと思われた。

執筆者●略歴

今井野菊（いまい のぎく）　一九〇〇年、長野県茅野市に生まれる。諏訪高等女学校卒業後教員となる。旧宮川村誌編纂研究会会長として同誌の編纂に奮闘。一方で、諏訪大社と関連する信仰の研究に邁進。ミシャグジ、テンパク、チカトウ等の踏査集成を広範囲に渡って行い、後世に大きな影響を与える。著書に『諏訪ものがたり』（甲陽書房）、『神々の里――古代諏訪物語――』（国書刊行会）、『御社宮司をたずねて』『洩矢民族　千鹿頭神』『大天白神』など。八二年没。

安久井竹次郎（あくい たけじろう）　一九一〇年、栃木県小山市生まれ。生まれ育った土地の郷土史をたずねるうちに、諏訪信仰の千鹿頭神に出会い、古部族研究会の野本三吉と親交を深めた。自らのテーマである久次良との重なりを追うなかで本書の「日光の千鹿頭神」を執筆。著書に『クシラ人・フジの国』『あ・む・ごすてんのう――（南無牛頭天皇）――』などがある。九三年没。

金井典美（かない てんび）　一九二八年、東京生まれ。早稲田大学卒業。以降、同大学院研究生として先史考古学、歴史考古学、文献史学などを学び、日本古代〜中世史を専攻。在学中に病を患い、五五年、療養のヒュッテ建設のため初めて長野県の旧御射山を訪問、この地の意味に気づく。五六年より長野県霧ヶ峰のクラブゆうすげ小屋を主催。その後、旧御射山遺跡の調査に携わり、同遺跡が山の湿原聖地であるとし、六八年『御射山』（学生社）を上梓。他に『湿原祭祀』（法政大学出版局）、『諏訪信仰史』（名著出版）などの著作がある。。

宮坂光昭（みやさか みつあき）　一九三一年、長野県諏訪市生まれ。岡谷工業高校卒業後、同じく諏訪出身の考古学者・藤森栄一に師事。日本考古学協会員。日本考古学協会全国委員を二期務めた。八九年〜九三年には、諏訪市教育員会の諏訪市史研究紀要に関わる。また、諏訪大社に関する研究を長年に渡り続け、著書に『諏訪大社の御柱と年中行事』『図説諏訪の歴史（上）』（ともに郷土出版社）ほか、論文「諏訪神社上社大祝の性格の考察」ほか多数がある。二〇一二年没。

野本三吉（のもと さんきち）　一九四一年、東京生まれ。横浜国立大学卒業後、五年の教員生活を経て日本各地を放浪。七二年に横浜市役所に勤務。寿町の生活相談員として活動する傍ら独力で「生活者」を発行。七四年『裸足の原始人たち——横浜・寿町の子どもたち』（新宿書房）で日本ノンフィクション賞受賞。九一年横浜市立大学教授、二〇〇二年沖縄大学教授、一〇年同学長に就任、一四年退任。現在は同大学名誉教授、教育学者、ノンフィクション作家。著書に『生きる場からの発想——民衆史への回路』（社会評論社）など多数。本名加藤彰彦。古部族研究会。スワニミズム顧問。

田中基（たなか　もとい）　一九四一年、山口県生まれ。早稲田大学卒業。七三年〜八一年まで人類学・民俗＝民族学・考古学の総合誌季刊「どるめん」を編集。同時に古諏訪祭政体を研究しつつ、縄文中期の土器図像を神話文脈で解釈。現在は縄文図像学をさらに深化させ旧石器時代に通底、その成果を講演会等で発表している。探究心のあまり縄文の里長野県茅野市に住まいを移した。著書『縄文のメドゥーサ』（現代書館）など。古部族研究会。縄文造形研究会。スワニミズム顧問。二〇二二年没。

北村皆雄（きたむら　みなお）　一九四二年、長野県伊那市に生まれる。早稲田大学卒業後、記録映画、テレビドキュメンタリー監督に。六六年の「カベールの馬・イザイホー」をはじめ、沖縄、韓国、ヒマラヤ、チベット等、アジアを中心に映像作品を多数制作。八一年ヴィジュアルフォークロアを設立し代表に就任。映像人類学・民俗学者、映画監督、プロデューサー。映画「ほかいびと〜伊那の井月〜」ほか、テレビ作品も多い。著書『見世物小屋の文化誌』（共著・新宿書房）、『俳人井月――幕末維新 風狂に死す』（岩波書店）など。古部族研究会。スワニミズム顧問。

守矢早苗（もりや　さなえ）　一九四五年、長野県茅野市生まれ。明治までの千数百年の間、諏訪大社上社の神長官家として大社の神事一切を執り行ってきた守矢家の第七十八代当主。大学在学中に七十七代の祖父・真幸の遺言により、突如その座を受け継ぐ。一子相伝の神事などは明治期に失われたが、元神長官家の当主として今も地元民の崇敬を集める。茅野市宮川の神長官守矢史料館は、守矢家に伝えられた古文書を早苗氏が茅野市に寄託、建設された。スワニミズム名誉顧問。

古部族研究会　学生時代からの知り合いで、ともに藤森栄一の著作などから諏訪に関心を抱いていた田中基と北村皆雄が新宿の喫茶店プリンスで意気投合し、野本三吉と合流して立ち上げた研究会。1974年7月に在地の研究者・今井野菊を訪ね、1週間泊まり込んで教えを乞うた伝説の糸萱合宿で本格的に始動。以後、永井出版企画から「日本原初考」三部作として『古代諏訪とミシャグジ祭政体の研究』(1975)、『古諏訪の祭祀と氏族』(1977)、『諏訪信仰の発生と展開』(1978) を立て続けに発表した。

◉編集協力・執筆者略歴：スワニミズム

人間社文庫 ‖ 日本の古層④

日本原初考　**諏訪信仰の発生と展開**

2017年12月22日　初版1刷発行
2025年 3月27日　　　7刷発行

編　集　古部族研究会
制　作　図書出版 樹林舎
〒468-0052　名古屋市天白区井口1-1504-102
TEL：052-801-3144　FAX: 052-801-3148
発行人　山田恭幹
発行所　株式会社人間社
〒464-0850　名古屋市千種区今池1-6-13　今池スタービル2F
TEL：052-731-2121　FAX: 052-731-2122
振替：00820-4-15545　e-mail：info@ningensha.com

印刷製本　株式会社シナノパブリッシングプレス

＊定価はカバーに表示してあります。
＊乱丁・落丁本はお取り替えいたします。

ISBN978-4-908627-17-0 C0139